Doctrina del Pecado y de la Salvación

Doctrina del Pecado y de la Salvación

Donald D. Turner

Diseño gráfico: Alan G. Hartman

EDITORIAL PORTAVOZ
Kregel Publications
P. O. Box 2607
Grand Rapids, Michigan 49501 EE.UU.A.

Visítenos en: www.portavoz.com.

ISBN 0-8254-1758-9

1 2 3 4 5 edición/año 02 01 00 99 98

Printed in the United States of America

Como matricularse en La Academia Cristiana del Aire

Este tomo es el texto del curso por correspondencia de la Academia Cristiana del Aire. Si prefiere usted, puede leer y estudiar este material por si mismo o en grupo sin ningún contacto con la Academia. Pero, si usted quisiera aprobar este curso y rendir los exámines para obtener los certificados y el diploma que ofrece la Academia, tiene que matricularse. Hay un pequeño costo por la inscripción. Para pedir más información, escríbanos a:

Academia Cristiana del Aire
Apartado 50
San Juan, Texas 78589
EE.UU.

La Academia Cristiana del Aire es un ministerio de...

P.O. Box 39800 □ Colorado Springs, Colorado □ 80949-9800 □ EE.UU.

Los cursos de la Academia Cristiana del Aire están dedicados a aquellos que tienen sed de aprender la palabra de Dios...

...para que por medio de ellos, su vida esté rebosando en Jesucristo, nuestro Señor.

Contenido

La doctrina del pecado

1. Su realidad y universalidad 9
2. El problema del mal 19
3. Su origen 29
4. Su naturaleza 38
5. Sus resultados 48
6. El pecado y el cristiano 59

La doctrina de la salvación

7. Introducción 69
8. Sus fuentes 75
9. Su necesidad 83
10. Su preparación 91
11. Historia y teorías 99
12. El sacrificio de Jesucristo 108
13. El alcance de la expiación 119
14. El arrepentimiento 129
15. La fe 140
16. La conversión 151
17. La unión con Cristo y la reconciliación 162
18. La justificación 170
19. La regeneración 178
20. La santificación 187
21. La perseverancia y la glorificación 195
22. Recapitulación 203

Prefacio

El estudio de la Palabra de Dios es sumamente importante para el hijo de Dios y su sana vida espiritual. El estudio de su Palabra vale tanto. No sólo por conocer mejor a Dios, sino por recibir tanto valor práctico en esta vida . *"Toda la Escritura es inspirada por Dios, y útil para enseñar, para redargüir, para corregir, para instruir en justicia, a fin de que el hombre de Dios sea perfecto, enteramente preparado para toda buena obra". (2 Ti. 3:16-17)* Por esta razón se ha dedicado este volumen.

Esta serie de libros de la "Academia Cristiana del Aire" son los textos de los cursos por correspondencia ofrecidos por este ministerio. Toda la serie incluye textos de doctrina, exposición y prácticas bíblicas a un nivel superior. El lector puede leerlos y estudiarlos por sí mismo o en grupo y/o estudiar los textos y cumplir con los exámenes de la Academia para recibir los certificados y el diploma. Para matricularse en la Academia, véase la siguiente página.

Estos libros han sido parte del estudio bíblico de miles de personas desde el principio de La Academia Cristiana del Aire. Esta Academia fue fundada por el Dr. Donaldo Turner y el Dr. Alan H. Hamilton en 1949 como parte del ministerio de HCJB La Voz de los Andes en Quito, Ecuador. Es un ministerio mundial por radio de onda corta. La Academia fue iniciada para realizar una visión, del fundador de HCJB, el Dr. Clarence Jones, de enseñar la Biblia a través de la radio.

El Dr. Turner es el autor de catorce de los dieciocho libros de la serie. Nació en St. Joseph, Missouri, en los Estados Unidos. Recibió su doctorado en Teología del *Talbot Theological Seminary*. Fue llamado por Dios a la obra misionera en Venezuela en el año 1921 donde permaneció veintisiete años. Allí estableció el Instituto Bíblico Las Delicias, institución que dirigió por diez años.

Es la oración de todos quienes han colaborado en este libro, que reciba usted bendiciones grandes y ricas por estudiar la Palabra de Dios y que este texto le sea de mucha ayuda.

Phillip "Felipe" Leach
Editor de la segunda edición

Lección 1

La doctrina del pecado: Su realidad y universalidad

Bosquejo

El Señor Jesucristo dijo que nadie llega al Padre sino por Él, y Él fue consciente de la realidad de la universalidad del pecado. Los dos Testamentos declaran la realidad del pecado y se refieren al hombre como un ser caído y desdichado.

A. El hecho del pecado

  1. Dios declara que el pecado es un hecho real

  2. La humanidad testifica de la realidad del pecado

  3. La experiencia ha hecho que el hombre sienta y reconozca su pecado

  4. La naturaleza da testimonio del pecado

B. La doctrina de la universalidad del pecado está ligada a la de la universalidad de la redención y otras doctrinas

Lección 1

La doctrina del pecado: Su realidad y universalidad

El Señor Jesucristo dijo: "Porque el Hijo del Hombre vino a buscar y a salvar lo que se había perdido" (Lc. 19:10). Con estas palabras el Señor Jesucristo puso Su sello divino a la historia bíblica de que el hombre fue creado en justicia y santidad, pero al pecar perdió estas cualidades, y necesitó que el Hijo del Hombre viniera a redimirle. Con marcada insistencia el Señor Jesucristo exhortó a los hombres a hacer el bien, a amar a Dios con supremo amor y al prójimo como a sí mismo; sin embargo, reconoció que sin la redención que Él obraría nadie podría ser salvo ni cumplir con sus exhortaciones (Jn. 1:12; 5:40; 8:2, Mt. 22:35-45, etc.)

A. El hecho del pecado

El Señor lo reconoció. Al enviar a Sus apóstoles en su primer viaje misionero, el Señor Jesús les dijo: "He aquí, yo os envío como a ovejas en medio de lobos; sed, pues, prudentes como serpientes, y sencillos como palomas. Y guardaos de los hombres, porque os entregarán a los concilios, y en sus sinagogas os azotarán; ... y yendo, predicad diciendo: El reino de los cielos se ha acercado. Sanad enfermos, limpiad leprosos, resucitad muertos, echad fuera demonios...." (Mt. 10:16-17; 7-8).

Nuestro Salvador reconoció la realidad del pecado en el mundo, así como los corazones corrompidos y las malas acciones de los hombres, las enfermedades, la muerte y los demonios. A la vez aclaró que tales males no son necesarios ni corresponden a la voluntad divina para con el hombre, y que además es el deber de cada cristiano hacer todo lo que esté a su alcance para rectificar la triste situación que impera en el mundo.

Los hombres son testigos. El ser humano reconoce la presencia y realidad del mal por todas partes. Vemos y escuchamos de crímenes, terremotos, inundaciones, y siempre el lamento: "¡Cuánta maldad hay en el mundo!" La realidad del pecado es un hecho que nadie puede negar. Este mundo no es perfecto, ni las cosas son como deberían ser.

E. H. Bancroft dice: "La realidad de un hecho es algo tan obvio como el sol que brilla, como la negrura del carbón, como la blancura de la nieve, como el fuego con su calor abrazador, como la alondra en su vuelo, como el mar en su movimiento, y como el perfume de la violeta. El pecado es un hecho, latente en los volcanes dormidos de la naturaleza depravada del hombre, o patente en la lava devastadora de la pasión ardiente del hombre."[1]

Su universalidad levanta interrogantes. Vemos que hay pecados nacionales como guerras, injusticias sociales y económicas, abusos de poder. Por otro lado, también hay pecados personales, como inmoralidades, orgullo, hurtos, mentiras, y con los resultados correspondientes como el dolor, el sufrimiento, pobreza, y aun tempestades y trastornos de la misma naturaleza. Por eso Elifaz, amigo de Job dijo: "Pero como

---

[1]E. H. Bancroft, *Christian Theology* (Johnson City, New York: Johnson City Pub., 1930), p. 142.

las chispas se levantan para volar por el aire, así el hombre nace para la aflicción" (Job 5:7).

Ahora bien, hay varias preguntas que surgen en la mente del hombre cuando medita en la realidad del mal que hay en el mundo gobernado por un Dios bueno, quien creó todo: ¿Dónde y cuándo se originó el pecado? ¿Cómo y por qué? ¿Cuáles son sus características, su poder, su manera de transmitirse, sus resultados y su fin? Frente a esto pedimos la ayuda de Dios para tratar de responder a estas preguntas. Recordemos las palabras del Sr. Natanael Saint, misionero y piloto que dio su vida por Cristo entre los Waorani, junto con sus cuatro compañeros, en las orillas del Río Curaray, en las selvas del Ecuador. Poco antes de su martirio, en Enero de 1956, escribió: "Prefiero mil veces morir ahora mismo, antes que llevar una vida de pereza indolente ante un mundo tan enfermo por el pecado".

El pecado y el mal. En este estudio usaremos el término "pecado" para referirnos a lo moralmente culpable, a aquello que es contrario a la voluntad de Dios. Así pues, el mal y el pecado no son términos sinónimos. El primer vocablo es más amplio. Distingamos entonces entre lo que llamamos "males", que no tienen ninguna relación directa con el pecado individual ni con la moralidad, como los temblores y las tempestades, e incluso lo que las compañías de seguros denominan como "un acto divino". Por supuesto, a veces estas realidades pueden tener un significado espiritual y moral para el pueblo de Dios (2 S. 21:1; 1 Cr. 21:13-14; Jl. 1:2-20; Hag. 1:4-11; Hch. 16:25-26).

Se ha dicho que en la humanidad el mal se presenta bajo tres formas que son: el error, que es el mal de la razón; el pecado, que es el mal de la conciencia; y el sufrimiento, que es el mal del corazón. Ahora bien, el error y el pecado tienen relaciones estrechas, pero son diferentes. El error tiene su campo de acción en la inteligencia, y el pecado en la voluntad. Pero muchas veces el hombre yerra porque ha pecado, ya que su misma inteligencia ha sufrido las consecuencias del pecado que hay en el ser humano.

1. La Biblia declara que el pecado es real.

En el Antiguo Testamento. En Salmos 14:1-3 y capítulo 53, Jehová acusa al hombre de ser pecador, a la vez que invita al pueblo rebelde a acercarse a Él. En Isaías 55:1-3, 6-7 vemos la condición del ser humano. Jeremías 17:9-10 da lecciones objetivas y mediante comparaciones, enseña lo mismo como en Jeremías 13:1-11 y 18:1-8. Inspirados por Dios, los mismos profetas reconocieron su propio pecado y el del pueblo (Is. 6:5 y 53:6). Desde Génesis Dios trata al hombre como un ser que necesita de la redención. Ningún hombre es justo; ni una nación es santa por méritos propios, a la vista de Dios, ya que Él exige santidad cabal a todas Sus criaturas (Lv. 11:45 y 20:7). El plan divino elaborado para que el hombre pueda acercarse a Dios es un testimonio poderoso de la condición pecaminosa del hombre (Is. 59:1-21).

En el Nuevo Testamento. El Señor Jesús y los escritores del Nuevo Testamento también reconocieron la realidad del pecado. Jesucristo jamás confesó un pecado, por cuanto era sin pecado (He. 4:15). Desafió a la gente para que comprobaran contra Él un solo pecado (Jn. 8:46). Su santidad era tan patente que aun los hombres espiritualmente sensibles sintieron su propio pecado, como si estuvieran en la misma presencia de Dios (Is. 6:1-5; Lc. 5:8). Judas Iscariote se suicidó al percatarse de haber entregado sangre inocente (Mt. 27:3-5). Y podemos recordar cuando el Señor miró con intensidad a Pedro, y él se acordó de su pecado, salió fuera y lloró amargamente (Lc. 22:61-62). El apóstol Pablo varias veces hizo referencia a su indignidad humana, a lo inmerecido de la gracia de Dios, y se tildó a sí mismo como el primero de los pecadores (1 Ti. 1:15). Juan, el apóstol amado, escribió: "Si decimos que no tenemos pecado, nos engañamos a nosotros mismos, y la verdad no está en nosotros. Si confesamos nuestros pecados, Él es fiel y justo para perdonar nuestros pecados y limpiarnos de toda maldad. Si decimos que no hemos pecado, le hacemos a Él mentiroso y su palabra no está en nosotros" (1 Jn. 1:8-10).

Otras consideraciones. No es sólo ante la presencia de Dios o la de Su Hijo, sino que también por una mirada o por una atenta contemplación de la ley divina, que se pone de manifiesto el pecado del ser humano (Ro. 3:20; 7:7; Stg. 1:22-25). Es bienaventurado el hombre que medita en la ley de Jehová de día y de noche (Sal. 1:1-3). Bienaventurado también aquel que atesora los dichos de Dios en su corazón (Sal. 119:11). El inquirir con atención provoca convicción de pecado en el hombre (Hch. 2:34-37). Bancroft dice: "La ley divina es una norma que revela lo destituido y distanciado que está el hombre de la gloria de Dios (Ro. 3:19, 23); es una balanza que le revela al hombre sus deficiencias (Stg. 1:22-25); es un estetoscopio que le descubre al hombre su enfermedad (Mt. 5:27-37); es una regla que evidencia lo torcido de su vida (Ro. 7:14); es un guardián que demanda la condenación del hombre (Gá. 3:10); es un juez que sentencia al hombre a la muerte (Ro. 7:10)."[2]

---

[2] *Ibid.*

2. La humanidad testifica de la realidad del pecado. El reconocimiento de la necesidad que hay de que debe haber un gobierno con autoridad, cárceles y penitenciarías, abogados, jueces y tribunales de justicia, policía, ejércitos y navíos de guerra en las naciones del mundo, testifican del hecho de la existencia del pecado, y de su realidad por todas partes. La dura lucha que sostienen los reformadores cívicos y la tremenda oposición a la propagación del Evangelio, también ponen de manifiesto la realidad de lo pecaminoso que es el corazón humano.

Los sacrificios religiosos. La existencia de religiones falsas y paganas, con sus sacrificios sangrientos, hablan fuertemente del sentimiento de culpa que tiene el hombre por el pecado, el cual les impulsa a los hombres a ofrecer holocaustos. En la *Historia general de la República del Ecuador,* por Federico González Suárez, se narra acerca del culto a la gran montaña que ofrecía la tribu de los puruháes: "También ensangrentaban el altar en que el Chimborazo era adorado como un dios, pues dos veces al año le sacrificaban una india doncella".[3]

También recordamos la historia que contó el misionero Russell Davis en una conferencia a su regreso de la China: "Estaba en cierta ciudad donde una compañía teatral se preparaba para presentar su función. Antes de subir a la improvisada plataforma, un sacerdote del templo pagano salió con un gallo en la mano; le quitó la cabeza al animal y esparció la sangre sobre el tablero. Al preguntarle el por qué de su acción, el sacerdote idólatra contestó: '¿No sabes que sin derramar sangre no se puede redimir el pecado?'"

La literatura. La literatura humana también testifica que el pecado es un hecho triste y reconocido por doquier. El gran pensador Coleridge declaró: "Soy una criatura caída. Una base inicua existía en mi voluntad antes de que realizara algún hecho." El gran filósofo romano Séneca, dijo: "Todos hemos pecado, cual más, cual menos". El romano Ovidio dijo: "Todos nos esforzamos por alcanzar lo que está prohibido". El poeta y filósofo alemán, Goethe, confesó: "No veo ninguna falta en otro, que yo mismo no la haya cometido".[4] Tomás a Kempis dijo: "No pienses que has hecho algún progreso hacia la perfección, hasta que sientas que eres el menor de todos los seres humanos". El Sr. Law

---

[3] F. González Suárez, *Historia general de la República del Ecuador*, (Quito: Imprenta del Clero, 1ra. ed., 1895).

[4] Bancroft, *op. cit.*, p. 143.

escribió: "Hay que condenarse a sí mismo con justicia por ser el más grande pecador que se conoce".[5]

Los proverbios. También los proverbios que existen entre los pueblos hablan de la realidad del pecado. En inglés se dice: "Cada hombre tiene su precio". Un proverbio chino dice: "Hay dos hombres buenos: uno que está muerto y otro que no ha nacido". Los griegos tienen la siguiente expresión: "Como no hay granada sin por lo menos una semilla mala, así no hay hombre sin un mancha de corrupción en su naturaleza". También encontramos al poeta que gime: "¡Oh, que en mí un hombre se levantara, para que el hombre que soy, de ser, cesara!"

3. La experiencia ha hecho que el hombre sienta y conozca el pecado. El Dr. Jorge Pardington, escribe: "El conocimiento o sentido no da un testimonio vacilante en cuanto a la realidad del pecado. Cada persona sabe que es pecadora. Ninguna persona de edad responsable ha vivido libre de un sentimiento de culpa individual o contaminación moral. El remordimiento de conciencia persigue a todos los hijos o hijas de Adán, y las tristes y terribles consecuencias del pecado son manifiestas en el deterioro y la degeneración física, mental y moral de la raza."[6]

Confesiones de pecado en la Biblia. En la Biblia también encontramos varias confesiones de pecado:

- Caín, al ser acusado por su crimen dijo a Dios: "Grande es mi castigo para ser soportado" (Gn. 4:13).
- Faraón, al ver el resultado de su rebeldía contra Jehová, dijo: "Jehová es justo, y yo y mi pueblo somos impíos" (Éx. 9:27); "He pecado contra Jehová vuestro Dios, y contra vosotros" (Éx. 10:16).
- Balaam, buscando enriquecerse, confesó al ángel: "He pecado ... no sabía" (Nm. 22:34).
- Acán, el codicioso, cuando se descubrió su desobediencia, dijo: "Verdaderamente yo he pecado contra Jehová el Dios de Israel" (Jos. 7:20).
- Simei, que había maldecido al rey, confesó diciendo: "Porque yo tu siervo reconozco haber pecado" (2 S. 19:20).
- El rey David, al ser descubierto su crimen por el profeta Natán, oró a Dios diciendo: "Contra tí, contra tí solo he pecado, y he hecho lo malo delante de tus ojos" (Sal. 5:4).

---

[5] A. H. Strong, *Systematic Theology* (Philadelphia, Pennsylvania.: The Judson Press, 1907), p. 557.

[6] Dr. Jorge P. Pardington, *Estudios de doctrina Cristiana* (Temuco, Chile: Imprenta Alianza, 1942), p. 150.

- Nehemías se une con su pueblo para decir: "... y confieso los pecados de los hijos de Israel que hemos cometido contra tí" (Neh. 1:6).
- Miqueas, el profeta, declaró: "La ira de Jehová soportaré, porque pequé contra él...." (Mi. 7:9).
- Judas Iscariote, con remordimiento en su conciencia y rechazado por los sacerdotes, confesó: "Yo he entregado sangre inocente" (Mt. 27:4).
- El hijo pródigo, cuando volvió en sí, dijo: "Padre, he pecado contra el cielo y contra tí, y ya no soy digno de ser llamado tu hijo" (Lc. 15:21).

Confesiones de hombres inconversos. La experiencia del mundo actual no es diferente de los antes citados casos bíblicos. Algunos hombres dirán que jamás han pecado, pero tal vez su esposa o su vecino no estará de acuerdo con tal auto-evaluación. Una vez, un misionero en Corea estaba repartiendo tratados por un camino que tenía a un lado una larga pared recién blanqueada. Un maestro de escuela pasó en su bicicleta, vio los tratados y entabló una conversación con el misionero, insistiendo que no era pecador. El misionero nombró varios pecados: la mentira, el robo, el engaño, etc. El maestro afirmó que nunca había hecho ninguna de esas cosas. Por fin el cristiano, iluminado por el Espíritu de Dios, le preguntó: "¿Desearía usted que sus pensamientos más íntimos fuesen escritos en letras bien grandes en esta pared blanca, para que todo el mundo los leyera?" "¡Ay, no!" exclamó el coreano. El hecho es que Dios sabe todo lo que pensamos y los verdaderos motivos de nuestro andar diario.

Confesiones de cristianos. Muchos buenos cristianos han sentido su propia capacidad e inclinación hacia el pecado. No es tanto el hecho de que son conscientes de sus faltas diarias, sino que reconocen la condición misma del material con que ha sido construido el corazón, y esto es lo que conduce al genuino arrepentimiento, y no sólo a cuidarse de sus consecuencias (Jn. 16:8).

Se cuenta del pastor y maestro, Dr. A. J. Gordon, que poco antes de su muerte pidió que le dejasen solo. Luego, le escucharon confesando sus pecados a Dios en términos tan extravagantes que creyeron al principio que estaba delirando.[7] El Dr. Jonatán Edwards, llamado "el hombre más santo de su época", quien tenía una mente aguda y analítica muy sana, no dado a la exageración ni a la emoción, dijo que después de

---

[7] *Ibid.*, p. 556.

veinte años de vida cristiana, tuvo que llorar por varias horas por su propia pecaminosidad y vileza, y dijo: "He tenido un concepto mucho más vasto de mi pecado y de la maldad de mi corazón, como jamás tuve antes de mi conversión".[8] Martín Lutero dijo: "Tengo más temor de mi propio corazón, que del Papa con todos sus cardenales".[9] Aquel que más conoce a Dios íntimamente, es el que más reconoce su propia indignidad.

Hasta aquí nos hemos referido al pecado como una atmósfera o estado que todos hemos experimentado, sean cristianos o inconversos. A cada momento hombres, así como niños, se arrepienten de lo que han hecho; pero hay otro estado de desarrollo maduro-espiritual en el que se arrepienten aún de lo que son. Por lo tanto, el verdadero cristiano dirá con el apóstol: "Yo se que en mí, esto es, en mi carne, no mora el bien" (Ro. 7:18). "El pecado ... escrito está con cincel de hierro, y con punta de diamante; esculpido en la tabla de su corazón" (Jer. 17:1).

4. La naturaleza también da testimonio del pecado. La Biblia nos explica que la misma naturaleza está sujeta a grandes cambios, a "servidumbre", por causa del pecado del hombre (Gn. 3:17-19; Ro. 8:19-22). Las plantas, las aves, los peces y toda especie animal, todos, tienen sus enemigos. No creemos que siempre fue así, sino que después del pecado vino la obscuridad moral y espiritual que afectó hasta la naturaleza. Sabemos que algún día todo esto cambiará, pues vemos en Isaías 11:6-9 que dice: "Morará el lobo con el cordero, y el leopardo con el cabrito se acostará; el becerro y el león y la bestia doméstica andarán juntos, y un niño los pastoreará. La vaca y la osa pacerán, sus crías se echarán juntas; y el león como el buey comerá paja. Y el niño de pecado jugará sobre la cueva del áspid, y el recién destetado extenderá su mano sobre la caverna de la víbora. No habrá mal ni dañarán en todo mi santo monte; porque la tierra será llena del conocimiento de Jehová, como las aguas cubren el mar."

B. La universalidad del pecado

Casi todo lo que hemos dicho anteriormente sirve para demostrar la universalidad del pecado, tanto como su realidad, y es de suma importancia para comprender debidamente la relación de esta verdad con el resto de doctrinas bíblicas.

Con la frase "universalidad del pecado", queremos indicar que cada ser humano es pecador, no en cuanto a la igualdad de sus formas o del

---

[8] Strong, *op. cit.*
[9] Bancroft, *op. cit.*, p. 145.

número de pecados, ni con la misma vileza o grado de inmortalidad, sino con la realidad de que no hay una sola persona perfecta, que satisfaga la justicia y santidad requeridas por Dios, por medio de sus propios méritos (Ro. 3:23). Ernesto Naville dice: "Yo no digo que todos somos malhechores públicos, pero sí afirmo que en cada uno de los hombres existe un principio de egoísmo que es la naturaleza esencial del pecado".

La Escritura habla en términos claros sobre la universalidad del pecado. En el Salmo 53 leemos que Dios ve todo, pues delante de Él todo está desnudo, y que Él busca en vano a un hombre perfecto; declara: "Se han corrompido, e hicieron abominable maldad; no hay quien haga bien. Dios desde los cielos miró sobre los hijos de los hombres, para ver si había algún entendido que buscara a Dios. Cada uno se había vuelto atrás; todos se habían corrompido; no hay quien haga lo bueno, no hay ni aun uno" (Sal. 53:1-3).

Todo el mundo es pecador delante de Dios (Ro. 3:19). La relación entre la doctrina de la universalidad del pecado y de la redención universal se aprecia en Romanos 11:32: "Porque Dios sujetó a todos en desobediencia, para tener misericordia de todos". Jesucristo afirmó que no habían personas moralmente sanas o perfectas cuando dijo que no había venido a buscar justos, sino a llamar a pecadores al arrepentimiento. Muchas personas están enfermas, pero no se percatan de ello o pretenden negar su malestar físico y no van en busca de un médico quien, cuando descubre que la persona tiene cáncer, por ejemplo, a veces ya no puede hacer nada por ser demasiado tarde. Es así también en lo moral. Son las personas que se reconocen pecadoras las que buscan al Salvador. Aquellos que niegan su necesidad de Él, no pueden recibir la salvación del Señor.

Siendo que cada ser humano es pecador y está destituido de la gloria de Dios, la misma redención es eficaz para todos, y es mediante una misma fe que uno se puede apropiar de dicha redención. Además, es por medio de Cristo que también alcanzamos la santificación. La Palabra de Dios en la actualidad es nuestra guía, pero en el futuro cuando estemos en el juicio final, será nuestro juez, por cuanto todos somos pecadores dignos de condenación.

Repaso de la lección

1. ¿Dijo Jesucristo que el hombre es pecador?
2. Cite tres versículos de los dos Testamentos que demuestran la realidad del pecado.
3. Indique dos citas de la literatura secular que reconocen el hecho del pecado.
4. ¿Qué demuestra la experiencia humana sobre la realidad del pecado?
5. Todas las cosas no son como deben ser. ¿Qué pruebas nos da la naturaleza de ello?
6. Explique la importancia de la doctrina de la universalidad del pecado.

Lección 2

El problema del mal

Bosquejo

El Señor Jesucristo supo de la existencia del pecado y la necesidad de evitarlo.

A. Planteamiento del problema

¿Por qué permitió Dios el pecado en el mundo, habiéndolo creado Él perfecto?

B. Respuestas erróneas

1. El fatalismo
2. El panteísmo
3. El dualismo
4. El ateísmo
5. El individualismo

C. Soluciones en parte satisfactorias

1. Filosófica: El corazón de la humanidad es corrupto porque ella misma escogió corromperse.
2. Consideraciones bíblicas:

a. El sufrimiento puede servir para purificar o para castigar. A veces el sufrimiento lleva fines desconocidos para el hombre, aunque Dios sí los conoce y nos socorre.

b. El pecado fue permitido pero Dios obró de antemano la redención. Unos se salvarán y otros se condenarán. El resultado final será uno de satisfacción tanto para Dios como para el hombre en la eternidad.

Lección 2
El problema del mal

El problema del mal era conocido por nuestro Señor Jesucristo, porque Él sabía toda Su historia desde el primer pecado hasta el momento cuando no habrá más rebelión y el reino será entregado al Padre (1 Co. 15:24-28).

Durante todo Su ministerio, el Señor Jesucristo se dedicó a rectificar el daño causado por el pecado, y les enseñó a los que integraban Su círculo íntimo a hacer lo mismo. Él sabía de todos los peligros que correrían Sus seguidores, a la vez que habló de que el Padre celestial conocía "de qué cosas tenéis necesidad" (Mt. 6:8). Además, delante de Él no hay nada oculto (Mt. 10:14-31). Jesús no explicó ni defendió el pecado; más bien, reconoció Su realidad y se dio a Sí mismo para redimirnos de él.

Así que, las preguntas acerca del por qué del mal no fueron contestadas por Él, sino que nos pidió creer. Debemos seguir Su ejemplo de predicar y obrar, sabiendo que Dios en el futuro corregirá todas las presentes injusticias y establecerá Su reino eterno. ¡Ánimo pues, frente al misterio del mal!

A. Planteamiento del problema

"Mas antes, oh hombre, ¿quién eres tú para que alterques con Dios? ¿Dirá el vaso de barro al que le formó: por qué me has hecho así?" (Ro. 9:20). "¿No podré yo hacer de vosotros como este alfarero, oh casa de Israel? dice Jehová. He aquí que como el barro en la mano del alfarero, así sois vosotros en mi mano, oh casa de Israel" (Jer. 18:6). Y vio Dios todo lo que había hecho, y he aquí que era bueno en gran manera" (Gn. 1:31). "Porque todo lo que Dios creó es bueno...." (1 Ti. 4:4). He aquí, solamente esto he hallado: que Dios hizo al hombre recto, pero ellos buscaron muchas perversiones" (Hab. 7:29). Muy limpio eres de ojos para ver el mal, ni puedes ver el agravio" (Hab. 1:13). Véase también Salmo 37:1; 74:2-16.

El Sr. J. S. Whale, Presidente de Chestnut College, Cambridge, planteó el problema del mal de la siguiente forma: "Si este mundo es racional, ¿cómo se explica la maldad extravagante que existe en él? Aparentemente tanta injusticia no tiene significado ni propósito. ¿Por qué entonces sufren los inocentes? Si este mundo es de Dios y si toda Su bondad, sabiduría y poder en Él se unifican, ¿cómo es que todos deseamos que este mundo de Dios pueda ser mejor de lo que es? ¿Cómo explicamos la presencia del mal moral y físico, que realmente es algo aterrador? Si el mundo es el resultado de la creación de la bondad infinita, nos preguntamos, ¿cuál es el origen o significado de las pestes, los terremotos, de animales como la cobra, la insensatez humana, el interés personal y la crueldad, lo cual hace que el mal sea un hecho tan terrible y universal en la experiencia humana?"[1]

El Sr. E. Naville, enfoca el problema así: "¿De dónde proviene el desorden? ¿Cómo sucede que existe lo que no debe ser? ¿Por qué una orden que expresa la voluntad del Todopoderoso no encuentra su cumplimiento? Esta es la questión que tenemos que resolver."[2]

Whale agrega: "El problema es complejo y más delicado para el cristiano, por cuanto la fe cristiana tiene que explicar con claridad los tres axiomas que constituyen el problema. **El primer axioma** que tiene que ver con la soberanía absoluta de Dios, creador del cielo y la tierra, universo que está fundado en Su voluntad creada, que sostiene y ordena todas las cosas. **El segundo axioma** tiene que ver con el carácter de Dios, que dice que Él es amor, en toda bondad y santidad; que es de ojos demasiado puros como para contemplar la iniquidad. **El tercer axioma** afirma la realidad indubitable de la iniquidad que hay en este mundo de Dios. El mal, moral o físico, es un hecho terrible, que crea nuestro problema."[3]

La solidez del cristianismo no puede suprimir nada en cuanto a estas proposiciones para acomodarse a una lógica humana. Las dificultades que presentan estas proposiciones son grandes, pero tenemos que mantenernos firmes, sabiendo que Dios es la fuente y fundamento de todo; que Dios es amor, y que este universo que pertenece a Dios, sí da lugar a la realidad poderosa del mal.

B. Respuestas erróneas en cuanto al problema del mal

1. El fatalismo. Algunos que desean destacar exageradamente la soberanía del Creador, dicen que todo ha sido determinado por Dios desde antes de la misma creación, y que por lo tanto, nadie puede rectificar su destino, lo cual querría decir que todo suceso diario y toda cosa creada es exactamente lo que Dios quiso que fuera. Con esto se comunica que Dios sería el que creó el mal, el pecado humano pasado, presente y futuro. Isaías escribió: "Yo Jehová, y ninguno más que yo,

---

[1]J. S. Whale, *Christian Doctrine* (London and Glasgow: Collins Clear-Type Press, 1957).

[2]Ernesto Naville, *El problema del mal* (New York: Sociedad Americana de Tratados, S.f.).

[3]Whale, *op. cit.*

que formó la luz y creó las tinieblas, que hago la paz y creo la adversidad. Yo Jehová soy el que hago todo esto" (Is. 45:6-7). Este vocablo "adversidad" que también se traduce como "calamidad", en el hebreo quiere decir "el mal". En Amós 3:6 leemos: "¿Habrá algún mal en la ciudad, el cual Jehová no ha hecho?"

En estos pasajes vemos el hecho de que Dios permite todo lo que pasa, puesto que Él todo lo sabe, y que el poder para hacerlo viene de Él. Sin embargo, aunque Dios otorgó libre albedrío a los hombres, dando así la oportunidad para que apareciera el mal moral (iniquidad), sabemos que Él no es responsable por ello.

Se cuenta de dos ministros que durante una reunión del Sínodo de Dort, quisieron poner entre la espada y la pared al Sr. Robbertz de Holanda, hablando sobre el problema del origen del pecado. Su respuesta fue: "Cuando se cometió el primer pecado, Adán culpó a su mujer, y ella a su vez a la serpiente, y como la serpiente era muy joven e inexperta, no contestó; pero ahora que es vieja y competente, ha venido al Sínodo de Dort para decirnos que fue Dios mismo el que lo hizo".

Si aceptáramos esta idea errónea del fatalismo, sería vano hablar del libre albedrío, de la responsabilidad moral o aun de la realidad del pecado. No habría diferencia entre lo uno y lo otro. Sin embargo, y a pesar de los paradójico de esta teoría, el hombre sigue siendo libre y Dios la causa soberana del universo. Rousseau dijo: "¡Pues qué! para impedir que el hombre fuera malo, ¿era menester reducirlo al instinto y convertirlo en bestia? No, Dios de mi alma, no te increparé nunca por haberlo hecho a tu imagen, a fin de que yo pueda ser libre, bueno y feliz como tú."[4]

2. El panteísmo. Esta respuesta errónea expresa que Dios es amor absoluto, santo y bueno, y que al ser Dios omnipresente y bondadoso, no puede haber nada de maldad en el mundo o en el universo. Debemos reconocer que ésta es una forma de panteísmo, pues enseña que todo es Dios y Dios es la totalidad de todas las cosas.

Los que sustentan esta idea dicen que todo pecado y sufrimiento es una imaginación de la mente humana; que nadie sabe el estado real de las cosas, ya que sólo vemos sus apariencias. Sin embargo, los hechos persisten y son reales. Los pecados como la codicia, la concupiscencia, la avaricia, a más de las enfermedades y de la muerte, no pueden ser desconocidos con sólo ignorarlos o negarlos.

---

[4]Naville, *op. cit.*, p.111

Otros cambian un poco el asunto diciendo que el mal es necesario por causa del bien. Se amparan en el dicho: "No hay mal que por bien no venga". Semejante al fondo obscuro, en un cuadro de un gran maestro, que hace resaltar la belleza y esplendor de la pintura, así lo que parece malo en el mundo sirve para bien. Ellos dicen que el dolor es de utilidad: "Puesto que el hombre es un aprendiz y el dolor su maestro; que nadie llega a conocerse a sí mismo hasta que haya sufrido". El dolor es la advertencia de un desajuste, un castigo justiciero o un remedio que nos corrige; pero pensamos que, si el sufrimiento fuera un bien en sí mismo, la ley suprema del deber sería destruir el bien. A veces estas ideas se usan para justificar la guerra, los temblores, terremotos, las pestes, etc.

Aquellos que defienden estos sofismas acusan a Dios de convertir el mal para que venga el bien, y como dice el apóstol: "La condenación de los cuales es justa" (Ro. 3:8; 6:1-2). Si el mal es necesario para bien del todo, sería una equivocación querer suprimir la maldad. Tales ideas son absurdas para el cristiano; pues la verdad es que Dios es santo y aborrece la maldad, y como el Padre es, así es el Hijo (He. 1:9) y el Espíritu (Gá. 5:22-23; Ef. 5:18; 2 Ts. 2:12-13). El mal es la única cosa que nunca puede ser buena, porque es sinónimo de desorden. Es lo que no debe ser, y no tiene ningún lugar legítimo.

3. El dualismo. Esta creencia argumenta que siempre han existido estas dos realidades: el bien y el mal, o Dios y el diablo. Que ambos son igualmente eternos y siempre opuestos. Que ni el uno ni el otro es soberano u omnipotente. Pero el dualismo olvida que Dios es también omnipresente y sólo existe un Dios en el grado absoluto de Sus perfecciones y atributos. Jesucristo habló del diablo como un ser que cayó del cielo; reconoció su presencia e influencia nefanda; oró para que Sus discípulos fuesen guardados del maligno, pero nunca dudó del triunfo seguro que el bien tiene sobre el mal. Los que pregonan el dualismo no presentan soluciones al problema, pues ellos mismos no saben el por qué de la existencia del mal.

El cristiano sabe que Dios existe, que es bueno y trata de obedecerle. Es al mismo tiempo consciente de la fuerza del mal, y evita sus influencias. Anhela cumplir con la voluntad divina y espera el día cuando no habrá más mal.

4. El ateísmo. Se ha dicho: "Al negar a Dios se resuelve el problema". Pero el asunto no es tan fácil. Sin Dios, ¿cómo se puede explicar el bien, la conciencia, el sentimiento del deber? ¿Cómo y dónde, se puede hallar la solución sin Dios? La negación de Dios más bien obscurece el problema.

5. El individualismo. Los individualistas dicen que *todo* sufrimiento personal es producto del pecado del individuo. El libro de Job desmiente categóricamente esta idea. Los tres amigos de Job le culparon, insistiendo que se hallaba bajo el castigo de Dios, pero el libro demuestra lo contrario, y dice que las aflicciones de los justos son múltiples. También hay otros casos que nos llevan a preguntar, ¿qué pecados cometieron el diácono Esteban y el apóstol Jacobo, para que fuesen asesinados tan cruelmente por los judíos o romanos? En ninguna parte de la Biblia se da a entender que el pecado cometido por el individuo es la explicación a todo el sufrimiento de la raza humana. Citamos el capítulo nueve del Evangelio de San Juan para refutar este concepto de culpabilidad individual, o de transmisión paternal como causa del sufrimiento.

Con esto no queremos negar que el pecado del individuo trae sus consecuencias. Tanto en el Antiguo como en el Nuevo Testamento se enseña que "el que la hace la paga"; el que infringe los preceptos divinos tiene que esperar los resultados de su desobediencia. "Mas el camino de los transgresores es duro" (Pr. 13:15). Vea las consecuencias del pecado de Acán (Jos. 7); el castigo que acompañó a los pecados del pueblo de Israel en el desierto; el caso de Herodes (Hch. 1:1-2, 21-23), y de Elimas (Hch. 13:8-11).

Otras críticas. E. Naville comenta: "La solución propuesta supone que todo el origen del mal se halla en el ejercicio individual de las voluntades, y que todo pecado, todo dolor y todo desorden debe hallar su explicación en la consideración del abuso que unos y otros hemos hecho de nuestra libertad".[5]

Whale escribe: "La hipótesis de que hay una igualdad exacta entre el mérito y el galardón en la vida humana, cae ante el hecho de la injusticia, la severidad fortuita y desigual sufrimiento".[6]

Cicerón dijo: "Después de la felicidad suprema de no nacer y de evitar los escollos de la vida, la suerte más feliz para el que ha sido dado a luz, sería morir en el mismo instante, y escapar de la fortuna como quien se salva de un incendio".[7]

Hay muchos dichos utilizados por los individualistas que dejan poca esperanza: "Los gemidos de la madre cesan para dar lugar al grito del

---

[5] *Ibid.*

[6] Whale, *op. cit.*

[7] Naville, *op. cit.*, p. 115.

niño". El epitafio pesimista es: "Lloró y murió". Vivir es sufrir".[8] Claramente queda por sentado que el individualismo no es la solución adecuada a todo el sufrimiento del ser humano.

C. Soluciones en parte satisfactorias

1. La respuesta filosófica. Naville dice que el problema del mal debe tener un "estudio filosófico".... "El dogma cristiano de la caída de la humanidad encierra la doctrina filosófica que explica mejor a la razón los datos de la experiencia". Razona diciendo: "Esta naturaleza mala que está en nosotros, ¿será tan sólo el resultado de las faltas acumuladas de las generaciones? La transmisión hereditaria de las inclinaciones malas es un hecho incontestable, y que, por sí solo, demuestra la insuficiencia de la solución individualista; pero el simple hecho de la transmisión hereditaria, tal como se observa en la historia, no resuelve el problema. En efecto, si nuestra naturaleza tal como es, fuera tan solo el resultado de los actos acumulados por las generaciones, la historia debería presentarnos este espectáculo: la humanidad en su origen se mostraría buena, e iría alternándose poco a poco por la culpa de sus miembros.... Un poder malo parece cernerse sobre la humanidad en todas las páginas de su historia y desde el principio de su vida."[9]

La solución de Naville se encuentra en su cuarto enfoque, en el cual presenta lo siguiente: "La humanidad está corrompida porque se ha corrompido a sí misma. Un acto primitivo de la humanidad ha creado, por el abuso del libre albedrío y por una rebelión contra la ley, el corazón malo de la humanidad. De allí resulta que en cada individuo es necesario distinguir dos cosas:

"1) su voluntad personal, responsable por sus actos y por su consentimiento a las inclinaciones de la naturaleza, y 2) la naturaleza humana está en él, y por la cual es responsable, por su parte, no como individuo, pero en su calidad de hombre.

"Hay aquí dos afirmaciones que deben ser sostenidas con igual firmeza: la responsabilidad colectiva de la humanidad, y la responsabilidad individual de cada uno de sus miembros. Estas dos afirmaciones no se contradicen; se limitan y se complemetan.

"Es preciso no concebir a la humanidad como masa, una colectividad de individuos, sino como una existencia real, distinta de los individuos, sin estar con todo separado de ellos, y que puede ser como tal, el objetivo de una imputación moral.

---

[8] *Ibid.*, pp. 126-127.

[9] *Ibid.*, p. 132-133

"El acto que perturbó el orden de la creación no es el acto de un individuo, en el sentido que damos actualmente a esta palabra, sino de un individuo primitivo que no sólo participaba de la naturaleza humana como uno de nosotros, sino en el cual, porque era primitivo, esa naturaleza se hallaba concentrada por entero, de tal suerte que podría llamársele el *hombre-humanidad*.... En realidad, la humanidad entera está presente en el que cayó, que era su jefe, su germen y su manantial."[10]

2. Algunas consideraciones bíblicas

a. El sufrimiento. En cuanto a esto se destaca el caso de Job, en el que vemos que Dios permitió el sufrimiento con propósitos definidos y que a la postre trajo bendiciones. En Hebreos 12:1-12 vemos que el castigo tiene como propósito corregir al cristiano. Otros versículos muestran que el sufrimiento viene por ser cristianos y propagar nuestra fe; y conforme soportemos, estaremos dando testimonio a los incrédulos (Col. 1:24; Fil. 1:29; 1 P. 4:12-16; Mt. 5:11-12). Para animarnos en estas experiencias, tenemos a Cristo como nuestro ejemplo (Mt. 10:24-25; 1 P. 2:20-23, etc.), enseñándonos que no debemos temer tales sufrimientos, ya que nos hacen participantes de los padecimientos de Jesucristo y nos permiten apreciar y amar más a nuestro Redentor (Fil. 3:10; 1 P. 4:13). En relación al sufrimiento de los incrédulos, consulte: Proverbios 13:15; Gálatas 6:6-7, etc.

Vemos también en Hebreos 2:10, 17-18; 4:15-16, que nuestro Señor Jesucristo padeció en la carne y experimentó los dolores de la humanidad, de tal manera que es nuestro Pontífice, quien comprende nuestra situación y puede socorrernos. En verdad convenía que el Maestro que enseñó a Sus discípulos a amar a sus enemigos, a bendecir a los que les maldijeren, a hacer bien a los que les aborrecieren y a orar por los que les injuriaran y persiguieren, que Él mismo sufriera en espíritu y padeciera en la carne. Cristo sufrió sin buscar venganza, sin odiar, y sin dejar de hacer el bien (Jn. 13:26). Así como Cristo sufrió y luego entró a Su gloria, así llegará para el cristiano el día de la recompensa (Lc. 24:26; Ro. 8:18, 28; 2 Ti.1:12; 4:6-8).

b. El pecado. A menudo surgen las preguntas, ¿por qué creó Dios al hombre con libre albedrío, de tal manera que podía pecar? ¿Por qué no le privó de ese privilegio? ¿Por qué le dejó al diablo entrar en la serpiente para tentar? ¿Cuál fue el origen del desorden en el universo, habiéndolo Dios creado perfecto? Estas interrogantes ya han sido

[10]*Ibid.*, pp. 138. 139. 144. 145

consideradas en los dos cursos anteriores de doctrina; pero debemos añadir, como recordatorio, que no se puede probar lo que no ha sido revelado. Dios tiene pleno derecho para guardar en Su propio consejo las explicaciones de acontecimientos que no lograría entender la finita mente humana.

El más grande mandamiento de la ley de Dios es: "Amarás a Jehová tu Dios de todo tu corazón, y de toda tu alma, y con todas tus fuerzas" (Dt. 6:5; Mt. 22:37). ¿Por qué el amar a Dios es el más grande mandamiento? Porque cuando el hombre cumple con este precepto, Dios es glorificado en lo absoluto, y al mismo tiempo el hombre recibe el mayor beneficio, ya sea individual o colectivamente.

El pecado era posible, pero no necesario

Al llegar a este punto nos preguntamos una vez más: ¿No hubiera Dios podido evitar que Satanás y Adán pecaren? Con reverencia decimos: "No, no podía evitarlo, si quería ser amado voluntariamente por el hombre". El amor forzado u obligado, no es verdadero amor.

El Señor Jesucristo es llamado el "Cordero que fue inmolado desde el principio del mundo" (Ap. 13:6). En esta grandiosa obra de redención participó la Trinidad: el Hijo que se ofreció, el Padre que aceptó Su ofrenda, y el Espíritu Santo que haría efectiva la obra del Hijo. Algunos preguntan: ¿no implica esta provisión de un Salvador, que fuese necesario que el hombre pecare? Pues bien, al crear al hombre libre, *sí había la posibilidad de pecar, pero esa posibilidad no incluía la necesidad de pecar*. El hecho de que Dios supiera que el hombre habría de pecar, no le obligaba al hombre a hacerlo. Dios hizo al hombre a Su imagen y semejanza; el hombre cayó y Cristo vino al mundo para obrar Su redención.

Miles de ángeles resistieron la tentación y ahora gozan de un carácter sano: no pecan, y viven en eterna gloria junto a Dios. Algunos hombres han recibido a Cristo, han sido sellados con la Promesa y vivirán por la eternidad con su amado Salvador. Para estos, Dios cree que valió la pena hacer el universo a pesar de todos sus sufrimientos y sacrificios, y a pesar del grupo de personas que serán condenadas al suplicio eterno. El infierno y el lago de fuego no pueden "hipotecar el cielo", como C. S. Lewis lo explica: "La eternidad de gozo inefable ha de satisfacernos de que el plan divino era lo mejor, aunque el pecado y el sufrimiento fueron permitidos durante un tiempo".[11]

Nadie se pierde porque Dios así lo quiera (2 P. 3:9). El fuego eterno ha sido preparado para el diablo y sus ángeles y no para los hombres (Mt. 25:41). Sin embargo, muchos hombres se condenan al rechazar a

---

[11]C. S. Lewis, *The Great Divorce* (New York: The MacMillan Co., 1966, p. 120.

Cristo, e irán al lago de fuego (Ap. 20:15). Cuando lleguemos a la madurez de nuestro amor por Jesucristo, entenderemos lo lógico y justo que es la condenación de aquellos que le han rechazado a Cristo.

Repaso de la lección

1. ¿La existencia del mal presentó algún problema en la mente de Jesús?
2. ¿Consideró usted en alguna ocasión que una de las soluciones erróneas aquí presentadas era acaso la correcta?
3. ¿Puede añadir algo más para explicar la realidad del sufrimiento?
4. ¿Por qué es el amor a Dios el más grande de los mandamientos?
5. ¿Por qué es irrazonable permitir que el problema del mal nos induzca a dudar de Dios?

Lección 3

El origen del pecado

Bosquejo

El Señor Jesucristo enseñó que el pecado puede provenir de varias fuentes inmediatas, como el corazón, la voluntad, la carne, etc.

A. El origen del pecado en Satanás: el pecado empezó en el reino espiritual cuando Satanás y sus ángeles se rebelaron contra Dios.

B. El origen del pecado en la humanidad empezó con Adán y Eva, en quienes todo el género humano estaba representado. Así todos pecaron y cada uno tiene hoy una naturaleza corrupta, que ha sido transmitida por generaciones continuas desde Adán, y todos estamos bajo condenación y muerte hasta ser regenerados en Jesucristo. El pecado viene por la concupiscencia, por la desobediencia, y por la incredulidad.

Lección 3
El origen del pecado

El Señor Jesucristo dio varios indicios en cuanto al origen del pecado en los individuos. Se refirió a:

- la voluntad (Jn. 5:40; 7:17);
- el corazón malo (Mt. 15:19; Mr. 7:20-23);
- el cuerpo (Mt. 5:27-30; Jn. 3:6);
- el orgullo personal y racial (Jn. 5:44; 8:33, 39-40);
- Satanás (Lc. 22:31; 8:12; Jn. 8);
- los demonios (Lc. 8:27-39);
- la superficialidad (Lc. 8:13; 10:31-32; Jn. 8:37-44);
- los cuidados de la vida, las riquezas, los pasatiempos (Lc. 8:14; 12:13-21);
- la hipocresía (Lc. 18:10-14; 20:46-47; Mt. 23);
- la incredulidad (Jn. 8:24); etc.

Así pues, nuestro Señor reconoció como fuentes de tentación para los hombres: el mundo, la carne y el diablo. Estas tentaciones apelan al espíritu, a la mente y a la carne, y atropellan los buenos sentimientos, los mejores pensamientos y los buenos actos.

A. El origen del pecado en Satanás

1. Conjeturas acerca de cuándo pecó. En cuanto a esta doctrina podemos agregar muy poco a lo ya escrito en el curso A-6. Sin embargo, mencionaremos que el pecado no tuvo su origen en Adán, sino que por él entró a la humanidad y a este mundo, lo cual vemos en Romanos 5:12: "El pecado entró en el mundo por un hombre". Ahora bien, el que trajo el pecado en sí fue Satanás. Pero, ¿de dónde? ¿Cuánto tiempo existió el pecado antes de entrar en este mundo? Es imposible dar una contestación categórica a estas preguntas por cuanto ningún hombre sabe dónde estaba Lucifer cuando pecó ni en qué tiempo. Sólo se sabe que fue antes de la tentación de Adán y Eva. Es posible que fue muy poco antes o que aconteció miles de años antes.

Tampoco podemos asegurar que Lucifer estaba en el cielo en la presencia de Dios cuando primeramente entretuvo en su mente el pensamiento de rebelarse contra el Creador. Según Ezequiel 28 que habla del "lucero de la mañana", deducimos que estaba encargado de una parte del universo, en la que existía la tierra y que "a causa de la multitud de tus contrataciones fuiste lleno de iniquidad y pecaste" (Ez. 28:16). Otra versión dice: "A causa de la abundancia de tu tráfico, llenaron tus calles de violencia, y tú has pecado". Por esto, parecería que desde esta tierra Satán (Lucifer después de su caída) quiso extender su rebelión hasta las otras legiones de ángeles que habitaban alrededor del mismo trono de Dios, y que el Señor lo echó del monte de Dios y lo encerró en este planeta (Ez. 28:16). Algunos de los ángeles que se unieron a Lucifer en la rebelión están en el Tártaro o abismo, infierno (2 P. 2:4; Jud. 6). Otros están todavía con su jefe, en los aires y tienen acceso a la tierra.

Es posible también, que la rebelión de Lucifer empezó en el mismo cielo de Dios, y que mientras dirigía a todos los seres celestiales en la adoración a Dios, le vino la terrible idea de ser adorado él mismo, en vez de adorar al único Rey (Is. 14:12-15). O puede haber sido en el momento en que Dios reveló Su propósito de crear al hombre, y de revelarse a la nueva criatura por medio de Su Hijo Jesucristo. Estas son sólo conjeturas.

2. Satanás tienta al hombre. Satanás, de todos modos, tiene por lo menos tanto tiempo en este globo como el hombre, ya sea como el tentador o como el jefe que encabeza las fuerzas malignas. Fue él quien, por medio de la serpiente, sugirió a Eva que dudara de la Palabra de Dios y que la desobedeciera (antes de hacerle desobedecer, le hizo dudar). Es aquel que todavía trata de engañar a las naciones (Ap. 20:3, 8), y que tienta a todos los hombres. Aun Jesucristo no fue inmune a sus ataques (Mt. 4:1-11; 16:22-23). Satanás y sus demonios están sumamente activos, buscando, deseando la caída de cada individuo y usando varios métodos para alcanzar su odioso propósito (2 Co. 11:3, 13-15; 1 P. 5:8; Mt. 13:19, 28, 38; Lc. 22:31).

3. Varias teorías. Sin embargo, ni el primer hombre ni ninguna persona hoy está obligada a ceder a las tentaciones satánicas. Dios hizo a Adán responsable por su desobediencia, y todavía nos considera responsables por pecar. Por esa razón nos conviene estudiar el origen del pecado en cuanto a nosotros mismos. Las teorías acerca del origen del mal deben estimularnos a combatirlo. Debemos saber que el mal no es necesario (como lo testifica la conciencia) y que no es para que lo atribuyamos a Dios.

B. El origen del pecado en la humanidad

1. El pecado original. En Romanos 5:12 leemos: "El pecado entró en el mundo por un hombre". Según Génesis, encontramos que el hombre fue creado bueno, esto es, con la voluntad inclinada hacia Dios a cuya imagen fue hecho. Tenía libre albedrío, lo cual quiere decir que podía seguir fielmente a Dios, lo mismo que han hecho los ángeles que resistieron la tentación de rebelarse con el diablo, o podía ceder a la tentación y apartarse de Él. El libre albedrío incluye la posibilidad de pecar, con todas sus consecuencias.

Citamos otra vez a Ernesto Naville: "Un poder libre y creado siente en sí, como poder, un principio de acción; pero, como criatura, no es y no puede ser del todo independiente; se halla en presencia de la ley universal, o sea la de Dios, que expresa Su voluntad. Ahora bien, de esa situación resulta para el poder creado la tentación de desconocer las consecuencias de su posición de criatura, y de hacerse una ley propia, rechazando la que lo somete a Dios. Esta es la tentación a la rebelión pura y simple....

"La caída primitiva se explica pues, por una tentación que es la única también pueda ser transmitida a la criatura inocente, la única que puede hallar un eco en una voluntad ligada a un corazón puro; y esta tentación se expresa así: 'Tú mismo serás tu Dios'. Toda otra tentación no puede venir sino después de esta, y ser la consecuencia de una primer adhesión del poder libre a la tentación inherente a la libertad misma....

La libertad supone la posibilidad del mal, y encierra una tentación, sin la cual no existiría la libertad; pero la razón de ser del mal realizado no existe en ninguna parte que no sea la voluntad que se rebela contra la ley."[1]

Adán pecó haciéndose, igual que Dios, su propio legislador, formulando sus propias leyes. "Y dijo Jehová Dios: He aquí el hombre es como uno de nosotros, sabiendo el bien y el mal" (Gn. 3:22). Esta elevación de sí mismo por parte del hombre fue su caída. Al pecar, Adán perdió muchísimo en comparación con lo que ganó, porque perdió lo que es realmente precioso, mientras que ganó penas y tristezas que hicieron amarga su ganancia. Volvemos a repetir que la prueba o tentación era inevitable para un ser que era moralmente libre, considerando que el pecado no era ni inevitable ni necesario. Adán no fue obligado a pecar. Dios no creó el pecado, ni es moralmente responsable por su existencia.

2. El origen de los pecados morales

a. Ideas erróneas

1) Unas pocas personas anárquicas creen que el origen de todo el mal son las instituciones sociales. Ellos manifiestan que todo hombre es bueno en el fondo, de manera que si se suprimiera el estado con sus sistemas legislativos y judiciales, y no hubiera policía ni soldados de ninguna clase, entonces cada persona haría lo bueno y la sociedad libre encontraría su propio equilibro y paz. Añaden que es el medio social el que hace que las personas pequen y sean malas. Pero el hecho es que las instituciones sociales son malas, por cuanto los hombres que las forman son malos, por lo que sabemos que la supresión de las instituciones no haría que la tierra fuera un paraíso. Las organizaciones sociales transmiten y aumentan ya sea el mal, o el bien, pero no los crean.

2) Por otro lado, personas que se creen muy espirituales alegan que es el cuerpo el que origina todo el mal que asuela a la humanidad, y que el espíritu, que es bueno en sí mismo, se halla viciado por su unión con la materia. Pero el hecho es que el cuerpo en sí no es malo. Santiago 2:25 nos enseña que el cuerpo sin el espíritu está muerto. Y todos sabemos que un cadáver no puede hacer ni bien ni mal. El cuerpo es el vehículo para la expresión del alma, muy imperfecto por cierto, pero sólo recibe órdenes y no origina el pecado. Además, es el asiento de muchos apetitos, y por lo tanto la vía de ataque para la tentación; sin embargo, los músculos de una persona sana responden a los mandatos de

[1]Ernesto Naville, *El problema del mal* (New York: Sociedad Americana de Tratados, s.f.), pp.189, 190, 191.

la voluntad, y no la voluntad a los deseos de los músculos. Estos tienen nervios pero no cerebros. Jesucristo enseñó que el comer y todo el sistema digestivo no tiene moralidad ni espiritualidad, sino que es el corazón el responsable de la maldad en el hombre (Mt. 5:18-20b).

b. La enseñanza bíblica. Hemos visto que el pecado empezó en el reino espiritual entre los ángeles que pecaron (2 P. 2:4) y no guardaron su primer estado (Jud. 6). Luego Satanás en su perversidad tentó al hombre (Ap. 12:9; Jn. 8:44), engañó a la mujer (Gn. 3:1-6; 1 Ti. 2:14), y luego el hombre desobedeció a Dios (Ro. 5:19). Sin embargo, aunque instigado por Satanás, el pecado original fue el pecado de Adán y no el pecado de Satán aunque Dios le condenó por su acto (Gn. 3:14-15). Fue así como Adán y Eva, con todo el género humano concentrado en ellos, pecaron bajo su propia responsabilidad y voluntad. Cuando Adán pecó, la inclinación de sus pensamientos, sentimientos y voluntad fue transferida de Dios hacia sí mismo. Llegó a ser dios para sí mismo, haciendo sus propias leyes en vez de someterse a la ley divina, sólo que no pudo gobernar los resultados de sus acciones por cuanto el Creador era el único que tenía dicho poder y derecho. Toda la naturaleza del hombre: lo corporal, mental, moral y espiritual, se degeneró con el pecado, perdiendo la santidad y justicia originales.

1) La herencia de una naturaleza corrompida. La Biblia explica que una naturaleza humana corrompida fue transmitida desde Adán hacia todos sus descendientes, de manera que cada niño es concebido en pecado y formado en maldad (Sal. 51:5), enajenado desde la matriz y descarriado desde el vientre, hablando mentiras (Sal. 58:3), por naturaleza hijo de ira (Ef. 2:3), desde su juventud con un corazón corrompido (Gn. 6:5; 8:21), y todo esto porque "Lo que es nacido de la carne, carne es" (Jn. 3:6) y: "¿Quién hará limpio a lo inmundo? Nadie" (Job 14:4).

Un versículo que declara el hecho de la identificación de todo el mundo con el pecado original es Romanos 5:12 que dice: "Por tanto, como el pecado entró en el mundo por un hombre, y por el pecado la muerte, así la muerte pasó a todos los hombres, por cuanto todos pecaron". Asimismo el versículo 19 declara: "Por la desobediencia de un hombre los muchos fueron constituidos pecadores". ¿Por qué? Pues, por cuanto estando "en los lomos" de Adán como progenitor de la raza humana "todos pecaron", y con justicia somos "constituidos pecadores" (He. 7:9-10). Esta es una verdad fisiológica y filosófica, a la vez que es un hecho legal delante del tribunal divino. La naturaleza humana, corrompida como efecto del pecado original, es transmitida de una generación a otra desde Adán, y la historia y la experiencia lo comprueban.

2) La culpa es individual. Así que, la culpa y la condenación son directas, sin intermediarios, sobre cada ser humano: "Porque Dios sujetó a todos en desobediencia, para tener misericordia de todos" (Ro. 11:32). ¿Qué pues? ¿Somos nosotros mejores que ellos? En ninguna manera; pues ya hemos acusado a judíos y a gentiles, que todos están bajo pecado" (Ro. 3:9). Mas la Escritura lo encerró todo bajo pecado, para que la promesa que es por la fe en Jesucristo fuese dada a los creyentes" (Gá. 3:22).

El pasaje profundamente teológico, Romanos 3:12-21, es una comparación de nuestra relación con Adán con sus efectos, la cual incluye tanto contrastes como semejanzas. Por nuestra parte en el pecado de Adán, todos somos pecadores y culpables de condenación y muerte, pero por la unión con Cristo al estar bajo la gracia (v. 21), tenemos justificación y vida eterna. Es digno de notarse entre los contrastes, que aunque dice: "que todos pecaron", nunca dice: "que todos obedecieron". De manera que Dios demanda que reconozcamos la condición de nuestra naturaleza corrompida y que estamos bajo condenación, a fin de que Él pueda manifestar Su gracia y cambiar la condenación en justificación, y la muerte en vida eterna. Por esto predicó Jesucristo a todo el mundo diciendo: "Arrepentíos y creed en el Evangelio" (Mr. 1:15).

c. El origen inmediato de los pecados en la actualidad. Nos preguntamos, ¿de dónde procede el pecado hoy? ¿Podemos, como Adán, echar la culpa a la mujer, y ella echarla a la serpiente? Hay quienes se esfuerzan por hacerlo, pero es inútil tal intento. Si no podemos disculparnos o refugiarnos acusando a Satanás, ¿podemos entonces excusarnos delante de Dios presentando nuestra debilidad o diciendo que no fue nuestra intención pecar, o alegando que no comprendíamos, o valiéndonos de cualquiera de los miles de pretextos y excusas que se inventan? Ni la conciencia ni la Biblia dan la menor esperanza de que Dios acepte tales disculpas.

Vemos que la causa o el origen de tantos pecados que se cometen a diario se deben a tres categorías de tentación a las que estamos sujetos: "Los deseos de la carne, los deseos de los ojos, y la vanagloria de la vida" (1 Jn. 2:16). La tentación de Eva y la tentación de Jesucristo prueban que Satanás no tiene otro camino de ataque sino por medio de ellas. El apóstol Pablo afirma que los incrédulos andan "conforme al príncipe de la potestad del aire, el espíritu que opera en los hijos de desobediencia", viviendo en los deseos de su carne (Ef. 2:1-3).

Sería provechoso estudiar los diez mandamientos, a fin de colocar cada mandamiento bajo una de estas tres categorías. Sería de ayuda incluir en esta consideración las tentaciones de Eva y de Jesucristo, aplicando para esta última la historia de Lucas 4:1-13. Por cierto, la motivación detrás del pecado puede alterar su clasificación. Tomemos un ejemplo: la mentira. Si la motivación para mentir es el de evitar un castigo corporal, la tentación entonces es el amor a la carne, o sea está dentro de la primera clasificación; pero si la motivación para esta prevaricación es el de conseguir una prenda deseable, puede ser que corresponda a la segunda; otra vez, si el propósito es obtener un honor o puesto entre los hombres, luego es la soberbia de la vida el origen de dicho pecado.

El Señor Jesús enseñó que "del corazón salen los malos pensamientos, los homicidios, los adulterios, las fornicaciones, los hurtos, los falsos testimonios, las blasfemias. Estas cosas son las que contaminan al hombre" (Mt. 15:19-20), lo cual no está contradiciendo la declaración del apóstol Juan de que todo lo que está en el mundo es la concupiscencia (1 Jn. 2:16);[2] ni lo escrito por Santiago de "que cada uno es tentado, cuando de su propia concupiscencia es atraído y seducido. Entonces la concupiscencia, después que ha concebido, da a luz el pecado" (Stg. 1:14-15), por cuanto en verdad: "Engañoso es el corazón, más que todas las cosas, y perverso" (Jer. 17:9).

Hay otro punto de vista que mira a todo pecado como desobediencia a la ley de Dios. Esta ley no se limita a la "Ley de Moisés", ya que también existe la "ley natural del bien y del mal". Cuando se usa la frase: "Esto no es justo", rara vez se refiere a la ley del código, sino que más bien es un reconocimiento de la ley universal del bien y del mal. La conciencia del hombre le dice que es malo mentir, no importa cuántas consideraciones le hayan inducido a hacerlo, y tarde o temprano, siente culpa por haberlo hecho. El deber de tratar bien a aquellos que se comportan de la misma forma con nosotros, es reconocido por todos, aunque algunos no lo practiquen. Hay varias diferencias superficiales entre las costumbres de las distintas razas o pueblos, pero en el fondo se distingue una ley de justicia general y de comportamiento decente, reconocida y utilizada por la humanidad. Aun el financiero inescrupuloso

---

[2]La *concupiscencia* o deseo desordenado, es el anhelo o sed del hombre, sea de su carne, su mente o su espíritu, de conseguir cosas, conocimientos, satisfacciones, honores más allá de lo legítimo, de lo ordenado por Dios. Hubiera sido muy correcto para el Señor tener pan para comer, pero no por la sugestión de Satanás (Mt. 4:3-4); o de recibir la gloria de los reinos del mundo, o l a ministración de ángeles y los aplausos del pueblo, pero no a costo de adorar a Satán, ni de tentar a Dios (Mt. 4:5-10). Eva deseaba comer y saber lo prohibido, y cedió a sus deseos desordenados, cometiendo el primer pecado humano (Gn. 3:1-6).

demanda que su secretario sea honesto, y se siente afectado por la falsedad de un compañero en quien ha depositado su confianza.

El pecado es, pues, la desobediencia a lo que sabemos es lo correcto. En el fondo de su corazón todo hombre sabe que ha faltado a dicha ley.

En un último análisis, el pecado se debe a la incredulidad, que es el pecado que realmente condena. El que cree en el Hijo tiene vida eterna: pero el que rehusa creer en el Hijo no verá la vida, sino que la ira de Dios está sobre él" (Jn. 3:36). Es la soberbia de la vida la que estorba a la fe (Jn. 5:44). Es el corazón malo el que engendra la incredulidad (He. 3:12). Y el no creer a Dios es "hacerle mentiroso" (1 Jn. 5:10). A veces personas afirman que no son incrédulas, pero que se resienten si uno dice que lo son. Al preguntarles: "¿Cree usted que su pecado le lleva al infierno?", la mayoría contestaría que creen que no han sido tan malos, que son buenos hijos, buenos padres, o buenos vecinos, que son caritativos, que nunca han matado a nadie, que sólo ante una provocación responden negativamente, etc., etc. Con sus mismas palabras se condenan, puesto que aquel que no pone su esperanza en Jesucristo, se encuentra perdido.

Es posible creer en los hechos de la historia y toda la ciencia, dedicar toda la vida a la investigación y a los experimentos científicos, y descubrir muchas leyes de la naturaleza, de la química, de la física, etc., pero si no se conoce a Jesucristo, el Rey de verdad, y la misma Verdad, todos los demás conocimientos no servirán en absoluto para el reino que vendrá después de la muerte. Ya sea que se crea o no en esta verdad, no cambia en lo más mínimo el hecho de que sí lo es. Es como en las matemáticas: no importa si uno cree o no en ellas. Al usarlas, uno se da cuenta que dan resultado, y aquel que las desprecia fracasará.

No dar crédito a Dios es el pecado que cierra la puerta a toda posibilidad de salvación. Que si nuestro Evangelio está aún encubierto, entre los que se pierden está encubierto; en los cuales el dios de este siglo ha cegado el entendimientos de los incrédulos, para que no les resplandezca la luz del evangelio de la gloria de Cristo, el cual es la imagen de Dios" (2 Co. 4:3-4). La incredulidad en cuanto a la gloria de Jesucristo es la puerta que Satanás usa para entrar y cegar el entendimiento. Pero los cobardes e incrédulos, los abominables y homicidas, los fornicarios y hechiceros, los idólatras y todos los mentirosos tendrán su parte en el lago que arde con fuego y azufre, que es la muerte segunda" (Ap. 21:8).

Concluimos diciendo que cada uno cree lo que quiere creer, y la causa de la incredulidad es la mala voluntad, estando detrás de esa voluntad el corazón corrompido. "Creo, ayuda mi incredulidad", es la oración que nos conviene a todos (Mr. 9:24).

REPASO DE LA LECCIÓN

1. ¿Cuál fue el pecado que primero cometió Satanás?
2. ¿Cómo entró el pecado en el mundo?
3. ¿Cuáles son algunas de las ideas erróneas acerca del origen del pecado?
4. ¿Qué explicación hay en el hecho de que cada hombre es imperfecto?
5. ¿Cuál es el origen del pecado en la vida del que no es cristiano, hoy en día?

Lección 4

La naturaleza del pecado

Bosquejo

El Señor Jesucristo, cuando le perdonó al paralítico sus pecados, declaró Su propia deidad y el hecho de que todo pecado es contra Dios.

A. Lo que el pecado no es:
- una necesidad
- una debilidad inconsecuente
- una enfermedad pasajera o un paso en la evolución
- una mera negación
- una maldad inherente a la materia

B. Lo que el pecado es en el Antiguo Testamento:
- errar al blanco
- lo torcido
- hábito hacia el mal
- revuelta contra la autoridad
- vanidad
- falta

C. Lo que el pecado es en el Nuevo Testamento:
- errar al blanco
- sobrepasar la línea del deber
- fracaso
- caída
- desorden
- ignorancia
- desobediencia
- deuda
- ofensa

D. Definiciones bíblicas y teológicas

Pecados: hacia Dios, hacia la ley divina, hacia el hombre, y hacia el yo propio.

E. Observaciones

El pecado es contra Dios, irracional, que condena, corrompe, engaña, esclaviza, es mundano, y es el interés propio.

LECCIÓN 4

La naturaleza del pecado

El Señor Jesucristo, al encontrar a Sus discípulos durmiendo en vez de estar velando con Él, les dijo: "El espíritu a la verdad está dispuesto, pero la carne es débil" (Mt. 26:41). A la mujer adúltera le dijo; "Vete, y no peques más" (Jn. 8:11). Reconoció el carácter corporal o carnal de muchos pecados (Véase Mr. 7:14-23). Cuando le dijo al paralítico: "Tus pecados te son perdonados", estaba haciendo una declaración pública de que Él era Dios mismo, el Creador, contra quien todo pecado es cometido, y el único con derecho a perdonar la culpa del pecado; a su vez enseñó sobre la importancia de buscar el perdón de los pecados antes de atender a las necesidades del cuerpo (Mr. 2:1-12).

Todo verdadero perdón de pecado viene de Dios, quien tomó la iniciativa de justificar a todo aquel que confía en el Señor Jesús (Ro. 3:26). El Salvador también se refirió a la forma en la que el pecado se vuelve persistente y envicia (Mt. 12:43-45). La naturaleza del pecado no fue desconocida para el Hijo de Dios, aunque Él mismo no lo experimentó.

A. Lo que el pecado no es

Hay varias ideas o enseñanzas erróneas acerca del pecado, que hay que refutar por cuanto son doctrinas muy torcidas y manoseadas por las sectas falsas y religiones modernas. El diablo sabe que mientras la conciencia del hombre esté más o menos tranquila, engañada por un concepto errado acerca de la naturaleza del pecado y sus resultados, no hay temor de que tal alma llegue a interesarse por su salvación. Casi siempre el primer paso hacia la conversión es un espíritu de intranquilidad, una duda acerca de la falsa seguridad que hasta el momento se sentía, junto con un reconocimiento de su culpa por tener un corazón pecaminoso. Por eso, cada persona debe saber lo que es el pecado y lo que no es, ya sea por su propia necesidad de buscar el perdón, o para poder enseñar la verdad a otros.

1. El pecado no es una necesidad. Hay varias maneras de presentar la falsa enseñanza de que era necesario que Adán pecara, y que todo el mundo fuese pecador. Algunos creen que glorifican a Dios en cuanto a

Su soberanía y poder, al decir que todo lo que pasa, sea bueno o malo, ha sido decretado por Él. Alegan que cada acto de la vida de todos los seres humanos es ordenado por Dios, que cada circunstancia diaria es justamente lo que la voluntad divina quiere. Para justificar sus creencias, citan entre otros, los siguientes pasajes: Daniel 4:35; Isaías 14:27; Job 9:12; Romanos 9:18-21, mientras que pasan por alto estos otros pasajes: Mateo 6:10; 18:14; 26:42; Lucas 23:25; Juan 7:17; 2 Pedro 3:9; 1 Juan 2:17; 5:14, etc.

Otros dicen que el pecado es una necesidad que sirve para enseñarnos el amor y la gracia de Dios. Es verdad que el Evangelio pone de manifiesto estas excelencias del Ser Supremo, pero no tenemos derecho para decir que no había otra manera de hacérnoslas conocer. Los ángeles de Dios cantan Sus alabanzas con sinceridad, y ellos nunca han pecado (Lc. 2:14; Ap. 5:11-12).

Tampoco es aceptable la idea de que el pecado es necesario por el ciego fatalismo que supone que todo es inescapable del destino inmutable de cada uno.

En verdad, la Biblia dice que todos tenemos pecado y que todos pecamos, pero no dice que es necesario que pequemos (1 Jn. 1:7—2:2).

2. El pecado no es una debilidad inconsecuente. Esta idea errónea es otro esfuerzo para tranquilizar la conciencia humana, y que se traduce mediante el dicho: "Nadie es perfecto", como si fuera una excusa lógica para el pecado. Aun a veces se dice descaradamente: "Dios es demasiado caballero para ocuparse de nuestras pequeñeces o pecaditos". Convenimos con el Salmista en que Dios no nos ha tratado "conforme a nuestras iniquidades" (Sal. 103:10), pero sólo en Jesucristo hay perdón de pecado y una salvación segura (Hch. 4:12). Dios es rico en misericordia y longánime (o de larga paciencia), no porque se olvida de él para no traerlo a juicio, sino porque espera que haya arrepentimiento. El pecado es una abominación a Dios, una violación de Su voluntad, y no algo de poca importancia (Éx. 20:7; 34:7; Ez. 18:4, 20; Ro. 6:23, etc.).

3. El pecado no es una enfermedad pasajero, un paso o circunstancia temporal en la evolución. Los evolucionistas consideran que el pecado es una condición presente en el proceso del desarrollo evolucionario de la humanidad. En vez de ser el resultado de un acto de desobediencia responsable, dicen que el pecado es semejante a un accidente o a una enfermedad que azota a la raza humana, sin ser culpable por ello. Lo comparan con las plagas que hay en el reino vegetal o animal, y que el remedio es: más ciencia y más milenios para que evolucione la raza, siendo que el hombre primitivo no tuvo la ciencia necesaria para evitar en su desarrollo las equivocaciones que hoy llamamos pecado.

Por cierto que esta manera de pensar es ateísta, en su gran mayoría. Por lo menos, es imposible encontrar apoyo para esta idea en la Biblia. Un Dios justo no condenaría a la humanidad por un accidente o por una circunstancia que se deba al desarrollo natural e inocente de la raza, o por una enfermedad o plaga que haya venido de fuera, sin ninguna culpa. Pero sabemos que la Biblia dice que "Así la muerte pasó a todos los hombres, por cuanto todos pecaron" (Ro. 5:12; Pr. 26:2). Llamar al pecado un accidente, una plaga inesperada e inevitable con la idea de así librar a Dios de la acusación de haber permitido que Adán pecara, es causar más problemas sin solucionar ninguno.

4. El pecado no es una mera negación. El "Eddyismo" o "Ciencia cristiana" como es falsamente llamada, dice que el pecado es una negación, que la maldad es la ausencia de lo bueno, y el pecado, la ausencia de la justicia. Pretende señalar que el pecado y la enfermedad existen sólo en el pensamiento y se deshacen al vencer tales pensamientos; que negando la existencia de la maldad y del error, enseguida ya no existen. Pero la Palabra de Dios reconoce la realidad del pecado y lo condena (Sal. 51:2-4; Is. 59:1-8, etc.). El pecado en Edén consistió en comer del árbol prohibido, no en dejar de comer del árbol de la vida.

5. El pecado no es una maldad inherente en la materia. Aquellos que enseñan que el hombre es malo porque tiene un cuerpo, y que la carne es el asiento de todo pecado, siendo de materia inherentemente mala, está muy cerca de la blasfemia. O tienen que atribuir a la materia existencia propia, lo cual tiene que incluir que también sea eterna, o acusan a Dios de haber creado una materia corrupta, con la capacidad de corromper el espíritu. Pero sabemos que la materia no es mala en sí. Los animales son de carne y ellos no pecan. El reino mineral es pura materia pero sin pecado.

La vía común para que las tentaciones nos atrapen es el cuerpo, y la carne lucha contra el espíritu, pero el cristiano debe y puede glorificar a Dios con su cuerpo (1 Co. 6:20; Gá. 5:17; Stg.1:14). Además, muchos pecados son del alma y no del cuerpo, como: la malicia, la crueldad, la incredulidad, la enemistad contra Dios. El ermitaño que maltrata su cuerpo busca en vano la santidad. El diablo y sus demonios son sumamente malos sin tener cuerpos materiales. Los espíritus humanos no son santificados por la muerte. y si la materia fuera mala, no podría llamarse pecado esa maldad, por cuanto sería sin culpa, cosa inherente e inescapable.

B. Lo que el pecado sí es en el Antiguo Testamento

El Dr. George P. Pardington, en su libro *Estudios de doctrina Cristiana*, da un buen resumen de lo que debe incluirse bajo este tema. Primero mencionaremos palabras que expresan pecado en el Antiguo Testamento.

1. La palabra más común que se usa para expresar pecado es la que dice literalmente: "errar al blanco". Lo hallamos así en el sentido original en Jueces 20:16. Con todas sus derivaciones, esta palabra significa cualquier desvío moral del blanco divino, ya sea llegando más allá de él, o no alcanzándolo, o desviándose a uno u otro lado. En el alcance de esta palabra hebrea no sólo se incluyen los actos premeditados o ignorados, sino también el estado malo o la disposición impía de la mente y el corazón (Gn. 4:7; Éx. 9:27; Lv. 5:1; Nm. 6:11; Sal. 51:2,4; Pr. 8:36; Is. 42:24; Os.4:7).

2. Otra palabra para pecado significa literalmente encorvado, torcido o ladeado (Is. 21:3). Espiritualmente significa perversidad o iniquidad moral, o la perversión de la naturaleza que hace lo malo. Esta palabra hebrea no se refiere tanto al acto mismo, sino al carácter del acto (Gn. 15:16; Sal. 32:5; Is. 5:18).

3. Una palabra cuya raíz significa excitación tempestuosa. En el fondo significa hábito del mal, es decir, pecado residente particularmente en la disposición. Es todo lo opuesto a la justicia (Lv. 19:15, 35; Job 3:17; 16:11; 20:29; 34:8; Sal. 82:2; Pr. 16:12; Is. 57:20-21; Mal. 2:7).

4. La palabra que también se usa para pecado es: "revuelta contra la autoridad debidamente constituida". Dicho de otra manera, apostasía o rebelión. En nuestra versión es comúnmente traducida como "rebelión" (Sal. 51:3; Pr. 28:2).

5. Pecado también se puede expresar con la palabra "cruzar la línea" o "pasar más allá": "traspasar" (Sal. 17:3; Os. 6:7; 8:1).

6. Otra, que literalmente significa soplar, representa al pecado en su aspecto de vanidad y vaciedad (Is. 41:29).

7. Hay aun otra palabra que se refiere a la dureza del corazón, que es el grado más alto de pecado, y que es la obstinación (Éx. 4:21). Hay también una gran cantidad de palabras hebreas que de una u otra manera expresan pecado, y no será posible considerarlas separadamente. Algunas de las que no hemos mencionado son: "falta" (Gn. 41:9); "transgredir", o sea, pecar por ignorancia (Lv. 4:13); "vagar" (Ez. 34:6); "errar" (Sal. 119:21); "maldad" (Sal. 94:20); "miseria" (Pr. 31:7).

C. Palabras que expresan pecado en el Nuevo Testamento

1. Es notable que tanto en el griego del Nuevo Testamento como en el hebreo del Antiguo Testamento, la palabra más comúnmente usada como pecado es errar al blanco. Se dice que esta palabra aparece 174 veces en el Nuevo Testamento, y 71 veces en las epístolas de Pablo. Expresa tanto el estado o disposición hacia el mal, como el acto de pecado (Ro. 3:23; 5:12).

2. Luego tenemos la palabra que significa pasar o sobrepasar una línea de deber o conducta. Es siempre usada para indicar "la violación de una ley positiva, un precepto expreso que menciona una sanción" (1 Ti. 2:14).

3. También se usa la palabra que significa fracaso, o caída de donde uno debía haberse mantenido (Gá. 6:1). La misma palabra se encuentra con algunas derivaciones en Mateo 6:14; Efesios 1:7 y Santiago 5:16).

4. "Desorden y anarquía" también significan pecado (1 Jn. 3:4).

5. Otra, significa ignorancia en cuanto a lo que se debía saber (He. 9:7).

6. Una palabra significa disminuir, en cuanto a algo que se debía entregar por completo (1 Co. 6:7).

7. Otra significa desobediencia ante una palabra (He. 2:2-3).

8. Pecado también significa deuda u ofensa (Mt. 6:12).

9. Otros versículos que mencionan la palabra pecado en sus varias derivaciones son: Romanos 1:18, 24, 29-30; 8:7; Gálatas 5:19-21; Efesios 4:31.

D. Definiciones bíblicas y teológicas del pecado

En las Escrituras hay una cantidad de definiciones descriptivas del pecado, entre las que sobresalen las siguientes:

- Proverbios 21:4: "Altivez de ojos y orgullo de corazón, y pensamiento de impíos, son pecado".
- Proverbios 24:9: "El pensamiento del necio es pecado". La palabra "pensamiento" en este versículo tiene la idea de premeditación.
- Juan 16:8-9: "Y cuando él venga, convencerá al mundo de pecado, de justicia y de juicio. De pecado, por cuanto no creen en mí".

- Romanos 14:23: "Y todo lo que no proviene de fe, es pecado".
- Santiago 4:17: "Al que sabe hacer lo bueno, y no lo hace, le es pecado".
- 1 Juan 3:4: "El pecado es infracción de la ley", en hecho, disposición o estado.
- 1 Juan 5:17: "Toda injusticia es pecado".

También encontramos en las Escrituras, definiciones teológicas del pecado como las siguientes:

1. **El pecado es la transgresión de la ley de Dios,** o falta de conformidad a ella.

2. **Pecado es un deseo desordenado o concupiscencia.**

3. **Pecado es la falta de amor a Dios y al hombre.**

4. **Pecado es dar preferencia al yo, en vez de dársela a Dios.**

5. **Pecado es el acto de insubordinación contra Dios.**

6. **Pecado es la falta de conformidad a Dios o a Su ley moral,** en hecho, disposición o estado.

Nota: A diferencia de los que sostienen que el pecado tiene que ver con la sensualidad o limitación humana, el Dr. Strong afirma que el pecado en esencia es egoísmo, lo cual está de acuerdo con la cuarta definición citada anteriormente.

Como resumen de las enseñanzas bíblicas sobre la naturaleza del pecado, descubrimos que éste puede ser considerado o mirado desde cuatro aspectos: a saber, hacia Dios, hacia la ley divina, hacia el hombre, y hacia el yo.

1. **El pecado hacia Dios puede ser un acto de rebelión** (1 S. 15:23); o falta de amor supremo (Dt. 6:5; Mr. 12:30).

2. **El pecado hacia la ley divina puede ser una transgresión voluntaria** (Nm. 15:30; Sal. 19:13); o una violación por ignorancia (Nm. 15:27; He. 9:7).

3. **El pecado hacia el hombre es la injusticia** (Lv. 19:13; Mi. 6:8; Ro. 1:18); o no amar al prójimo como uno se ama a sí mismo (Lv. 19:18; Mr. 12:31).

4. El pecado hacia el yo lo constituye el egoísmo (Mt. 16:24; Jn. 12:25); o la corrupción (Sal. 51:5; Ro. 7:18)".[1]

E. Observaciones acerca de la naturaleza del pecado

1. El pecado es irracional. El hombre presenta innumerables excusas por sus acciones pecaminosas; sin embargo, no hay razón para pecar. Cuando las actitudes del hombre son los que deben ser, él prefiere morir antes que pecar (Dn. 3:16-18; Hch. 4:19-20; Pr. 1:7, 22-23).

2. El pecado es siempre contra Dios. Nuestro Creador no nos hizo para vivir pecando, sino para que le glorifiquemos a Él, y sólo así el hombre alcanza su mayor bien. David pecó gravemente contra un hombre y su esposa, pero sin embargo dijo: "Contra tí, contra tí sólo he pecado, y he hecho lo malo delante de tus ojos" (Sal. 51:4).

3. El pecado es condenable. El pecado lleva en sí la semilla de su propia destrucción. Por ejemplo, si los hombres se entregaren sin reserva a la mentira, se destruiría el hogar, la sociedad, la estructura económica, la nación, y finalmente, todo lo bueno. En el individuo el pecado conduce a la muerte (Mt. 27:3-5; Hch. 5:1-10; Ro. 6:23).

4. El pecado corrompe. La Biblia nos exhorta a dejar aún las malas compañías, debido a su influencia pecaminosa hacia el mal (1 Co. 15:33; Sal. 1:1; Gá. 5:9; 2 Ti. 2:16-17; Jud. 23).

5. El pecado engaña, El engaño (y el diablo) es muy sutil. Después de haber cometido el pecado, busca que el pecador se olvide de las terribles consecuencias y que vuelva al pecado, hasta que sea tarde para arrepentirse (Éx. 9:34-35; 14:24-28; 1 S. 28:6; 31:4).

6. El pecado esclaviza. No en vano se ha dicho: "El que nunca toma el primer trago, jamás se embriaga". No son sólo los pecados carnales los que llegan a convertirse en vicios, que encadenan y esclavizan, sino que también la mentira, la avaricia, la envidia, etc., pueden hacer del hombre un paría o esclavo encadenado. Muchas vidas han sido también arruinadas por la venganza, y esta es una idea difícil de quitarse, una vez que se ha arraigado en la mente. El pecado es un amo que en verdad se adueña de las multitudes de esclavos que se rinden a él (Ro. 7:14, 24).

---

[1]Dr. Jorge P. Pardington, *Estudios de doctrina Cristiana* (Temuco, Chile: Imprenta Alianza, 1942), p.151-156.

7. El pecado es mundano. Es lo que este mundo estima como lo de más valor e importancia, que la eternidad. Es servir al presente sin importar el porvenir; es pensar en la tierra, en lo terrenal y mundano, antes que en lo espiritual, lo de arriba (Col. 3:1-3; 1 Co. 2:14; 15:47-48).

8. El pecado es el interés propio. En el último análisis, el pecado es la deificación del yo propio, el adorar y servirse a sí mismo, sin importar la "religión" que se profesa o practica. Antes de tomar una decisión, el pecador piensa: ¿Qué es lo que a mí me conviene? ¿Qué provecho hay para mí en esto?

Aunque haya personas incrédulas que siempre dicen la verdad, por ejemplo, o que nunca roban lo ajeno, etc., es porque se han convencido de que eso es lo que les conviene, ya sea por su honor u orgullo personal, o porque es ventajoso económicamente, o por temor a los resultados, pero no por amor a Dios ni por agradarle y darle a Él la gloria.

El verdadero amor a Dios es amor a la santidad en cuanto a uno mismo y en cuanto a los demás. Se ha dicho: "En nuestro progreso moral, primeramente nos amamos a nosotros mismos; segundo, amamos a Dios por nosotros mismos o por causa de nosotros; en tercer lugar llegamos a amar a Dios por Su bien; y por último, nos amamos a nosotros mismos por amor a Dios".

El primer mandamiento es amar a Dios por sobre todas las cosas, de manera que la esencia del pecado consiste en poner sobre todas las cosas al yo propio. El cristiano es aquel que ha dejado de amarse a sí mismo como el objeto de sus atenciones y el motivo de sus acciones (Lc. 16:19-21).

Como hemos dicho, pecado es errar al blanco. No sentimos que hemos fallado por no tener un concepto adecuado de la santidad y majestad de Dios, ni de nuestra falta al errar, es decir, lo que hemos cometido y lo que hemos perdido, sino que lo entendemos por lo que dice Romanos 7:13: "... el pecado, para mostrarse como pecado, produjo en mí la muerte por medio de lo que es bueno; a fin de que por el mandamiento, el pecado llegase a ser sobremanera pecaminoso".

En otras palabras, por la ley de Dios llegamos a darnos cuenta de lo lejos que hemos errado al blanco. La Biblia es un espejo para enseñarnos lo pecaminosos que somos, pero para emplear todavía más la figura, si volteamos un poco el espejo hacia arriba, no nos vemos a nosotros mismos, sino a nuestro Redentor en el cielo, a Quien contemplamos hasta ser transformados a Su semejanza (Stg. 1:22-25; 2 Co. 3:18). Mas la Escritura lo encerró todo bajo pecado, para que la promesa que es por la fe en Jesucristo fuese dada a los creyentes" (Gá. 3:22). El peor pecado de todos, por tener consecuencias eternas fatales, es la incredulidad (Jn. 8:24).

REPASO DE LA LECCIÓN

1. ¿Qué enseñó Jesucristo acerca de la naturaleza del pecado?
2. ¿Qué argumentos ha oído usted a favor de las falsas ideas de lo que es el pecado?
3. ¿Qué le dice a usted la frase: "para que el pecado llegase a ser sobremanera pecaminoso"?
4. Haga dos listas de pecados, una de los de la carne, y otra de los del alma.
5. ¿Qué observación acerca de la naturaleza del pecado podrá añadir usted a la última parte de esta lección?

Lección 5

Los resultados del pecado

Bosquejo

El Señor Jesús habló en términos claros acerca del castigo eterno.

A. Las consecuencias del pecado en la naturaleza son muchas y tristes, como enfermedades, fieras, veneno, etc.

B. Las consecuencias del pecado en el hombre incluyen la corrupción de su voluntad, los sentimientos y el intelecto; la falta de esperanza fuera del milagro de la redención por gracia a través de Jesucristo, etc.

C. El castigo por el pecado es punitivo en principio, y en términos secundarios es reformativo y preventivo.

1. El castigo moral tiene que ver con las consecuencias naturales.
2. El castigo positivo es la muerte presente y eterna, física y espiritual.

Lección 5

Los resultados del pecado

El Señor Jesucristo no dejó lugar a dudas acerca de que el pecado acarea resultados funestos. La comisión que dio a Sus discípulos en Marcos 16:15-16: "Id por todo el mundo y predicad el evangelio a toda criatura. El que creyere y fuere bautizado será salvo; más el que no creyere, será condenado", está de acuerdo con Sus enseñanzas acerca de Su propia misión: "Porque el Hijo del Hombre no vino para ser servido, sino para servir, y para dar Su vida en rescate por muchos" (Mr. 10:45; Jn. 3:16; 8:21-24).

También enseñó que el destino eterno ha sido afectado por el pecado, y que el destino del pecador es muchísimo peor que simplemente perder esta vida mortal. Acerca de Judas dijo: "Bueno le fuera a ese hombre no haber nacido" (Mt. 26:24; véase también Mt. 5:22; 18:8; 23:27-36; 25:41; Mr. 9:43-48; Lc. 16:21; 17:2; 18:18-27).

Los resultados del pecado son muchos y varios. Algunos vienen como consecuencia de la misma naturaleza del pecado, aquellos que resultan de la desobediencia a Dios y causan la pérdida de las bendiciones de la comunión y armonía con Él. Otras consecuencias vienen como castigo por la desobediencia. Por cierto, es posible considerar todos los resultados como castigos, o como consecuencia naturales de la desobediencia, pero al progresar en el estudio de la Biblia y en la aplicación de Sus enseñanzas a nuestra vida, veremos lo importante que es distinguir entre la mano de Dios obrando directamente, y las implicaciones consecuentes de nuestras desobediencia.

"¡Ay del impío! Mal le irá, porque según las obras de sus manos le será pagado" (Is. 3:11). "Prenderán al impío sus propias iniquidades, y retenido será con las cuerdas de su pecado" (Pr. 5:22). "El malo será castigado" (Pr. 4:19). "El camino de los impíos es como la obscuridad; no saben en qué tropiezan" (Pr. 4:19). "Mas el camino de los transgresores es duro" (Pr. 13:15). "No os venguéis vosotros mismos, amados míos, sino dejad lugar a la ira de Dios; porque escrito está: Mía es la venganza, yo pagaré, dice el Señor" (Ro.12:19).

A. Consecuencias del pecado en la creación

Es imposible saber, como hemos dicho anteriormente, cómo hubiera sido esta tierra si Adán no hubiera pecado. El hecho es que Dios dijo al hombre que la tierra fue "maldita ... por tu causa ... espinos y cardo te producirá" (Gn. 3:17-18). La creación fue sujeta a vanidad ... la misma será libertada de la esclavitud de corrupción ... porque el anhelo ardiente de la creación es el aguardar la manifestación de los hijos de Dios" y "nosotros también gemimos dentro de nosotros mismos" (Ro. 8:19, 23).

En los siglos o milenios antediluvianos Dios tuvo un trato directo con algunos patriarcas, especialmente con Enoc y Noé (Gn. 5:24; 6:8, 13-22). Como los pueblos se corrompieron, se alejaron del conocimiento de Dios (Jud. 14-15; Gn. 4:23-24; 6:1-7), vino sobre ellos el juicio del diluvio. Después de esta terrible inundación leemos de unas pocas apariciones o manifestaciones visibles de Dios (esto es, el Ángel de Jehová, que fue la aparición de Jesucristo antes de Su encarnación), y también la venida de ángeles a la tierra para ministrar, como se estudió en el curso anterior de doctrina. También leemos acerca de la gran actividad diabólica que hubo, la que no tuvo la misma influencia de antes del diluvio.

El Nuevo Testamento dice poco acerca de la creación, pero está de acuerdo con el Antiguo en considerar que el mundo está bajo condenación hasta la segunda venida de Cristo a la tierra (Ro. 8:19-23). El apóstol Pedro dijo que este mundo está reservado para una destrucción por fuego, pero esperamos nuevos cielos y nueva tierra (2 P. 3:7, 12-13).

¡Qué diferente sería hoy si la tierra estuviese sujeta a la bendición y no a la condenación! Suponemos, según Isaías 11 y Apocalipsis 21 y 22, que si Dios fuera visible a nuestros ojos y los ángeles también, y si todos tuviéramos corazones nuevos, no habrían fieras ni animales carnívoros ni dañinos, ni malos microbios que causasen enfermedades, sino que todo sería "santo a Jehová". La gloria visible del Señor llenaría el mundo de luz, y el hombre conocería toda verdad con certeza, y su corazón serviría y amaría a Dios. Las criaturas humanas y todas las que pertenecen al reino animal, y aun el reino vegetal y mineral se prestarían para cooperar con los hombres y los ángeles en glorificar a Dios. Entonces, sí, pudiera decirse: "Todo lo que existe da gloria a Dios". Gracias a Jesucristo el redentor, que ese día llegará, pero ¡qué agonía causa mientras tanto, el pecado del hombre!

Pardington cita del Dr. F. L. Chapell lo siguiente: "Puesto que la creación debía servir de residencia a Dios, los ángeles y los hombres (que son las formas más altas de creación en el cielo y la tierra), deben estar subordinados a Dios para que Él pueda morar allí. Pero cuando ellos se insubordinaron o, en otras palabras, pecaron, la presencia de Dios se retiró, y así comenzó la condición perdida del mundo formado por cielos y tierra. La luz, vida y amor de Dios se han ido de Su creación por causa del pecado, y por tanto, imperan en su lugar las tinieblas, la muerte y el odio. De modo que encontramos muchas referencias en las Escrituras que hablan de la ausencia de Dios, y de la vaciedad de la creación de un lado; y del otro lado, leemos de muchas oraciones y peticiones por Su regreso, y el consecuente henchimiento de la creación con Su presencia. Comparemos Oseas 5:15 con Salmo 90:13; Romanos 8:20-23 con Números 14:21."[1]

B. Consecuencias del pecado en el hombre

1. La corrupción consecuente en la naturaleza humana. Según dice el Dr. Bancroft: "El pecado ha:

- hecho sordo el oído del hombre (Hch. 28:27);
- obscurecido los ojos del entendimiento (Ef. 4:18);
- depravado el corazón en cuanto a los afectos (Mt. 13:14);
- desviado a los pies del andar recto (Is. 53:6);

---

[1]Dr. Jorge P. Pardington, *Estudios de doctrina Cristiana* (Temuco, Chile: Imprenta Alianza, 1942), p. 159.

- hecho carnal el pensamiento de la mente (Ro. 8:5, 7);
- dañado la capacidad del intelecto (1 Co. 2:9-14);
- defraudado su alma (Pr. 8:36);
- envenenado su lengua (Ro. 3:13-14);
- han sido frenadas sus manos para el trabajo (Pr. 21:25);
- ha sujetado a la muerte el espíritu del hombre (Ro. 5:12);
- ha privado al hombre del consuelo de la cobertura de Dios (Lc. 15:32);
- ha puesto al hombre bajo el poder del diablo (Ef. 2:2).

En cuanto a la corrupción, el hombre, preso en su pecado, es comparado de la siguiente manera a:

- un áspid por su veneno (Sal. 140:3);
- un pollino de asno montés por su obstinación (Job 11:12);
- un oso por su crueldad (Dn. 7:5);
- una langosta por su destrucción (Jl. 2:25);
- un perro por su suciedad (Pr. 26:11);
- un dragón por su desolación (Job 30:29);
- una zorra por su astucia (Lc. 13:32);
- un leopardo por su fiereza (Dn. 7:6);
- un león por su voracidad (Sal. 22:13);
- una polilla por su fragilidad (Job 27:18);
- una oveja por su estupidez (Is. 53:6);
- una tela de araña por su debilidad (Is. 59:5);
- un puerco por su inmundicia (2 P. 2:22);
- una víbora por su ponzoña (Mt. 23:33);
- un lobo por su ferocidad (Jn. 10:12)."[2]

Debido al pecado, el hombre ha sido privado de comer del árbol de la vida, echado del huerto de Edén, y ha perdido la comunión con Dios en cuanto a Su presencia visible. La Biblia pinta un cuadro muy triste de los resultados de la entrada del pecado en el mundo, según dice el Dr. Pardington:

- "Todos han pecado (Sal. 14:2-3; Is. 53:6; Ro. 3:9-10, 22-23; 1 Jn. 8-10);
- cada boca ha sido tapada (Sal. 130:3; 143:2; Ro. 3:19);
- todos están bajo maldición (Gá. 3:10);
- todos son hijos del diablo (Jn. 8:44; Jn. 3:8-10);

[2]E. H. Bancroft, *Christian Theology* (Johnson City, New York: Johnson City Pub. Co., 1930), p.150.

- el hombre natural es extraño en cuanto a las cosas de Dios (1 Co. 2:14);
- el corazón natural es engañoso (Jer. 17:9);
- está separado de la vida de Dios y tiene el entendimiento entenebrecido (Ef. 4:18);
- la naturaleza mental y moral se ha corrompido (Gn. 6:5, 12; 8:21; Sal. 94:11; Ro. 1:19-31);
- la conducta exterior es vil y abominable (Ef. 2:3; Tit. 3:3; Col. 3:5-7);
- son esclavos del pecado (Ro. 6:17; 6:5, 7, 8, 14-15, 19, 23-24);
- son controlados por el príncipe de la potestad del aire (Ef. 2:2);
- tienen una mente carnal, que es enemiga de Dios (Ro. 8:7-8);
- son hijos de ira (Ef. 2:3);
- están muertos en delitos y en pecados (Ef. 2:1);
- el cuerpo se ha debilitado y condenado a la muerte (2 Co. 4:7; Ro. 8:11)."[3]

El hombre está pues, por naturaleza, tan deteriorado en cuerpo y alma que está perdido, y es impotente para salvarse.

C. El castigo por el pecado

Se ha dicho: "Dios ha constituido el universo de tal forma que el pecado acarrea la pena". Cuando un gobierno publica una nueva ley, es costumbre incluir, junto con los detalles de la ley, las sanciones que habrá por no obedecerle; esto es, el mínimo y el máximo de multa o pena, y los días de encarcelamiento. Toda inconformidad con la ley de Dios es pecado, y la pena o paga por el pecado, es la muerte. "Justicia y juicio son el cimiento de Su trono" (Sal. 97:2), de manera que el pecado afrenta al Dios santo; es una rebelión contra Su autoridad y Su manera justa de gobernar, tanto como un rechazo a Su designio: "Sed santos, porque yo soy santo" (1 P. 1:16). Por lo tanto, los castigos que Dios impone sobre los pecadores no tienen como principal objeto una reforma superficial del pecador, sino la vindicación del carácter de Dios, quien es el legislador.

1. Sólo Dios es capaz de juzgar. Una verdad básica al estudiar este tema es reconocer que la fe en la Palabra de Dios es la que tiene que dominar sobre toda filosofía o vanos deseos humanos. Si uno tiene una convicción arraigada de que todo castigo por el pecado se experimenta aquí mismo en esta vida, o cree que Dios es demasiado bueno como

---

[3]Pardington, *op. cit.*, p. 162

para castigar a alguien, y está determinado a no dejar dichas creencias, sin importar lo que diga la Palabra de Dios, pues entonces tal persona no puede captar la verdad de Dios.

Es popular el dicho: "Yo mismo no condenaría a nadie al castigo eterno, mucho menos a un hijo mío, así que no creo que Dios sea menos bondadoso que yo". Aquellos que dicen aquello se olvidan de ciertos principios. Dichas personas no son tan buenas como Dios, ni tan justos ni tan santos como Él. En fin, no son Dios, quien ha creado el universo con todo lo que contiene, ni tienen la responsabilidad de ser el gobernador moral de todos los seres humanos y angelicales. Al ser mortal, no sabe todo lo que está involucrado en el gobierno moral universal, y no le conviene criticar al Creador por haber ligado estrechamente esta vida con la de ultratumba, estableciendo que dicha vida duradera dependa de esta que está sujeta al tiempo. Por otro lado, hemos de recordar que la Biblia no sólo habla de castigos eternos, sino también de galardones y goces eternos.

La palabra "castigo" quiere decir la pena impuesta por una autoridad legítima, debido a algún delito o falta cometida. Su primer propósito es la vindicación de la ley o de la autoridad constituida que promulgó la ley. El castigo divino "es infligido directa o indirectamente por el legislador, en vindicación de Su justicia, la cual ha sido ultrajada por la violación de Su ley. Se origina en la justicia punitiva de Dios por la cual Él se mantiene como el Santísimo, y necesariamente demanda santidad y justicia a todas Sus criaturas racionales. El castigo es la pena que natural y necesariamente merece el pecador por causa de su pecado; en realidad, es una deuda que está obligado a pagar a la justicia esencial de Dios,"[4]

2. El castigo es mayormente punitivo. El castigo divino del pecado, luego, es punitivo aunque tenga también algo de reformativo y preventivo. Esto quiere decir que es un castigo que tiene como propósito exigir al culpable que sufra la pena por su delito, a fin de que la justicia divina quede vindicada. El castigo ha sido definido como la reacción de la santidad divina contra el pecado. Turretin dice: "Si hay tal atributo como la justicia que pertenece a Dios, luego el pecado tiene que tener su pena, lo cual es el castigo".[5]

El pecador y todo el mundo debe convencerse al contemplar o experimentar el castigo divino, que Dios existe, que es santo, que la

---

[4]L. Berkhof, *Systematic Theology* (Grand Rapids, Mich., Wm. Eerdmans Pub. Co., 1953), p. 256.

[5]*Ibid.*, p.257.

pena es merecida por cuanto Dios es justo, y que las leyes divinas tienen que respetarse. Así, Dios es glorificado. Si en esta vida, el pecador resiste esta verdad, en la otra vida no podrá sostener su error. Delante del torno del juicio final nadie podrá defenderse o aun excusarse, y será demasiado tarde para pedir misericordia (Ap. 20; Dt. 32:4; Job 34:10-11; Sal. 62:12; 119:37; Jer. 9:24; Ro. 1:18; 2:5-6; 2 Ts. 1:6; 1 P. 1:17; Fil. 2:10-11; He. 10:26-27).

"La vindicación de la justicia y de la santidad de Dios, y de aquella ley justa que es la misma expresión de Su ser, es ciertamente el propósito principal de que el pecado sea castigado."[6]

3. El castigo como reformatorio. El propósito de reformar a una persona es secundario en el castigo divino, y casi siempre tiene que ver con el pueblo de Dios, por cuanto ellos son susceptibles a dicha corrección y reformación. Este castigo procede del amor de Dios más que de Su justicia (He. 12:5-11). El hijo de Dios "se ejercita" mediante la corrección, lo cual quiere decir que estudia el caso y ora para que el Espíritu Santo le revele la causa y el remedio, de manera que la experiencia resulte en una bendición (Job 5:16; 42:1-6, 10; Sal. 6:1; 94:12; 118:18; Pr. 3:11; Is. 26:16; Ap. 3:19).

4. El castigo como preventivo. Otra cosa que Dios hace muchas veces mediante el castigo, es refrenar o prevenir el pecado. Esto se llama el propósito preventivo del castigo, y es también secundario al propósito punitivo. Vemos que no será un acto de justicia hacer que un delincuente reciba una sentencia más allá de la cuenta, sólo con el fin de hacer que otros en la sociedad teman y no incurran en la misma falta. Debe aplicarse la pena justa y esto sirve también para que otros recapaciten en sus corazones, y dejen de cometer la misma violación de la ley.

En los Estados Unidos, hubo una época en que se cometía a menudo el delito de secuestrar a personas ricas o a sus hijos, y demandar grandes sumas de dinero por su rescate, su pena de muerte. Varios criminales recibieron el dinero exigido, pero también mataron a sus víctimas. La cosa llegó a alarmar tanto a la nación, que el secuestro de personas fue declarado legalmente como un crimen federal, no tan sólo estatal, y la pena máxima impuesta fue la pena de muerte en la silla eléctrica. En pocos meses los casos no resueltos, se resolvieron por los peritos de la policía federal, y el número de nuevos secuestros se redujo a casi nada. El rigor de la ley refrenó la maldad. Cabe anotar que la pena por el

---

[6]*Ibid.*

secuestro, según la ley de Moisés, era la muerte (Éx. 21:16; Dt. 24:7; 1 Ti. 1:10). Ellos son los que "hurtan a los hombres".

Ahora bien, es preciso que el castigo sea merecido y justo si ha de tener un efecto saludable. Ya hemos dicho que el primer propósito es punitivo. Lea Génesis 42:21; Números 21:7; 1 Samuel 15:24-25; 2 Samuel 12:13; Esdras 9:6,10,13; Nehemías 9:33-35; Salmo 51:1-4; Jeremías 3:25 como ejemplos de castigo, que traen a la mente pecados cometidos en el pasado. Vemos que en aquellos casos no pudo haber tenido un fin preventivo. Sin embargo, el apóstol Pablo enseñó que una iglesia cristiana debe quitar de en medio a todo miembro que ande en inmoralidad, por cuanto "un poco de levadura leuda toda la masa". Aquí también se puede ver que hubo un caso de cambio en el delincuente mediante la reprensión hecha de parte de los otros miembros (1 Co. 5:1-6, 13; 2 Co. 2:6-7). También el mismo apóstol tuvo un aguijón en la carne, a fin de que no se enalteciera sobremanera (2 Co. 12:7). El Espíritu Santo nos redarguye de pecado, de una manera notable y desconocida por nosotros (Sal. 46:8-9; 76:10; Hch. 5:1-11; 2 Ts. 2:6-7).

D. El castigo moral

Con este término se designan las consecuencias naturales del pecado, lo cual tiene que ver con el castigo en el espíritu y el alma, y no simplemente con los resultados físicos naturales. Nos referimos a aquel sentimiento de culpabilidad que es más fuerte en los creyentes, pero tarde o temprano, toda persona llega a experimentarlo según sus hechos. Dios ha creado al hombre así. No es nada raro que un criminal se entregue voluntariamente a las autoridades, confesando su delito, y declarando que no ha podido escapar de su propia convicción de culpabilidad. El remordimiento es el término que se usa para este sentimiento que llega a dominar la mente o conciencia del reo. Este es un castigo terrible por el sufrimiento que causa.

Pardington presenta la siguiente ilustración para explicar la diferencia que existe entre "castigo moral" y "castigo positivo". Un padre le prohibe a su hijo que se suba a los árboles, y le advierte con un castigo en caso de que desobedezca. El castigo puede consistir en una dieta "a pan y agua", durante tres días. El hijo desobedece al padre, cae del árbol y se quiebra un brazo. El largo período de sufrimiento que soporta el niño mientras sana de su fractura puede ser el llamado "castigo moral", o sea, la consecuencia natural de su proceder. Pero en ningún sentido lo sucedido puede llamarse un castigo, por su acto de desobediencia. De modo que cuando el hijo se restablezca, el padre deberá castigarle por su desobediencia, a fin de mantener su autoridad y disciplina en el hijo, dándole sólo pan y agua durante los tres días que había dicho.[7] A esto se le llama "castigo positivo", o sea, la aplicación directa del castigo por la transgresión.

E. El castigo positivo del pecado

"La paga del pecado es muerte" (Ro. 6:23). Si tuviéramos que reducir el castigo positivo del pecado a una sola palabra, sería a esta: "muerte". Si usáramos dos palabras, serían "muerte y destrucción". Bancroft dice: "La pena o paga del pecado puede resumirse en siete palabras, que son: muerte, pérdida, condenación, culpa, perdición, castigo, eterno.

No es correcto limitar el castigo al destino después de la muerte física, por cuanto en la Biblia la palabra "muerte" tiene que ver con la separación de Dios, física y espiritual, temporal y eterna".[8] La que se entrega a los placeres, viviendo está muerta" (1 Ti. 5:6).

El Dr. R. A. Torrey dice: "La Biblia define la vida no sólo como una existencia, sino como una existencia correcta, a saber, conociendo al Dios verdadero mediante la vida manifestada en Cristo (Jn. 17:3; 1 Jn. 1:1, 4). De modo que la muerte no significa dejar de existir, sino más bien vivir errado, bajo, y diabólico. Luego, tenemos la muerte segunda, que es el término final de una vida pecaminosa, que es definida en el Nuevo Testamento como terminar en un lugar de tormento (Ap. 21:8).[9]

Vemos además que la persona incrédula que vive en placeres está muerta (1 Ti. 5:6); la que anda conforme a la corriente de este mundo está muerta en sus delitos y pecados (Ef. 2:1-2); la que no tiene fe salvadora en Jesucristo está en tinieblas y bajo la potestad de Satanás, cuyo imperio es la muerte (Hch. 26:8; He. 2:14-15). Siendo que el estar en Jesucristo es vida eterna (1 Jn. 5:20), estar en el maligno (1 Jn. 5:19), es la muerte eterna. La vida eterna es presente tanto como futura (Jn. 17:3), y de la misma manera aquellos que se dicen estar vivos hoy, pero que no conocen a Dios por la fe en Jesucristo, tienen una existencia que no merece el nombre de "vida", por más que esté llena de placeres. El fin de tal existencia es la muerte o separación del alma del cuerpo, el sufrimiento del alma en el infierno, luego la resurrección para condenación, el juicio final, la segunda muerte y el suplicio eterno en el lago de

---

[7]Pardington, *op. cit., p. 162*

[8]Bancroft, *op. cit.*, p.160-161.

[9]R. A Torrey, *What the Bible Teaches* (New York: Fleming H. Revell Co., 1898) p.306.

fuego, que es la condenación eterna (2 Ts. 1:9; Ap. 20:1-15; 21:8; Mt. 25:41; Jn. 5:28-29; 2 P. 2:4; 3:9, etc.). Esto incluye la muerte física, espiritual y eterna.

1. **Destrucción.** El término bíblico que se traduce como "destrucción" (o "perdición") no quiere decir la aniquilación o dejar de existir, sino que aquello que es destruido ya no sirve para el propósito para el que fue designado; está arruinado, echado a perder, inutilizado. En Mateo 9:17, donde dice que los odres de cuero rotos se pierden, se usa la misma palabra traducida como "perdición" o "muerte" (Mt. 7:13; Ro. 9:22; Fil. 1:28; 3:19; 2 Ts. 2:3; 1 Ti. 6:9; He. 10:39; 2 P. 2:1, 3; 3:7, 16; Ap. 17:8, 11. En otros idiomas, como en el inglés, esta palabra griega "apoleia" es traducida como "destrucción", que significa perdición o perderse, ser inútil para lo que fue destinado, aunque siga existiendo la misma materia, rota, derramada o arruinada. Así, las almas perdidas no glorifican a Dios, pero siguen existiendo y no son aniquiladas.

2. **Eterna.** Muchos dicen que Dios es demasiado bueno como para condenar eternamente a un alma, pero no aclaran de qué fuente están recibiendo tal información acerca de Dios, puesto que rechazan la Biblia. Otros dicen que "eterna" se refiere sólo a un período, época o siglo, y que "los siglos de los siglos" se refiere a una época determinada. Pero sabemos que eterno quiere decir sin principio y sin fin, que son características de Dios, y creemos que también se refiere a la vida nueva y espiritual que Dios da a la persona cuando nace de nuevo o es regenerada (Jn. 3:1-16; Ro. 16:26; 1 Ti. 1:17; He. 9:14; Ap. 1:18).

Se cuenta de cierto abogado que se jactaba de ser un ateo aferrado. El tenía una hija única a quien idolatraba; con el tiempo, un joven ganó el cariño de su hija, hizo grandes alardes de su amor y promesas de fidelidad, e inmediatamente se casaron. Al siguiente día, el joven se fugó abandonando a su esposa. Descubrieron que todo había sido hecho a base de una apuesta que él hizo en una cantina cercana, diciendo que sí podría engañar a la bella joven. El padre dijo: "Si no hay tal lugar como el infierno, Dios debería hacer uno para este hombre". Puede haber épocas en la vida de toda persona en las que las dudas acerca de lo justo de condenar al suplicio eterno, sea algo real o no, pero al reflexionar sobre aquello que tiene que ver con el pecado y su castigo, se ve lo necesario de tal realidad para la humanidad.

Repaso de la lección

1. ¿Qué dijo Cristo acerca del destino del alma incrédula?
2. ¿Con qué fin fue condenada la naturaleza cuando el hombre pecó?
3. ¿Sufren todos los hombres los mismos resultados del pecado?
4. ¿Cuál es el castigo más fuerte, según su opinión?
5. ¿Cuál es el significado bíblico de la palabra “muerte”?

Lección 6

El pecado y el cristiano

Bosquejo

El Señor Jesucristo que obró la redención del alma, es el mismo que lava al cristiano de la contaminación del andar diario.

A. El hecho
Hay varias ideas falsas como que Dios no ve los pecados de los suyos; que no son pecados sino sólo errores; que es el "hombre viejo" el que peca, haciendo que el cristiano esté libre de responsabilidad. Algunos pasajes bíblicos reconocen que el creyente sí peca.

B. Algunas observaciones
El pecado viene de la carne, del "hombre viejo", del diablo, del mundo, pero siempre de acuerdo con la concupiscencia del hombre. Sin embargo, los recursos son amplios: la Palabra, la oración al Cristo vivo, y el poder del Espíritu Santo. El pecado del cristiano hiere el corazón de Dios, más que el del incrédulo.

Lección 6
El pecado y el cristiano

El Señor Jesucristo le profetizó a Pedro que él le iba a negar a su Señor pero también le prometió Su intercesión eficaz, encargándole la comisión que una vez "vuelto" fortaleciera a los demás (Lc. 22:31-32). En la última cena con Sus discípulos, el Señor les lavó los pies, y le dijo a Pedro: "Si no te lavare, no tendrás parte conmigo" (Jn. 13:1-11). Regañó a Tomás por su incredulidad y le trajo otra vez a una fe viva en Él (Jn. 20:27-29). No justificó el pecado de nadie, ni empequeñeció su seriedad y resultados. Cuando dijo: "De cierto os digo, que todo aquel que hace pecado, esclavo es del pecado", no hizo excepción de Sus discípulos (Jn. 8:34). Dio a los suyos una norma muy alta de comportamiento, tan alta que sólo Dios mismo puede alcanzarla en nosotros, con Su ayuda divina, ofreciéndonos el perdón y la gracia cuando pecamos, si volvemos a Él en arrepentimiento y confesión (Lc. 22:32, 61 con Jn. 21:15-19 y 1 Co. 15:5; Lc. 15:21-24; Mt. 5:20, 48; 18:15-17; Jn. 17:11-13, etc.).

Vemos pues, que el Salvador quiso y quiere que cada discípulo sea limpio y santo, pero reconoce el pecado que comete el creyente, y le ayuda a volver al camino recto.

En cuanto a este tema hay algunas ideas erradas que tienen ciertas personas. Por ejemplo, algunos hombres creen que ciertos pecados sí son permitidos al hombre pero no a la mujer. Un novio se quejaba ante su pastor diciendo que la novia no quería confesar si había tenido amores con otro joven. Sin embargo, bastó que el pastor le preguntara al novio: "Y, ¿usted sí le ha confesado a ella la verdad acerca de su propio comportamiento?" Una vez un cristiano se quejó de que esposa no cooperaba con él en cierto negocio. Cuando el pastor averiguó algunos detalles, le preguntó al hermano si había consultado con su señora acerca de poner dicho negocio, o si le había dado siquiera alguna explicación sobre el asunto. Ante lo que él contestó que: "No, nunca hablo ni comento nada con mi mujer acerca de lo que hago". El hecho es que Dios no hace acepción de personas. Tampoco acepta Dios las excusas comunes que se presentan para pecar.

Todo creyente debe saber que una mentira es una mentira, no importa la aparente "necesidad" o provocación que hubo para decirla. Para el cristiano no hay "mentira social" o "blanca" o "permisible" o "piadosa". Mentir para ganar un negocio, o para "salvar el honor", etc., no justifica el pecado ante Aquel que dijo: "No mentirás". Toda injusticia es pecado, aunque haya sido un cristiano el que la cometió.

El Espíritu Santo obra en la mente de tal forma que rectifica los pensamientos, e ilumina a cada alma sincera que busca Su luz (Jn. 7:17). Después de la conversión, debe haber una reacción contra tales errores.

A. La realidad el pecado en la vida de cada creyente

1. Ideas falsas. Aquí no queremos negar las experiencias que han tenido muchos convertidos en cuanto a recibir lo que llaman "la segunda bendición", una segunda obra de gracia, y aun una tercera junto con muchas comunicaciones espirituales por parte de Dios, luego de su conversión. Sólo queremos ayudarles a que no descansen en dichas experiencias descuidándose así y exponiéndose al error, a las malas interpretaciones y a los extremos a que el enemigo querrá empujarles. Entre aquellos creyentes que niegan el pecado en sus vidas, se encuentran aquellos que cometen los siguientes errores:

a. Encontramos aquellos que, en su ignorancia, piensan que Dios cierra los ojos ante los pecados que comete su pueblo (Nm. 23:21). Por ejemplo, los miembros de una iglesia en un puerto marítimo, creen que es un grave pecado el que un barco lleve una carga ilícita, pero que en cambio ellos mismos sí pueden tener en su equipaje, escondido en el fondo falso de un baúl o en sus bolsillos, contrabando de valor considerable. Parece que tienen la idea de que, si el inspector de aduana no descubre su contrabando, entonces Dios también debe cerrar los ojos. Aun son capaces de rogar al Señor que les ayude a pasar por la aduana sin ser descubiertos. Pero sabemos que está incorrecta tal acción. Por otro lado, ¿cuántas secretarias, para usar otro ejemplo demasiado común, no dicen a diario mentiras como: "Lo lamento, pero el jefe no está en su oficina", sabiendo bien es una mentira. Antes de la regeneración todos hicimos muchas cosas sin imaginar aún que Dios veía todo y se ocupaba del "asuntito", y ahora es deber de cada creyente cuidarse de tales prácticas.

b. Hay aquellos que reconocen la injusticia, pero que dicen que cuando ellos hacen el mal es un error y no un pecado. A veces agregan: "Es que ya estoy santificado". O: "fue sólo un error porque no tuve la intención de pecar. Quise hacer lo correcto, pero esta vez me equivoqué". Aquí podemos clasificar a las personas en varios niveles, desde aquel que rehusa tomar en serio lo grave de sus pecados, hasta aquel que piensa que deshonraría a Dios si admitiera que ha pecado después de haber sido "santificado". No es extraño que una persona que cree que posee la "santificación perfecta" se encolerice cuando se pone en duda su "perfección humana".

c. Algunos dicen que no son ellos los que pecan después de su conversión, sino que es su "hombre viejo"; y que ellos como el hombre nuevo que son, no pecan. Esto viene de una mala interpretación de Romanos 6 y 7, 1 Juan 3, etc. El hecho es que nadie puede escapar de su responsabilidad tan fácilmente. Es bueno leer aquí los capítulos 18 y 33 de Ezequiel, que era el profeta de la responsabilidad individual. El "yo" o personalidad del cristiano incluye su cuerpo material tanto como la parte inmaterial, la cual abarca dos naturalezas: la vieja y la nueva (Gá. 5:16-26). Esto será aclarado más adelante.

2. Dos pasajes bíblicos acerca del pecado del cristiano.

a. 1 Juan 1:7 a 2:2 dice: "Pero si andamos en luz, como él está en luz, tenemos comunión unos con otros, y la sangre de Jesucristo Su Hijo nos limpia de todo pecado. Si decimos que no tenemos pecado, nos engañamos a nosotros mismos, y la verdad no está en nosotros. Si confesamos nuestros pecados, Él es fiel y justo para perdonar nuestros pecados, y limpiarnos de toda maldad. Si decimos que no hemos pecado, le hacemos a Él mentiroso, y Su palabra no está en nosotros. Hijitos míos, estas cosas os escribo para que no pequéis; y si alguno hubiere pecado, abogado tenemos para con el Padre, a Jesucristo el justo. Y Él es la propiciación por nuestros pecados y no solamente por los nuestros, sino también por los de todo el mundo".

Para poder aprovechar estos versículos, es necesario convencerse de que está hablando a verdaderos creyentes en Cristo. El contexto evidencia este hecho. Además, vemos que:

1) La base para que los cristianos tengan comunión espiritual los unos con los otros es cuando todos andamos en la luz, lo cual quiere decir, no que jamás pequen, ni que sean jamás engañados por el enemigo, sino que reconozcan y confiesen sus faltas y pecados y los abandonen en la medida que el Espíritu Santo se los revele. Esto puede expresarse como el andar en completa sinceridad delante de Dios y del mundo. Cuando así se hace, la sangre de Jesucristo nos limpia (proceso continuo) de todo pecado.

2) Decir que no se tiene pecado, es negar la posibilidad de pecar por creer que toda naturaleza pecaminosa ya ha sido erradicada de la vida, lo cual es engañarse a uno mismo, aunque no a los vecinos o hermanos. La verdad no está en aquel que pretende no tener pecado, o no tener la inclinación a pecar.

3) Si el cristiano confiesa su pecado, Dios, basándose en el sacrificio de Su Hijo en el Calvario, es justo en perdonarlo, como también fiel a la verdad y a Sus promesas.

4) Decir que no hemos pecado (aunque no niega la posibilidad de pecar, como indica el versículo 8, sino que firma que no se ha hecho ningún mal en acción, pensamiento o palabra), es evidenciar que no conocemos la Palabra de Dios; es pretender que sabemos más que Dios y por lo tanto le hacemos mentiroso, por cuanto Él sí nos exhorta a confesar nuestros pecados.

5) La Biblia está escrita a fin de que no pequemos; de tal manera que ningún cristiano debe pecar sino andar en la luz de la Palabra. Sin embargo, muchas veces hacemos lo que no debemos, por lo que Dios ha provisto un abogado. El Dr. R. A. Torrey solía decir en sus pláticas, que nunca había pedido al Espíritu Santo al final del día que le revelara si había o no hecho mal durante el día, sin que el Espíritu Santo le señalara por lo menos un pecado que tenía que confesar, ya sea de un mal pensamiento, una mala palabra o acción, o algo que debía haber hecho y no lo hizo.

6) Jesucristo es la propiciación por los pecados de los cristianos, así como lo es de los incrédulos. Ciertamente este versículo nos obliga a reconocer que nosotros también pecamos. El inconverso tiene que creer en Jesucristo (que incluye el arrepentimiento y la fe personal en el Redentor), y confesarlo para ser salvo mientras que el creyente no tiene que volver a creer, sino reconocer que ha hecho mal. Al confesar su pecado (y haberse arrepentido, por cierto), es perdonado; no tiene que volver a renacer.

b. 1 Corintios 5:1-13 junto con 2 Corintios 2:1-8; 7:6-13, no sólo habla de un pecado especialmente degradante, sino que explica el método apostólico para que la iglesia solucione el problema:

1) Un miembro de la iglesia de Corinto cometió un pecado de vergonzosa inmoralidad (1 Co. 5:1).

2) La iglesia, antes de recibir esta carta con las instrucciones del apóstol, lejos de disciplinar al culpable, estaba "hinchada" o "pretenciosa". Se supone que el culpable era un hombre de influencia y que los demás consideraban un honor tenerle como miembro de la congregación (1 Co. 5:2).

3) El apóstol instruye a la iglesia con un mandato claro: "Quitad, pues, a aquel perverso de entre vosotros" (1 Co. 5:13).

4) La iglesia obedeció (2 Co. 7:6-13).

5) El que pecó se arrepintió cuando fue reprendido por la Iglesia, y se entristeció mucho (2 Co. 2:7-8).

6) En vista de su arrepentimiento, el apóstol les dijo que volvieran a recibirle y que confirmaran su amor para con él (2 Co. 2:6-8). Creemos que esto es el propósito y significado de la disciplina, esto es, la excomunión y la reintegración en la Iglesia (Véase Mt. 18:15-17).

Hay muchas referencias bíblicas, como Juan 13, Romanos 6 a 8, y todas las exhortaciones en las epístolas que nos hablan de un andar espiritual y santo: por ejemplo, 1 Tesalonicenses 4:1-12.

B. Observaciones acerca del pecado en el cristiano

1. La fuente del pecado. Vemos que el cristiano es tentado por "el mundo, la carne y el diablo", como antes de su conversión, pero ahora Satanás y los poderes malignos usan la atracción del mundo y la concupiscencia de la carne con más determinación y fuerza que antes, pero el creyente no debe espantarse por eso, ya que "Mayor es el que está en vosotros, que el que está en el mundo" (1 Jn. 4:4).

La experiencia de miles de cristianos es que casi inmediatamente después de que se convierten, el Señor cambia su vida quitando todos los vicios, menos uno, que no es necesariamente aquel que antes era el más fuerte, que esclavizaba más que los otros, sino que es aquel en que el nuevo creyente a veces confía que puede dominar fácilmente. Así que, el diablo usa esta confianza para atraparles, atacándoles precisamente por ese lado, por donde no lo esperaban. Así se aplica la exhortación: "el que piensa estar firme, mire que no caiga" (1 Co. 10:12).

Moisés era un hombre sobremanera manso y humilde, pero fue por ese mismo punto menos probable que Satanás le hizo caer y perder el privilegio de conducir al pueblo de Israel dentro de la tierra prometida (Nm. 12:3; 20:7-12; Dt. 3:23-26). Si el creyente se cree bien fuerte, es posible que esa confianza propia sea cambiada en vergüenza por una caída en algún momento de descuido. Es preciso, pues, que cada cristiano aprenda que toda su esperanza y confianza debe estar en el Señor.

a. La concupiscencia de la carne y de los ojos. Digo pues, andad en el espíritu y no satisfagáis los deseos de la carne. Porque el deseo de la carne es contra el espíritu, y el del espíritu es contra la carne; y estos se oponen entre sí, para que no hagáis lo que quisiereis" (Gá. 5:16-17). Sólo porque la mayoría de los convertidos ya no sienten una tentación a cometer algunos crímenes horribles, no quiere decir que ya no serán tentados por la carne. En el mundo, la ambición personal y el orgullo propio son considerados como virtudes. El cristiano sin embargo, es animado a ser manso y humilde de corazón como su Salvador, a recordar que ha sido crucificado al mundo y a las ambiciones de la carne, y a buscar ahora sólo la gloria de Jesucristo (Gá. 5:24; Col. 3:1-3, 17-23, etc.).

Cuando a un cristiano se le presenta una oportunidad de servir al Señor, no es extraño que enseguida piense en la honra que tal servicio le proveerá. Si es sensible a esta tentación, y verdaderamente ama al Señor, es posible que rechace la oportunidad por temor de hacerlo para su propia gloria. Pero esto es falta de fe, y debe aceptar el puesto, pero con una actitud sincera que diga: "Señor, te amo y quiero servirte. Acepto esto para Tu gloria y con la confianza de que Tú vencerás en mí esta tentación, y que Tú obrarás en las personas de tal manera que la honra sea para Tí y no para mí". (Véase Ro. 13:14; 2 Co. 1:12; 3:3; Ef. 2:3; Col. 2:8; 2 P. 2:18; 1 Jn. 2:16).

b. Otro nombre bíblico que se usa para designar la naturaleza vieja inclina hacia el mal es: "el viejo hombre" (Ro. 6:6; Ef. 4:22; Col. 3:9). Estas referencias hablan del cristiano antes de su conversión como si fuera otra persona diferente a la que es ahora. Pero no enseñan que la naturaleza pecaminosa está erradicada del cristiano, o que ya no exista.

En cuanto a su posición delante de Dios, el regenerado está ahora en Cristo, es un "nuevo hombre" (Ef. 4:24; Col. 3:10). Dios ve al convertido como si hubiera muerto, crucificado juntamente con Cristo, justificado de toda condenación, vestido, cubierto de Cristo, o en otras palabras, redimido. Pero en cuanto a su condición o estado en el mundo, su experiencia le enseña que ni el diablo ni la carne ha aceptado dicha condenación y co-crucifixión, y quiere seguir ejerciendo todo el poder posible. El creyente tiene que reconocer esta verdad, y estar alerta todo el tiempo, confiar en Dios y emplear la provisión que Él ha hecho para vencer sobre la naturaleza vieja.

c. Es claro que "el pecado" como fuerza está constantemente buscando la manera de dominar al cristiano otra vez (Ro. 6:1—8:13). Por eso la vida cristiana es una lucha (2 Ti. 2:3-5; 4:7). Las armas no son carnales, aunque pelean contra las tentaciones que atacan por vía de la carne (2 Co. 10:3-4; Ef. 6:12).

Veamos ahora un resumen de la maravillosa provisión que el Trino Dios ha hecho para que el cristiano salga vencedor en la lucha.

2. Recursos para una vida cristiana victoriosa. No debemos dejar este estudio con un sabor negativo. Es el enemigo el que quiere encontrar al siervo de Dios en el "campo de Ono" (Neh. 6:2).

Tal vez la mayor dificultad con la gran mayoría de cristianos es su búsqueda de una vida espiritual victoriosa, es que piensan que hay una vía corta, una manera de conseguir que Dios venga sobre ellos y les obligue a hacer el bien sin que a ellos les cueste ningún esfuerzo de fe o de determinación. Es verdad que la vida cristiana debe ser de gozo, amor, paz y victoria, pero esa paz que sobrepuja todo entendimiento, se alcanza por la confianza y la pronta obediencia que involucra una entrega sin reservas de uno mismo a Dios (Ro. 6:13). Pero de que el Señor nos obligue a que vivamos una vida de fe y victoria, no lo vamos a encontrar, pues no funciona de esa manera.

a. La Palabra de Dios dice: "Estas cosas os escribo para que no pequéis" (1 Jn. 2:1; Jn. 2:11). "En mi corazón he guardado tus dichos, para no pecar contra tí" (Sal. 119:11). "Santifícalos en tu verdad; tu palabra es verdad" (Jn. 17:16. Véase también 2 Ti. 3:16-17). El cristiano victorioso sabe "trazar bien la palabra de verdad" (2 Ti. 2:15). Toma tiempo y concentración llegar a conocer bien la Biblia, y aunque los resultados son sumamente fructíferos en la vida, son contados los cristianos que realmente la estudian concienzudamente, y no comprenden que es por eso que sus vidas tienen tan poca satisfacción espiritual. El mensaje escrito de Dios es para todas Sus criaturas, lo mismo que el sol, la lluvia y todas Sus dádivas o regalos, pero hay que aceptarlo y utilizarlo.

b. La oración de Cristo que vive para interceder por nosotros (He. 7:25-28; 10:19-22; Lc. 22:32; Mt. 6:12-13). En Juan 17 encontramos la "oración pontifical" de Jesucristo, lo cual es un estímulo para el cristiano desalentado y vencido. Cuando el cristiano siente menos el deseo de orar, es cuando más le conviene hacerlo, y quedarse sobre sus rodillas hasta obtener perdón y nuevas fuerzas para la lucha.

c. El Espíritu Santo que mora en el cristiano (1 Co. 6:17-20; Ro. 8:27; Jn. 14:23, 26; 16:7). La victoria no se gana con ejército ni con fuerza, sino por el Espíritu de Dios (Zac. 4:6).

d. La asamblea, o iglesia: el reunirse con los otros creyentes (He. 10:23-25). Los cultos de la iglesia, especialmente el participar de la Santa Cena o Comunión, fortalecen la fe y estimular a los cristianos en su andar diario; es una triste falla cuando no es así (1 Co. 11:17; Ef. 5:19-21). Cuando un miembro va a participar de la Santa Cena y se acuerda que hay alguna cosa que no ha confesado, debe reservarse de participar del pan y el vino hasta revisarse a sí mismo, y confesar enseguida su pecado a Dios (aun estando sentado en el culto, debe orar en silencio con sinceridad, y arreglar todo con el Padre Celestial por medio de Cristo). Después, podrá participar con toda libertad, tomando parte en el culto. De esta manera manifiesta su confianza en el perdón del Padre, en la propiciación de Cristo, y en la obra del Espíritu Santo que le impulsó a buscar la limpieza.

El pasaje de 1 Corintios 11:17-34, especialmente del 27 al 32, enseña también que hay un límite para el pecado, el cual el hombre no puede ver, en el que la paciencia o gracia del Señor no permite al verdadero cristiano traspasarlo. Si cometiera más pecado, tendría que ser "condenado con el mundo". Antes de traspasar esa línea invisible que divide a los salvos de los condenados, el Padre disciplina al cristiano que peca, sea con la enfermedad o con la muerte. Se objeta que la muerte del santo es preciosa a la vista de Dios (Sal. 116:15), pero en este caso habla de una muerte que ha de producir tristeza o aun vergüenza (1 Jn. 5:16-17).

El pecado de comer indignamente de la Santa Cena nos hace ver que, aunque ningún regenerado puede cometer el pecado imperdonable (Mt. 12:31-32), sí está expuesto a cometer pecados que son desconocidos por los incrédulos y en grado mayor por cuanto peca teniendo más luz. De la manera que un crimen cometido por un hijo le duele más al padre que si lo hubiera cometido el hijo del vecino, así el pecado del cristiano constituye mayor dolor y ofensa al Padre Celestial que si lo hiciera un incrédulo.

También hay una diferencia entre las exhortaciones bíblicas dirigidas a los creyentes y el mensaje divino dirigido a los incrédulos. A éstos, la Palabra de Dios les dice: "Arrepentíos y creed en el evangelio" (Mr. 1:15); mientras que a aquellos les da mandamientos tan altos que nadie puede cumplirlos sino con la ayuda del Espíritu Santo que mora en él (Mt. 5:20, 48; 2 Co. 10:5; Gá. 5:16; Ef. 4:1-30; 5:2, 20; Fil. 1:21; 2:5; 1 Ts. 4:3; 5:19; 1 P. 2:9; 3:15; 1 Jn. 1:7). El incrédulo será juzgado y condenado por ser pecador, por no haber aceptado a Jesucristo como Señor y Salvador (Ro. 10:9), mientras que el creyente regenerado será juzgado por los hechos que cometió después de haberse convertido, sea para recibir galardones o para ser salvo así como por fuego (Ro. 14:12; 1 Co. 3:1-15; 2 Co. 5:10).

Ahora bien, no es sólo en la vida de ultratumbas que el cristiano pierde, sino que también aquí en esta vida sufre pérdidas. El pasaje más citado para probar esto es el Salmo 51, que es el cántico de David después de que pecó adulterando y cometiendo homicidio. Otro Salmo es el 32, que demuestra el valor de la confesión a Dios. También la primera epístola del apóstol Juan es un tratado sobre el tema. El estudiante debe buscar en estos pasajes los versículos que hablan de la pérdida de la comunión con Dios, de la confianza en la oración, en el testimonio y en la venida del Señor. Además, el gozo y la paz casi desaparecen y en su lugar hay pena y una expectativa de castigo o disciplina. Todas estas cosas son manifestaciones del amor y de la gracia de Dios que nos llama a que nos volvamos al redil, donde el gran Pastor de las ovejas puede bendecirnos otra vez.

Repaso de la lección

1. ¿Cómo se podría demostrar que Jesucristo no hubiera repudiado a alguno de Sus apóstoles por pecador?
2. ¿Cuántas ideas falsas acerca del pecado en la vida de los creyentes ha tenido que enfrentar usted?
3. ¿Cuáles son los pasajes bíblicos que le instruyen mejor acerca del pecado después de la conversión?
4. ¿Hay un límite de pecado que Dios no permite que un hijo suyo traspase?
5. ¿Qué pierde el cristiano cuando peca?

Nota: Estimado estudiante, con esta lección termina el estudio sobre la doctrina el pecado. El material de esta sección está incluido en el primer examen, el cual debe hacerse antes de seguir con la próxima lección.

Lección 7

La doctrina de la salvación

Bosquejo

El Señor Jesucristo es el Cordero de Dios que vino para dar Su vida en rescate por muchos.

A. La doctrina de la salvación es la más importante, es el meollo de la verdad revelada, aquella que afecta toda otra doctrina cristiana.

B. La actitud cristiana al estudiar esta doctrina es la de temor reverencial, con corazón obedien te y que espera la iluminación divina.

C. Si no nos reconocemos pecadores, no buscaremos la salvación, y si no creemos en la deidad de Jesucristo, no hay ninguna esperanza de salvación.

Lección 7

La doctrina de la salvación

El Señor Jesucristo fue llamado "Jesús" cuando el ángel le dijo a José: "... porque Él salvará a Su pueblo de sus pecados" (Mt. 1:21). Juan Bautista le llamó: "El Cordero de Dios, que quita el pecado del mundo" (Jn. 1:29). Jesús dijo a Sus primeros discípulos: "Venid en pos de mí, y os haré pescadores de hombres" (Mt. 4:19), por cuanto Él había venido a buscar y a salvar lo que se había perdido (Lc. 19:10). El Salvador sabía muy bien que había venido al mundo, tomando sobre Sí carne y sangre, para poder morir y por medio de Su muerte destruir el poder de la muerte (He. 2:14-15; Jn. 12:23-27). Afirmó Su rostro para ir a Jerusalén sabiendo que allí iba a ser crucificado, según el plan de Dios, pues se había ofrecido para ello desde antes de la fundación del mundo (Ap. 13:8).

A. La importancia de la doctrina

Con este tema llegamos al estudio más importante de toda la doctrina en cuanto a toda verdad revelada o conocida por el hombre, esto es, que hay redención para los seres humanos. Es de suma importancia conocer y creer esta doctrina, no sólo para ser salvo, sino porque así habrá una comprensión global y correcta del resto de doctrinas. Para una persona, si la verdad de la redención es creída, será el todo, lo más precioso en su vida. Si no es creída, será su mayor piedra de tropiezo. Para el evangelista y para la Iglesia cristiana, la verdad de la redención es la razón de su existencia, y el propósito de su vida es promulgar esta realidad por doquier. Según el concepto que se tenga de la salvación, así será el concepto acerca de Dios, del presente y del futuro. No hay otra doctrina que afecte tanto toda la vida como ésta. El creer o no en la salvación ofrecida por Dios a los pecadores, puede causar efectos tan diversos como la reacción del apóstol Pedro, cuando volvió al Señor y recibió el perdón; o como la de Judas, que desesperado fue y terminó con su vida.

El relato de la muerte, sepultura y resurrección de Jesucristo ocupa más espacio en cada uno de los cuatro Evangelios que cualquier otro evento, por cuanto forma la base de la redención. Esta doctrina es enfocada en toda la Biblia por medio de declaraciones claras, enseñanzas figurativas y simbólicas, y por parábolas e historias. Ciertamente Dios desea que cada hombre sepa que hay una salvación segura para todo aquel que la acepte. Las condiciones bajo las cuales una persona puede apropiarse de la salvación eterna de su alma forman el estudio más importante que una persona pueda hacer.

El precioso capítulo 3 del Evangelio según San Juan, después de explicar que Dios en Su amor envió a Su Hijo unigénito al mundo a fin de ser levantado en la cruz, (igual como Moisés levantó la serpiente de bronce en el desierto) para que todo aquel que creyere en Él reciba vida eterna mediante un nuevo nacimiento espiritual, termina con un corto resumen que dice: "El que cree en el Hijo tiene vida eterna; pero el que rehusa creer en el Hijo no verá la vida, sino que la ira de Dios está sobre él" (v. 36).

Ahora bien, la fe es el medio que sirve para apropiarse la vida eterna, empero la mayoría de nosotros somos como Nicodemo, tenemos dudas y preguntas, problemas que queremos ver resueltos antes de creer. El Salvador le dijo a Nicodemo que primero tenía que realmente conocer a Dios, y lo mismo nos dice a todos.

La venida al mundo de la Segunda Persona del Trino Dios cambió el calendario de las naciones más poderosas que hay en el globo. Su muerte y resurrección fueron acompañadas con tantas manifestaciones sobrenaturales, y los resultados han sido de tanto beneficio para toda la tierra, que tenemos que reconocer que Aquel que fue crucificado y resucitó, no fue un simple hombre ni un ángel, sino el mismo Dios encarnado.

Este sacrificio será celebrado en la gloria por todos los milenios de la eternidad (Ap. 5:12). Las naciones celebran el aniversario del natalicio y de la muerte de sus héroes nacionales, pero generalmente se lamentan por la muerte, y creen que si hubiera vivido más tiempo, hubiera quizá hecho obras más grandes. Pero no es así con Jesucristo. Mayor número de personas recuerdan Su muerte, más que los de cualquier hidalgo nacional, pero con un sentimiento dominante de regocijo y no de lamentación. Aun hay profundo gozo en celebrar las dos ordenanzas en la iglesia cristiana que son el bautismo y la Cena del Señor, y en ambas se proclama de nuevo que Jesucristo murió, fue sepultado y que luego resucitó.

La muerte del Salvador fue la culminación, el clímax de Su ministerio. Nació y vivió para poder morir. Una vez que el pequeño grupo de Sus discípulos se convencieron por Sus obras, Su vida y enseñanzas de que Él era en verdad el Hijo de Dios viviente, entonces Él inmediatamente procedió hacia la muerte (Mt. 16:16, 21). Murió por nuestros pecados para redimirnos (Mr. 10:45; 1 Co. 15:3); no hubiera podido hacer más aunque hubiera vivido en la tierra un siglo. La muerte fue Su obra de expiación o de redención (Mt. 26:28). Jesucristo, además, es la única Persona de quien se celebra Su resurrección. Los testigos de Su resurrección fundaron iglesias o asambleas con aquellas personas que creyeron Su mensaje, y a pesar de toda clase de persecución llevaron la palabra de salvación a todas partes. Dondequiera que predicaron, los oyentes se dividieron entre creyentes y no creyentes; muchas veces estos últimos llegaron a ser crueles enemigos. Porque la palabra de la cruz es locura a los que se pierden; pero a los que se salvan, esto es a nosotros, es poder de Dios" (1 Co. 1:18).

B. La actitud mental y espiritual en el estudio

"Siendo que nos proponemos acercarnos a un tema tan importante y tan maravilloso, pero sin embargo, tan indeciblemente solemne, que debemos recordar que requiere un corazón lleno de temor reverencial, tanto como un sentido de absoluta indignidad por nuestra condición. El tocar aun la mera franja de las cosas santas de Dios debe inspirar en nosotros un temor reverencial, pero al tratar de los secretos más íntimos de Su pacto, al contemplar los consejos eternos de la bendita Trinidad, al procurar entrar en el significado de la única transacción que se dio en el Calvario, que estaba cubierta de tinieblas, demanda que tengamos un grado especial de gracia, de temor y de humildad, y de la audacia humilde de la fe...."[1]

"Cuando recordamos que la Redención es el tema más importante que puede ocupar la mente de los hombres o de los ángeles, que no sólo asegura la felicidad eterna de todos los elegidos de Dios, sino que también da al universo una visión más completa de las perfecciones del Creador, y que en ella están escondidos todos los tesoros de la sabiduría y del conocimiento, y a través de ella son reveladas las riquezas inescrutables de Cristo, con la multiforme sabiduría de Dios notificado a los principados y potestades en los cielos (Ef. 3:10); entonces, es de suma importancia que la entendamos correctamente. Siendo que el hombre no puede recibir nada a menos que le fuere dado del cielo (Jn. 3:27), es necesaria una iluminación especial por parte del Espíritu Santo, a fin de entrar en este que es el más profundo de los misterios."[2]

Adolfo Saphir ha escrito: "Al acercarnos a este solemne y sagrado misterio debemos hacerlo con reverencia y temor, recordando que es más bien un motivo o asunto de fe y de adoración, que un simple razonamiento y argumento; este es un santuario abierto en verdad a los mansos y afligidos, a los sinceros y contritos, y que siempre ha de ser contemplado con solemnidad y temor reverencial."[3]

La historia bíblica de la pasión y del triunfo de nuestro Señor Jesucristo, está sujeto a las leyes de las evidencias, y podemos y debemos aplicar a su estudio todas las reglas de la hermenéutica, esto es, la manera de interpretar correctamente la Palabra de Dios. Por otro lado, se debe aplicar la ley espiritual de Juan 7:17, donde vemos de nuevo que es el corazón dispuesto a obedecer, el que es iluminado. El estudio de la redención no es, entonces, lo mismo que abordar un problema matemático, pero tampoco se exige que se ponga a un lado la inteligencia y el buen juicio. La interpretación histórica, según los Evangelios y toda la Biblia, es la base para todo conocimiento de la salvación. La interpretación dogmática o teológica que es conforme a la revelación entera, es también aceptable, útil y buena. Pero, si por medio de estas no llegamos a lo que pueda llamarse una interpretación personal, habremos errado el camino.

Concluimos, pues, que aunque la historia nos enseña que Jesucristo fue entregado a Sus enemigos, y por manos inicuas fue crucificado, y aunque la Biblia dice dogmáticamente que fue muerto por los pecados

[1]Arthur W. Pink, *The Satisfaction of Christ* (Grand Rapids, Michigan: Zondervan Pub. House, 1955, p. 11.

[2]*Ibid.*, p. 14.

[3]*Ibid.*, p. 19

del mundo (Jn. 1:29; 1 Co. 15:3), lo importante es que cada persona pueda decir: "Cristo murió por mí".

C. Ideas contrarias a la salvación

Hay dos clases de pensamientos o creencias que privan a los que las sostienen de aceptar la oferta divina de salvación. Primero, tenemos lo que es un pensamiento erróneo acerca del pecado. Si una persona se ha convencido de que todo pecado es nada más que un paso temporal en la evolución de la humanidad o del universo, de hecho no aceptará la verdad de que hay un Dios personal a quien hemos ofendido por nuestro pecado, pero que a su vez ha provisto una salvación en Jesucristo. Si una persona piensa que no hay tal cosa como el pecado, sino que sólo se trata de un error mental, tampoco verá lógico que Dios haya provisto una expiación. Aquella persona que conceptúa el pecado como algo inherente a la materia, inevitable para el cuerpo y que no conlleva una culpa sobre el individuo, diciendo que el espíritu del hombre es bueno, y no está afectado por el pecado, no comprenderá cómo alguien pueda necesitar de una salvación.

El segundo error que atenta contra la verdad de la doctrina, tiene que ver con el concepto que se tiene de Jesucristo. Si Jesús de Nazaret no es Dios que se manifestó en forma humana, luego no hay salvación, a falta de un Salvador. Decir que Jesucristo fue simplemente un hombre bueno, un poco más santo que la mayoría, un maestro entre los demás maestros fundadores de religiones, es hacer una declaración ilógica. No ha habido ningún otro "maestro religioso" que haya dicho: "Yo y el Padre una cosa somos", o "Si no creyeres en mí, en vuestros pecados moriréis"; o aun: "El que cree en mí, aunque esté muerto, vivirá". Así que, Jesucristo, si le hemos de considerar como el fundador de una religión, es el único que fundó su "religión" sobre su propia persona, más que sobre Sus enseñanzas o ceremonias. Sin Jesucristo como el mediador, Dios y hombre, no hay cristianismo.

La historia del hombre y la experiencia nos dicen que si Jesús de Nazaret no es el Salvador tal como la Biblia lo dice, entonces no hay Salvador ni salvación. Si Él no murió por nuestros pecados ni resucitó para nuestra justificación, entonces somos víctimas del engaño de Dios, traicionados por nuestro propio juicio y por nuestras conciencias.

Todo hombre creado es incapaz de cumplir con todo lo que demanda la justicia divina, y no puede hacer algo para reparar las faltas cometidas, de manera que tiene que buscar, fuera de sí, a otro que haga lo que él mismo no puede hacer; por lo que dicho Salvador tiene que ser, no una criatura bajo las mismas limitaciones, sino el mismo legislador, quien voluntariamente aceptó sobre sí la culpa y castigo en lugar de los verdaderos culpables.

Sin un redentor divino no había esperanza para los pecadores. Por eso, decimos que tener un concepto de Cristo diciendo que es un simple hombre, estorba la fe en cuanto a la verdad de la Salvación.

Repaso de la lección

1. ¿Qué dijo Jesucristo acerca de que Él era el Salvador?
2. ¿En qué consiste, para usted, la importancia de esta doctrina?
3. ¿Qué propósito le anima para hacer este estudio?
4. ¿Cuáles son los conceptos errados que existen acerca de la Redención?
5. ¿Cuáles pensamientos en su mente hicieron que demorara su aceptación de Cristo?

Lección 8

Las fuentes de la salvación

Bosquejo

El Señor Jesucristo enseñó que la fuente del plan para salvar al hombre fue Dios.

A. Observaciones preliminares

1. A lo que nos referimos al decir “la doctrina de la salvación”. Hay varios términos que se emplean en la Biblia con nuevos significados y más ricos, que explican lo que es la salvación.
2. Se requiere una humanidad perdida y un Dios dispuesto para salvar, para que haya salvación. Hay siete requisitos previos para la salvación.

B. La verdadera fuente de la salvación

1. La gloria de Dios
2. El amor de Dios
3. La justicia de Dios
4. La voluntad de Dios

Lección 8

Las fuentes de la salvación

El Señor Jesucristo nos enseñó en Juan 3:16, palabras que el Espíritu Santo ha usado para traer a millones de personas al conocimiento y a la verdadera fuente de salvación: “Porque de tal manera amó Dios al mundo, que ha dado a Su Hijo unigénito, para que todo aquel que en él cree, no se pierda, mas tenga vida eterna”. Vemos que Dios es el origen de la salvación, como dice también en el Salmo 3:8: “La salvación es de Jehová”. Al mismo tiempo el Señor Jesús declaró: “Por eso me ama el Padre, porque yo pongo mi vida, para volverla a tomar. Nadie me la quita, sino que yo de mí mismo la pongo” (Jn. 10:17-18).

Y leemos en Hebreos 1:3 que hizo la purgación o purificación de nuestros pecados "por medio de sí mismo", mientras en 9:14 del mismo libro nos dice: "¿Cuánto más la sangre de Cristo, el cual mediante el Espíritu eterno se ofreció a sí mismo sin mancha a Dios, limpiará vuestras conciencias de obras muertas para que sirváis al Dios vivo?" Fueron las tres Personas de la Deidad las que participaron en proveernos la salvación, pero fue Jesucristo mismo el que tomó la iniciativa para ofrecerse, y en morir por nuestros pecados. (Véase también Juan 17:17-19).

A. Observaciones preliminares

1. ¿A qué nos referimos cuando decimos: "doctrina de la salvación"?

Al hablar con personas no regeneradas de las cosas espirituales, no es raro que digan: "No siento ninguna necesidad de una salvación. ¿Salvarme de qué?" Sin embargo, la persona que ha sentido el peso de sus culpas no habla así, sino que pregunta: "¿Cómo puedo ser salvo?" En 2 Pedro 3:9 vemos que el Señor no quiere que ninguno perezca, sino que todos procedan al arrepentimiento. El arrepentimiento es considerado como el primer paso hacia la fe en Cristo, y como la apropiación de la salvación que Él ofrece. Hay muchas maneras de referirse a lo que queremos decir con la palabra "salvación", unas que hablan de la obra divina que hizo posible que los pecadores pudieran alcanzar la vida eterna, y otras que se refieren a los resultados y beneficios de dicha obra.

El Diccionario de la Real Academia nos da las siguientes definiciones que nos ayudarán a tener una idea preliminar del tema:

- Salvación — Acción y efecto de salvar. Consecuencia de la gloria y bienaventuranzas eternas.
- Salvar — Librar de un riesgo o peligro; poner a salvo.
- Redimir — 1) Rescatar o sacar de la esclavitud al cautivo, mediante el pago de un precio. 2) Comprar de nuevo una cosa que se había vendido, poseído o tenido por alguna razón o título. 3) Dejar libre un bien hipotecado, empeñado o sujeto a otro gravamen. 4) Librar de una obligación o extinguirla. 5) Poner término a algún vejamen, dolor, penuria u otra adversidad o molestia.
- Redención — 1) Acción y efecto de redimir. 2) Por antonomasia, aquello que nuestro Señor Jesucristo hizo del género humano por medio de Su pasión y muerte.
- Rescatar — Recobrar por precio o por fuerza lo que el enemigo

ha usurpado, y por extensión, cualquier cosa que pasó a manos ajenas.

- Expiar — 1) Borrar las culpas; purificar las culpas por medio de algún sacrificio. 2) Tratándose de un delito o de una falta, sufrir la pena impuesta por los tribunales. 3) Padecer trabajos por consecuencia de desaciertos o malos procederes.
- Propiciación — 1) Acción agradable a Dios, la cual le mueve a tener piedad y misericordia. 2) Sacrificio que se ofrecía en la ley antigua para aplacar la justicia divina y tener a Dios a favor, o hacer que sea propicio.
- Perdonar — Remitir la deuda, ofensa, falta, delito, u otra cosa que tenga que ver con el que remite.

Hay otros términos que forman parte de la palabra salvación, tales como reconciliación, justificación y adopción. Según la Biblia, Dios pagó un precio de redención para que el hombre no se pierda por el peso de su culpa y condenación, sino que sea perdonado, rescatado, redimido, reconciliado, justificado, adoptado, santificado, etc. Vemos también lo que dijo Cristo: "que no se pierda, mas tenga vida eterna", lo cual incluye un cambio del destino eterno del alma y una transformación de la vida presente, con el perdón que cubre el pasado.

2. ¿Qué se requiere para que haya salvación?

a. Por parte del hombre. En palabras sencillas se necesita una humanidad perdida, y un Dios dispuesto a salvar. Como Dios no salva a nadie en contra de su voluntad, se requiere que el hombre esté consciente de su condición perdida para que responda con fe a la oferta divina de la salvación, aunque ésta sea gratuita. Veremos más en la próxima lección.

b. Por parte de Dios. Como la redención es mediante un precio, es preciso descubrir quién obra la salvación. Si es el hombre mismo, entonces será él el que tendrá que completamente satisfacer la demanda de Dios, de manera que la justicia divina quede vindicada (Ro. 3:26). Pero si es Dios quien salva, luego es Él el que provee el rescate (1 P. 1:18-19). ¿Cuál será el precio? ¿En qué moneda se pagará? ¿Se pagará al contado o a crédito por cuotas? ¿Quién fijará las condiciones de pago? ¿Qué recibo o garantía habrá para que el hombre sepa que la cuenta ha sido cancelada? No se debe considerar la obra concluida hasta que el hombre pueda acercarse a Dios con confianza, tal como si no hubiera pecado, y pueda vivir y morir sin temor de su destino futuro.

Para alcanzar esta dicha, es preciso que el hombre sepa, por declaración divina, que su ofensa ha sido perdonada, su condenación legalmente cancelada, su adopción y su justificación reconocidas; pero aun así estas cosas no bastan, sino que el ser humano que antes sabía que estaba perdido, requiere como sello de su salvación, que haya en él una transformación. Antes estaba en el pecado, pero si ya ha sido rescatado, ¿cómo podrá vivir más en la misma corrupción? Ha de experimentar, entonces, que su conciencia ya ha sido limpiada de obras muertas y que ahora sirve al Dios vivo.

El Dr. A. W. Pink presenta los siguientes requisitos previos para que pudiera haber una salvación perfecta para el pecador:

- el mediador tenía que ser un humano (He. 2:11-17; 4:15; 1 Co. 15:21; Ef. 4:30; Gá. 4:4; 1 Ti. 2:5; 1 Jn. 4:2-3);
- el mediador tenía que ser sin pecado (Nm. 19:2; 1 P. 1:18-19);
- el mediador tenía que ser santo (Lc. 1:35; He. 7:26; 1 Pe. 3:18);
- el mediador tenía que ser el legislador, que no estuviese sujeto a la ley por su naturaleza, a fin de poder cumplir la ley a favor de otros (Mt. 22:37);
- el mediador tenía que actuar voluntariamente (Pr. 23:6; Sal. 40:7-8; Jn. 4:34; 19:20; Hch. 8:32; Is. 53:12);
- el mediador tenía que estar unido a su pueblo, esto es, mantener relaciones de pacto (contrato) con los que había de redimir (1 Co. 15:45; Ro. 5:12-19; He. 2:11-13; Ef. 1:4; Mt. 1:21; Is. 61:10);
- el mediador tenía que ser divino (tener deidad), porque sólo Dios podía efectuar una obra tan magna (Gá. 5:1; 1 Co. 6:19-20; He. 10:4-10; Is. 40:16; Sal. 89:19)."[1]

B. La verdadera fuente de la salvación

Según lo visto anteriormente, no hay lugar a dudas de que Dios es la fuente, y ahora veamos en qué otros aspectos redunda dicha salvación:

1. La gloria de Dios. Bien se ha dicho que la última razón y motivo de todos los actos de Dios se encuentran dentro de Él mismo. El primer propósito del Dios eterno cuando hace algo tiene que haber sido el ejercicio de Sus propias perfecciones esenciales y en Su ejercicio de la manifestación de Su excelencia. Esto tiene que haber sido el único fin escogido por la mente divina desde el principio, antes de que exista cualquier otro efecto o cosa, según dice el Dr. A. A. Hodge.[2] Esto está

[1]Arthur W. Pink, *The Satisfaction of Christ* (Grand Rapids, Michigan: Zondervan Pub. House, 1955), pp. 46-55.

[2]Dr. A. A. Hodge, *Outlines of Theology* (Grand Rapids, Michigan: Eerdmans Pub. Co., 1928).

de acuerdo con Romanos 11:36. "Porque de él, y por él, y para él, son todas las cosas. A él sea la gloria por los siglos, Amén". Todo lo creado, material y espiritual, es para Dios y en Él se encuentra su razón de ser.

Cuando el hombre pecó y la humanidad se rebeló contra su Hacedor, fue necesario que Dios tomara la iniciativa para redimir al hombre. Encontramos que, para Su excelsa gloria, Dios ya había previsto un plan para la redención del hombre, y aunque nosotros somos los grandes beneficiados, fue para Su propia gloria que aun antes de la fundación del mundo, el plan divino para la salvación fue trazado. Mediante la salvación divina que Dios proveyó se manifiesta la excelencia de Dios, Su sabiduría, amor, justicia, poder, misericordia y santidad, de tal manera que Dios es glorificado por cada persona que es salvada o regenerada mediante el Evangelio.

2. El amor de Dios. Dios es amor, pero la manera por excelencia en que Él manifestó ese amor fue en que envió a Su Hijo como propiciación por nuestros pecados (1 Jn. 4:8-10; Jn. 3:16). Nos hizo aceptos en el Amado; en quien tenemos redención por Su sangre, el perdón de pecados" (Ef. 1:6-7). Jesucristo, el amado, derramó Su sangre por nosotros. Para poder hacerlo tuvo que encarnarse y vivir entre nosotros. ¡Qué amor! No hay amor más grande que éste, que Dios diera Su vida voluntariamente por nosotros cuando estábamos todavía en nuestros pecados (Ro. 5:7-8). Cuando aún éramos enemigos de Dios, nos amó y nos redimió en amor, sin aun pedir nuestro consentimiento (Ro. 5:10). Pero ya que Su amor ha sido manifestado, cada individuo es responsable en cuanto a corresponder con fe a dicha revelación de la excelencia divina.

El amor en acción de Dios, es también una manifestación de Su gracia y de Su misericordia. Por gracia sois salvos por la fe, y esto no de vosotros, pues es don de Dios" (Ef. 2:8). Nos salvó, no por obras de justicia que nosotros hubiéramos hecho, sino por Su misericordia ..." (Ti. 3:5). La gracia de Dios ha sido definida como el don o favor de vida eterna para aquellos que merecen el infierno. Es correcto decir que el amor de Dios es la fuente de la salvación, aunque no abarque toda la doctrina.

3. La justicia de Dios. Dios es justo, y Su justicia es absolutamente perfecta. Es incorrecto decir que Dios es primeramente amor y después justo, o que tiene mayor amor que justicia. En Dios todos Sus atributos están equilibrados y son enteramente excelentes. Por lo tanto, Su amor no puede inclinarse hacia ninguna acción injusta. Él no puede, en misericordia, faltar a las demandas de Su justicia. Ni puede Su rectitud apagar Su amor o gracia. Como se explicó en el primer curso de doctrina, nosotros no podemos explicar siempre cómo es que Sus excelencias están entrelazadas y se apoyan mutuamente. La respuesta a la inquietud es que la esencia personal de Dios es mayor que el conjunto de todos Sus atributos. Es en Él que encuentran armonía y equilibro, de manera que si conociéramos perfectamente a Dios, no existiría tal inquietud o duda.

El hecho de que Dios ha provisto una salvación eterna para los pecadores a fin de que Él sea glorificado, que por Su amor y no por nuestros méritos haya sido movido a hacerlo, no quitan que la justicia de Dios demande una plena satisfacción. El amor de Dios no es licencia, ni es sin ley. Dios no es amor un día, justo el siguiente día, etc., sino que estos atributos obran juntos. Y no hay ningún otro acto de Dios donde se ve tan claramente el concurso de todos Sus atributos divinos como en la redención del mundo, incluyendo las tres Personas de la Deidad. Además, para salvar al hombre, Dios no pudo olvidarse de las leyes morales y espirituales que Él mismo había establecido. De ningún modo tendrá por inocente al malvado" (Éx. 34:7). La única razón por la cual Dios pudo haber "pasado por alto los tiempos de esta ignorancia", era porque Su Hijo vendría para revelar la verdad y hacer expiación, pero "ahora manda a todos los hombres en todo lugar que se arrepientan (Hch. 17:30). Para que así como el pecado reinó para muerte, así también la gracia reine por la justicia para vida eterna" (Ro. 5:21). Todo pecado es contra Dios, y cada pecador tiene la obligación, al oír el Evangelio, de arreglar personalmente sus cuentas con Dios en base a la redención en Jesucristo.

Claro que es un asunto personal, pero también hay una seria consideración legal. Dios es Padre pero también es legislador y juez. No queremos decir con esto que la ley: "ojo por ojo, diente por diente" rija matemáticamente, de manera que el Salvador, para podernos redimir, hubiera tenido que morir millones de veces. El hecho es que la justicia divina demanda ser satisfecha para que la gracia de Dios pueda manifestarse. Sin derramamiento de sangre no hay remisión de pecados (He. 9:22). Si Dios simplemente dijera al pecador: "Todo está bien; olvídate de tus pecados", no habría seguridad de salvación, mucho menos limpieza de conciencia por los pecados cometidos. Necesitábamos *remisión, expiación,* para saber que todo lo que demanda la ley divina en cuanto a la justicia, ya fue satisfecho y que no puede haber una nueva demanda más adelante.

Viendo el sacrificio hecho en el Calvario podemos decir que la justicia de Dios también es fuente de la salvación (Sal. 85:10; Ro. 3:26).

Junto con la justicia de Dios y relacionado con ella, tenemos el pacto que Dios hizo con los hombres, y que tiene como fuente de la salvación. Esta salvación se hace vigente cuando el hombre recibe a Jesucristo por la fe y es purificado de su pecado (He. 13:20 "por la sangre del pacto eterno", 9:23—10:22; 12:24; Jn. 3:36).

4. La voluntad de Dios. "Señor, digno eres de recibir la gloria y la honra y el poder; porque tú creaste todas las cosas, y por tu voluntad existen y fueran creadas" (Ap. 4:11). Conforme al propósito del que hace todas las cosas según el designio de su voluntad" (Ef. 1:11). Entendemos que nunca hay conflicto entre la voluntad de Dios y Sus atributos y naturaleza; Dios nunca hace algo contrario a la justicia o a la santidad; aunque Su voluntad es libre y soberana. Lo que Dios hace es recto porque Él lo hace. Así, en el último análisis, la verdadera fuente de la salvación es la voluntad de Dios. Él no fue obligado a salvar al mundo, ni por Su amor, ni por Su justicia: lo hizo porque quiso hacerlo. El Dr. A. W. Pink dice acerca de la redención; "Su voluntad fue el factor determinante, Su amor el motivo, y la manifestación de Su gloria el propósito".[3] También cita al Dr. J. Armour que dice:

"La creación no pudo haber sido otra cosa que un acto soberano. Negar aquí Su soberanía, sería negarla por completo, porque, si el universo creado tiene existencia como una consecuencia necesaria de una "primera causa", aquella primera causa no podría ser una persona, no podría ser dotada de libertad de volición, no podría ser Dios. Además, si la existencia de esta primera causa necesitaba la existencia del universo, la hubiera necesitado por toda la eternidad. No sería posible un principio para el universo creado.

"La redención, tanto como la creación, tiene que ser puramente la determinación soberana de la voluntad divina. La necesidad del caso requiere esto, y así está declarado claramente en las Escrituras. No se puede aceptar, ni por un momento, que una doctrina acerca de la redención desprecie (aún en lo más mínimo) la soberanía divina. Todas las teologías que, de cualquier manera enseñan o implican que hubo la obligación de hacer esto o aquello a favor de sus sujetos caídos o rebeldes, son antibíblicas e irrazonables, si no acaso blasfemas. La soberanía divina tiene que ser reconocida como aquella acción determinada a salvar a algunos seres caídos, y determinando quienes debían de

[3]Pink, *op. cit.*, p.201.

ser salvos, y en cuanto a haber elegido el método, entregando al Salvador al sacrificio de Sí mismo: una vez determinada esta redención soberana, fue llevada a cabo bajo la ley, en estricta conformidad con la ley."[4]

Aunque el hombre caído era todavía una creación de Dios, el Soberano no estaba bajo la obligación de salvarle. El Todopoderoso no tiene que conformarse a ninguna norma de conducta, sino a Su propia voluntad. El hecho de que Dios no proveyó una salvación para los ángeles que cayeron, prueba que ninguno de los atributos de Dios hubiera sido violado si hubiera dejado a los hombres perderse en sus pecados. En Hechos 2:23, Isaías 53:10 y Mateo 26:39 vemos que Dios quiso, que determinó el sacrificio Divino, mientras en Romanos 3:25-26, 2 Corintios 5:21, Hebreos 9:15 y 10:10 se nota claramente que la voluntad divina ordenó que la muerte de Jesucristo tuviera mérito para la salvación de los pecadores. La voluntad de Dios es la verdadera fuente de la salvación. Él ordenó el método en todo sentido. ¡Gloria a Dios por Su determinación de redimirnos por medio de un Salvador tan precioso, y una salvación tan grande!

Repaso de la lección

1. ¿Dijo Jesucristo en alguna ocasión que Dios le había enviado para salvar?
2. Explique en palabras sencillas lo que significa para usted la salvación.
3. ¿Cuántos de los siete requisitos previos para la salvación puede recordar Ud.?
4. ¿Cuál fue el primer atributo divino que se ejerció para que hubiera salvación?
5. ¿Cuál habría sido el resultado si Dios hubiera manifestado sólo Su justicia (no Su amor), cuando el hombre pecó?

---

[4]Dr. J. Armour, *Atonement and Law*, 1917, citado en Pink, *op. cit.*, pp. 20-21.

Lección 9

La necesidad de la salvación

Bosquejo

El Señor Jesucristo dijo que era necesario que padeciese

A. La necesidad humana de la salvación

1. Todo hombre es pecador por naturaleza y por experiencia.
2. El pecado ha de ser condenado y castigado.
3. El pecador es incapaz de limpiarse a sí mismo de sus pecados. Está bajo la obligación de hacer todo lo que pueda para agradar a Dios, pero el hecho es que jamás podrá reparar su falta.

B. La "necesidad" divina de la salvación del hombre. Fue necesaria sólo después de que la voluntad soberana decretó que hubiese salvación. Entonces hubo la necesidad de llevarla a cabo según el plan divino, y conforme a la ley divina.

Lección 9

La necesidad de la salvación

El Señor Jesucristo "no vino para ser servido, sino para servir, y para dar Su vida en rescate por muchos" (Mr. 10:45). "Vino a buscar y a salvar lo que se había perdido" (Lc. 19:10). Él es el "Cordero de Dios, que quita el pecado del mundo" (Jn. 1:29). El Señor dijo a Sus discípulos que "era necesario que padeciera" (Lc. 24:26). Era necesario por cuanto el hombre estaba perdido y no había otra esperanza para que obtuviera la salvación (Mt. 26:29), y era necesario que Dios, por un acto voluntario y de amor, enviara a Su Hijo amado a fin de salvar a los que creyesen en Él (Jn. 3:16). El Salvador sabía que en todos los hombres había pecado, aun en aquellos que hacían mucho bien con sus buenas obras (Lc. 6:31-34; 18:9-14, 18-23; Jn. 3).

A. La necesidad de la salvación

El pecado es la causa por la que el hombre necesita que Dios obre Su salvación. Enfatizamos de nuevo que el Evangelio es la única solución para el problema del pecado, y no hay otra religión que haga frente al hecho del pecado universal.

1. Todo hombre es pecador

a. Nace bajo pecado. Esto lo vemos en la expresión del Salmista, que dijo: "En pecado me concibió mi madre" (Sal. 51:15). Simplemente, todos estamos "bajo pecado" como hijos de nuestros padres humanos, que son hijos de Adán y Eva después de su caída, con lo que se perdió la justicia original. No es pecado que un matrimonio tenga hijos, sino más bien, es una bendición. Sin embargo, no podemos legar a nuestros hijos una naturaleza que no sea pecaminosa por cuanto se hereda sólo lo humano. "Lo que es nacido de la carne, carne es", y por lo tanto: "es necesario nacer de nuevo" del Espíritu, si hemos de recibir la naturaleza divina (Jn. 3:6-7; 2 P. 1:4).

b. Cada hombre peca. Como dice el Dr. F. A. Noble: "Que ningún hombre se atreva a empequeñecer un sólo acto de transgresión. El quebrantar la ley de Dios es pecar. Es una equivocación, es una debilidad, es un desatino y cosas semejantes; pero es también algo peor y más terrible que todas estas cosas: es pecado.

- Cuando un hombre deliberadamente obra en contra de los diez mandamientos de Dios que dicen lo que se debe hacer o no, él peca.
- Cuando el hombre pone a un lado el Sermón del Monte y con desdén lo echa al basurero, siguiendo el camino de su interés propio, con orgullo en su corazón, peca.
- Cuando un hombre toma las demandas morales que encuentra escritas en la constitución de su propia alma con indiferencia, ya sea por placer o por una ganancia económica, y las pisa en el lodo, peca.
- Cuando un hombre es injusto, peca; cuando es falso y traidor, peca. Al ser impuro e infame, peca.
- Cuando un hombre es duro y avaro, peca. Cuando, pudiendo hacerlo, rehusa pagar sus deudas, peca. Cuando ofrece cohecho a algún oficial del gobierno o cuando mancha sus propias manos aceptando un regalo para que obre injustamente, peca.
- Cuando un hombre se deleita en la vulgaridad, o vomita una descarga de maldiciones, peca. Al mentir, peca. Al oprimir a sus conciudadanos, despreciar a los humildes y descorazonadamente cierra sus oídos al clamor de los necesitados, peca.

- Cuando un hombre roba, desfalca, falsifica, extravía a la juventud, y traiciona la confianza de los ingenuos y confiados, comete pecado.
- Cuando un hombre está tan resuelto en conseguir sus deseos y propios intereses sin importarle los medios para conseguir lo que quiere y ni le importan cuántas lágrimas se derramen ni los corazones que se aflijan, con tal de que lleve a cabo su propósito, él peca.
- Cuando concibe y fomenta el odio, da rienda suelta a sentimientos de envidia y celos, hablando lo que es basura y calumniando, está pecando.
- Cuando un hombre permite que su vida se deleite en los apetitos y pasiones de la carne, y desprecie todas las posibilidades elevadas y espirituales de su nueva naturaleza, peca. Si pone por encima su propia voluntad en oposición a la voluntad divina, peca.
- Cuando rehusa andar rectamente y enmarcar su vida a las normas más altas que conoce, peca.

Mientras la constitución del alma sea lo que es, y el sistema de gobierno moral bajo el cual vivimos (en el que hay tantas distinciones marcadas e intransigencias entre lo verdadero y falso, lo puro y lo impuro, lo justo y lo injusto), todo permanece como es, y la transgresión siempre será pecado. No hay otra designación que se enmarque ni que la complete sino esta designación de pecado."[1]

Además de esto, debemos recordar que no sólo las malas acciones son pecado, sino que las "buenas obras" hechas con un mal motivo también son pecado. El propósito correcto para que las buenas acciones sean aceptadas delante de Dios, es que sean para la gloria de Dios (1 Co. 10:31). Lo que se hace para sí mismo, esto es, para la gloria, fama y provecho propio, con el fin de vivir como se quiere y deleitarse de manera indigna, o aun lo que se deja de hacer sólo por no querer tener mala fama o por creerlo "indigno en sí", son motivaciones que no glorifican a Dios. Debemos decidir hacerlo o no hacerlo, para que cuadre con la ley de Dios y resulte para Su eterna gloria. Hay que trabajar y ganar dinero para poder vivir y para sostener a la familia, pero el motivo supremo de la vida debe ser la gloria de Dios, y la misma motivación debe guiarnos a tener una familia, y si no lo hacemos así, pecamos.

---

[1]Dr. F. A. Noble, *Our Redemption* (New York: Fleming H. Revell Co., 1897), pp. 30-32.

2. El pecado es condenable y merece castigo. Fue el mismo Señor Jesucristo quien dijo: "Irán éstos al castigo eterno, y los justos a la vida eterna" (Mt. 25:46). Muchos se esfuerzan para demostrar que el castigo del pecado no es eterno, sin embargo, Aquel que más ama, que tiene más misericordia que cualquier hombre, y que conoce todas las cosas con perfección, dice que el tormento de los perdidos será tan duradero como el gozo de los salvados. Esta palabra "eterna" significa aquel período de tiempo de existencia infinita o sin fin, y es la misma palabra que se usa para designar la eternidad de Dios. Si no significara eterno, en el sentido común de la palabra, entonces la idea de duración sin fin no tendría nombre o palabra con qué expresarse.

Hay otras expresiones que son usadas en las Escrituras para darnos una idea de lo terrible que será en el mas allá para las almas inconversas. Sin duda, hay algo de lenguaje figurativo en los términos usados en las parábolas, pero no por eso podemos afirmar que la realidad será menos horrible que la figura. Leemos acerca de: "fuego ardiendo", "horno de fuego", "lago de fuego", "fuego eterno preparado para el diablo y sus ángeles", "el vino de la ira de Dios", "el llanto y crujir de dientes", "obscuridad", "las tinieblas de afuera", "la obscuridad de las tinieblas para siempre", "abismo", "cadenas de obscuridad", "Gehenna", "donde el gusano no muere y el fuego no se apaga", "el humo de su tormento sube para siempre jamás", "la segunda muerte" y "eterna perdición".

En esta vida vemos que hay personas que sufren tormentos en su conciencia, remordimientos por muchos y largos años, debido a algo hecho en el pasado. Cuánto más será dicho remordimiento, por una vida de interés propio e indiferencia al amor de Dios, a través del cual sacrificó a Su Hijo. Si supiéramos cómo Dios lo sabe, tanto los resultados como las causas, y cómo sería si no hubiera castigo por los pecados, entenderíamos lo suficiente como para justificar el castigo eterno de los incrédulos. Si hubiera sido mejor que Judas Iscariote no hubiera nacido, ciertamente debe haber algo peor en el futuro que el suicidio. Si la blasfemia contra el Espíritu Santo, cuya voz divina y dulce nos llama al arrepentimiento, no tiene perdón, es claro que hay un lugar de tinieblas y de dolor para aquellos que no han sido perdonados y por lo tanto, no pueden estar en la presencia de Dios en luz y gozo.

3. El pecador no puede limpiarse de sus pecados mediante sus propios esfuerzos. Si fuera posible que el ser humano pudiera salvarse mediante esfuerzos supremos durante largos períodos de sufrimiento, entonces por demás murió Cristo. La Palabra de Dios nos enseña que no somos salvos "por obras de justicia que nosotros hubiéramos hecho" (Tit. 3:5), y la experiencia, bien examinada, corrobora este testimonio.

Es verdad que muchas personas en el mundo tienen una estima muy alta de sí mismos, y un concepto tan bajo de sus pecados, que afirman que pueden salvarse a sí mismos, si es que ese fuera el caso de tener que necesitar ser salvos de algo. Los evolucionistas declaran que el pecado es un paso en el desarrollo de la humanidad, y que en el hombre hay el poder inherente de progresar, de manera que llegará el día cuando la raza humana habrá evolucionado más allá de la realidad del pecado. Estas vanas filosofías son falsas esperanzas para el pecador que siente el peso de su culpa.

El cuerpo humano tiene poderes maravillosos para su recuperación. Puede restaurar huesos quebrados, formar nuevas arterias y venas, y aún hay casos en que un órgano hace las veces de otro que ha sido dañado. El cuerpo se restablece por sus propias fuerzas, sin que la persona esté consciente del proceso. Pero cuando el hombre peca, es diferente el caso, pues hay una consciencia de haber fallado, de ser menos de lo que se debe ser, y hasta un deseo de nunca haber pecado, cierto disgusto consigo mismo.

En casos de delincuencia y asesinato puede haber un remordimiento tan fuerte que resulta en la entrega a la justicia o en el suicidio; sin embargo, con todo esto no hay poder propio para remediar la situación, o de sanar la herida inferida al alma. Y con un poco de tiempo se nota que el pecado cometido reclama una repetición, o por lo menos un descuido en guardar una conducta correcta en la vida. El ceder a la tentación una vez hace que sea más fácil volver a ceder.

Para reparar el daño ya hecho, o aun para mantenerse sin seguir cayendo, hay necesidad de ayuda de afuera. Sólo en Jesucristo en Su Evangelio hay esperanza de expiación y restablecimiento. Él puede restaurar los años que comió la oruga" (Jl. 2:25). El hombre, estando sujeto al mandamiento de amar a Dios con todas sus fuerzas, jamás puede hacer algo extra para reparar las faltas del ayer. Nadie puede volver a la inocencia y tener comunión con Dios mediante esfuerzos propios; por supuesto, hay que arrepentirse y confiar en la gracia divina, acercándonos a Dios por la vía y fundamento que Él ha designado: Nadie viene al Padre sino por mí", y hay un sólo mediador entre Dios y el hombre (Jn. 14:6; Tit. 3:5; Ro. 3:20; Jer. 2:13; 4:30).

B. La "necesidad" divina de la salvación del hombre

Como ya lo hemos explicado, en el último análisis no hay una necesidad divina para la salvación de la humanidad, sino que hay una salvación porque Dios mismo la decretó, y no porque Él la necesitara. Así como Dios existió desde antes de la humanidad, así Él podría existir siempre sin seres humanos. Pero una vez decretada la salvación, hubo necesidad de que Dios llevase a cabo lo decretado. Dios siempre obra con sabiduría, lo que implica que tiene buenas razones para hacer lo que hace (Mt. 7:37).

Es fácil ver entonces la sabiduría del plan divino, esto es, que Dios mismo se encarnara, viviese entre los hombres venciendo toda tentación y haciendo todo bien, fuese crucificado, sepultado, resucitado y glorificado en el cielo; este es el único método que ha podido satisfacer las demandas de la justicia divina y a la vez obrar sobre la mente y el corazón del hombre, para llevarle al arrepentimiento y a la fe. Vemos que tampoco nadie más ha sugerido un plan más sabio que llene todos los requisitos divinos y humanos a la vez. Dios usó este método, aun a costo de la vida de Su Hijo, y en esto vemos Su gracia, y al aceptarla, somos salvos (Jn. 3:14-15; Mt. 16:21; Lc. 24:26; Ef. 1:11).

1. La salvación fue necesaria para cumplir la promesa y el plan revelados por Dios. Vemos que la Deidad había decidido proveer una salvación para el hombre, e inyectar una nota brillante de esperanza en su condenación por la desobediencia de Adán y Eva. Dios prometió que la simiente de la mujer heriría la cabeza de la serpiente, aunque fuera a costo de una herida que Él mismo recibiría en el calcañar (Gn. 3:15). En la segunda lección del curso *Introducción al Antiguo Testamento - I*, se traza a través de la Biblia el "hilo escarlata" y el "hilo púrpura", manifestando cómo el Espíritu Santo, por boca de los profetas, repitió dicha promesa varias veces; de manera que la esperanza de la venida del Mesías prometido llegó a ser el punto principal de la nación escogida, la cual fue el vehículo para su encarnación. El capítulo 53 de Isaías es un ejemplo precioso de esta verdad. Luego, aunque pasaron milenios antes de Su advenimiento, Dios no pudo olvidarse de Su promesa y leemos: "Cuando vino el cumplimiento del tiempo, Dios envió a Su Hijo, nacido de mujer y nacido bajo la ley, para que redimiese a los que estaban bajo la ley" (Gá. 4:4-5).

El propósito de tantos sacrificios de animales, desde Abel hasta la última pascua del Señor con Sus discípulos, según la ley de remisión mediante el derramamiento de sangre, fue cumplido en el sacrifico del "Cordero de Dios que quita el pecado del mundo" (Jn. 1:29). Muchos símbolos y figuras del sacrificio supremo fueron usados para preparar al pueblo a fin de que pudieran comprender la redención en Cristo.

2. La redención fue necesaria según la ley de Dios. Esto también es verdad si se toma en cuenta primero que esta sigue al decreto de la soberana voluntad divina de salvar, la cual determina la salvación, de tal manera que el plan para llevarla a cabo tenía que incluir la provisión para que la ley de justicia eterna fuese satisfecha.

El Dr. A. W. Pink dice: "La ley requiere conformidad a sus preceptos. Entre más perfecta es la ley, mayor es la obligación de respetarla. Dada una ley que es "santa, justa y buena" (Ro. 7:12), la obediencia a ella es imperativa. Decir que Dios podía anularla, o aun suspenderla, equivaldría a confesar que la ley tenía algún decreto, lo cual no puede ser. Por tanto, las criaturas hechas bajo la ley tenían la obligación de rendirle obediencia, y en caso de que fallaren en cumplirla, para que fuese posible justificarles o declararles justos conforme a la norma requerida, otro tendría que cumplir la ley a favor de ellos, y su justicia u obediencia puesta a su haber (a su crédito o a favor de la cuenta), y la verdad es que esto ya ha sido hecho. Cristo nació bajo la ley (Gá. 4:4). La cumplió (Mt. 5:17), y Su obediencia ha sido anotada al crédito legal de todo Su pueblo (Ro. 5:19), de manera que ahora hemos sido hechos justicia de Dios en Él (2 Co. 5:21)."[2]

Ahora bien, la ley no sólo requiere obediencia a sus preceptos, sino que también demanda el castigo de sus transgresores. Su sentencia invariable es: "El alma que pecare, esa morirá" (Ez. 18:4). Puesto que Dios mismo declaró esto, y Él no puede mentir, inevitablemente donde quiera que se encuentre el pecado, la muerte con todo lo que incluye ha de encontrarse también, tarde o temprano. El Señor expresamente declaró que "de ningún modo tendrá por inocente al malvado" (Éx. 34:7). La única manera para que un transgresor escape es si hay otro que sufra la pena en su lugar.

Bajo el régimen que Dios ha instituido, si Él perdonara sin lograr que Su ley que ha sido quebrantada fuese satisfecha por medio de un substituto que reciba la paga del pecado, Dios hollaría Su propia ley y descuidaría sus propias advertencias; pero la Escritura dice que "Él no puede negarse a sí mismo" (2 Ti. 2:13). Por lo tanto Dios proveyó el sacrificio maravilloso sobre el cual cayó la pena justa de la ley. (Véase Ro. 3:20-26 y Gá. 3:10,13).

Entonces, la ley de Dios demanda que ésta sea satisfecha mediante una salvación realizada así. La integridad del legislador Divino y de Su

---

[2]Arthur W. Pink, *The Satisfaction of Christ* (Grand Rapids, Michigan: Zondervan Pub. House, 1955), p.38.

ley queda vindicada y el pecador es salvado. A Dios sea la gloria por Su plan maravilloso de redención.

REPASO DE LA LECCIÓN

1. Si Dios fue el que hizo al hombre y le permitió pecar, ¿por qué sin embargo no tenía la obligación de salvarle?
2. ¿Qué hay en el hombre que le incapacita para salvarse a sí mismo?
3. ¿Por qué el pecado trae la muerte?
4. ¿Estuvo Dios limitado a un sólo plan para redimir al hombre?
5. ¿Que tenía que suceder en relación a la ley de Dios con la redención?

Lección 10

Los preparativos para la salvación

Bosquejo

El Señor Jesucristo es la realidad del cual los símbolos y figuras hablaron y es el cumplimiento de las profecías acerca de la salvación.

El Señor es la simiente de la mujer que hirió la cabeza de la serpiente, a costo aun de Su propia vida física.

Cuando Adán pecó y un animal tuvo que ser sacrificado para cubrirle, dicho acontecimiento nos da una representación del Señor Jesucristo, quien iba a expiar el pecado de la humanidad y cumpliría así con las demandas de la ley Divina.

El Señor Jesucristo es la simiente de Abraham que trajo bendición a todas las naciones.

Todos los sacrificios levíticos encuentran en Cristo su cumplimiento y realidad. Si Él no se hubiera dado en sacrificio, aquellas víctimas habrían muerto en vano.

El Señor Jesucristo es el pontífice Divino prefigurado por el misterioso Melquisedec. El mobiliario del Tabernáculo hablaba también del Salvador Jesucristo, especialmente el Propiciatorio donde Dios entraba en contacto íntimo con Su pueblo, en base a la sangre derramada.

Cristo es el cordero pascual, sacrificado para librarnos de la muerte y de la esclavitud del Egipto de este mundo.

Cristo es superior a Jonás, el cual pasó tres días y tres noches en el corazón de la tierra, a fin de que el arrepentimiento y la remisión de pecados fuesen predicados en Su nombre a todas las naciones.

El Señor Jesús es el Rey humilde que cabalgó sobre un asno y entró en la ciudad deicida (que mató a Dios) donde fue vendido por treinta piezas de plata, traspasado y herido en la tierra de sus amigos familiares.

Es el médico Divino que sana a los enfermos, no a los sanos, y llama a los pecadores al arrepentimiento.

El Salvador vino para servir y para dar Su vida en rescate por muchos. Su cuerpo es el pan del cielo. Él es el buen pastor, el cordero de Dios.

Lección 10

Los preparativos para la salvación

El Señor Jesucristo declaró a Sus discípulos que le convenía ir a Jerusalén y padecer mucho de los ancianos ... y ser muerto y resucitar al tercer día (Mt. 16:21). Después de Su resurrección les preguntó: "¿No era necesario que el Cristo padeciera ... y que entrara en Su gloria?" (Lc. 24:26). "Y les dijo: Así está escrito ... que el Cristo padeciese y resucitase de los muertos ... y que se predicase en Su nombre el arrepentimiento y el perdón de los pecados". (Lc. 24:45-48).

Es claro, entonces, que el Salvador sabía la parte importantísima que tendría Su muerte y resurrección sobre toda la humanidad. El pasado miraba hacia tal evento (Lc. 18:31), y el futuro también iba a ser afectado (Jn. 17:18-21; Mt. 24:14). El Señor explicó que Su muerte fue prefigurada en la experiencia que Israel tuvo cuando Moisés levantó en alto la serpiente en el desierto (Jn. 3:14-16); o cuando Jonás estuvo en el vientre del gran pez (Mt. 12:38-40).

Durante varios milenios después de la caída de Adán y Eva, Dios preparó a la humanidad que vivía en pecado para que entendiera y creyera la verdad de la redención. Dios usó varios tipos o figuras y mediante profecías el Señor predispuso al pueblo para que comprendiese el supremo sacrificio que Su Hijo iba a hacer en la historia espiritual del universo.

A. Las figuras o tipos de la redención

En Hebreos 1:1 leemos que Dios habló muchas veces y de muchas maneras a los padres por los profetas, pero que en estos postreros tiempo nos ha hablado por el Hijo. Vemos entonces, que lo que Dios dijo en los tiempo antiguos, sirvió como preparación para el mensaje perfecto que traería Cristo posteriormente. A continuación haremos un corto resumen de las muchas veces y muchas maneras en que Cristo fue presentado a manera de figura y luego veremos un poco sobre la historia de la doctrina de la salvación después del tiempo de los apóstoles.

1. Símbolos o tipos. Un símbolo es una representación visible de algo invisible, un vestido material de alguna verdad o una expresión de algo espiritual.

Un tipo es un símbolo también, pero que hace referencia más bien a algo en el futuro, especialmente en cuanto a la verdad de la redención en Cristo. Puede ser cualquier cosa, persona, institución, o evento que tenga alguna semejanza a cierta fase de la doctrina de la salvación.

Primeramente consideraremos los símbolos, luego los eventos históricos, y finalmente las profecías.

Creemos que el primer símbolo fue el acto en el que Dios proveyó a Adán y Eva de una cobertura de pieles de animales cuando pecaron, para cubrir así sus cuerpos. A través de esta enseñanza podemos ver el principio de que "sin derramamiento de sangre no se hace remisión de pecados". También fue la primera manifestación de la verdad de la substitución como base para el perdón, por cuanto se interpuso la muerte de otro ser. Allí vemos que la sentencia contra el pecado pronunciada por Dios, no fue superficial, y que Adán y Eva escaparon de la muerte por medio de aquel sacrificio sangriento.

Vemos también que el sacrificio de animales limpios, hecho por Abel, Noé o Job prueba que el hombre sabía que sólo esta clase de ofrenda cruenta era aceptable ante Dios, para cubrir el pecado. En Génesis 4:4; 5:21-24; Hebreos 11:4-6, 39, y Judas 14-15 vemos que Dios no dejó al mundo sin testimonio de esta verdad a través de dichas edades. Tampoco eran inocentes, pues la naturaleza y los juicios (como el diluvio y la confusión de las lenguas) testificaron ante todos de la existencia de un Dios justo que castiga el pecado.

Con Abraham, el Señor empezó a preparar un pueblo especial, y fue a ellos que les reveló Su plan para la redención del mundo. La historia de este pueblo seguía un plan divino de lecciones espirituales, que llevaba a la comprensión del significado de la declaración de Juan Bautista cuando dijo; "He aquí el Cordero de Dios que quita el pecado del mundo" (Jn. 1:29). ¡Lástima que tan pocos judíos entendieron la lección!

El pacto Abrahámico incluía una bendición para todas las familias de la tierra (Gn. 12:3; 18:18), por medio de su simiente que vendría en tiempos subsecuentes (Gn. 22:18; 26:4; Gá. 3:8-16). El capítulo 15 de Génesis relata los detalles del pacto de sangre que Dios hizo con Abraham, cosa que habla o figura el pacto de la gracia en base al sacrificio de Jesucristo. En el capítulo 22 de Génesis Dios le enseñó al patriarca la verdad de la substitución como parte esencial para la redención; también le enseñó acerca de la fe y de la resurrección. Es cierto que este relato acerca del sacrificio de Isaac es otro hecho histórico, pero obviamente fue también un símbolo.

Tal vez el evento más claro y conocido es aquel al que Jesucristo mismo se refirió cuando dijo: "La generación mala y adúltera demanda señal, pero señal no le será dada, sino la señal del profeta Jonás. Porque como estuvo Jonás en el vientre del gran pez tres días y tres noches, así estará el Hijo del hombre en el corazón de la tierra tres días y tres noches" (Mt. 12:39-40). Si Jonás murió y volvió a vivir, o si Dios le mantuvo con vida todo el tiempo que estuvo dentro del gran pez, no se sabe, pero de cualquier modo es razonable pensar que los ácidos digestivos del gran pez afectarían notablemente el cutis del profeta. Seguramente, cuando proclamaba su mensaje a la gran ciudad: "De aquí a la 40 días, Nínive será destruida", los ninivitas, al mirar su cara y haber oído sobre su historia personal, se darían cuenta de las dos verdades divinas, que son la severidad y la bondad divina de Jehová. Ellos habrían sabido que la amenaza de la destrucción venía de un Dios poderoso y justo, pero, como tuvo misericordia de Jonás cuando se arrepintió, así también los ninivitas podrían esperar la misma misericordia, bajo la condición de un verdadero arrepentimiento. De esta manera los tres días de Jonás le prepararon para ser el "salvador" de una generación de gentiles. En cuanto al Señor Jesucristo, después de Su resurrección, la Biblia dice: "Entonces les abrió el entendimiento, para que comprendiesen las Escrituras; y les dijo: Así está escrito, y así fue necesario que el Cristo padeciese, y resucitase de los muertos al tercer día; y que se predicase en Su nombre el arrepentimiento y el perdón de pecados en todas las naciones, comenzando desde Jerusalén" (Lc. 24:45-47).

En Hebreos 3:7—4:11 encontramos una comparación entre la entrada histórica de Israel a la tierra de Canaán, según Dios lo había prometido, y la entrada del cristiano en el reposo verdadero del pueblo de Dios. La enseñanza es que el reposo del cristiano es una obra d Dios apropiada por la fe y no de obras propias. La incredulidad es fatal.

Algunos dirán que la experiencia de Jonás y la obra de Josué en llevar a los israelitas a Canaán son símbolos o tipos, lo mismo que los otros eventos mencionados en la división anterior, y está muy bien si así quiere el estudiante clasificarlas.

Otro caso es el de la vida de José, hijo de Jacob y padre de Efraín y de Manasés. José fue el hijo predilecto de su padre, constituido su heredero principal a pesar de que no fue el primogénito. Esto es probado por el hecho de que su padre le dio a él la túnica especial de mangas largas y de muchos colores, que era una señal entre los orientales de que él era el heredero. Fue envidiado y aborrecido por sus hermanos (Jn. 1:11; Mt. 27:18). Le despojaron, le echaron en una cisterna para que muriese, le vendieron, le enviaron lejos para no volver a verle nunca, y le dieron por muerto. Sin embargo, José llegó a ser el salvador de sus hermanos tanto como de multitudes más, y llegó el día cuando sus mismos hermanos le rindieron homenaje. La comparación no es exacta en todos sus detalles, pero en sus razgos generales nos hace pensar del otro José: Jesús, Quien también salva a todos los que acuden a Él.

B. Las profecías

Consideremos ahora algunas profecías que nos preparan para una mejor comprensión de la obra divina de la expiación del pecado, obrando así la redención del alma. Casi todas han sido mencionadas anteriormente, pero un resumen nos ayudará en el estudio de esta parte importante de la doctrina de la salvación, y nos convencerá una vez más de la verdad del plan eterno de Dios.

1. La primera profecía. Según Génesis 3:15 vemos que una persona, la "semilla de la mujer" había de ser el Salvador y que iba a deshacer la obra nefanda que Satanás acababa de hacer por medio de la serpiente. Esta persona, nacida de mujer, haría una obra decisiva hiriendo la cabeza de la serpiente, pero sufriría físicamente una herida en su propio cuerpo. El talón o calcañar se usa aquí para representar la fuerza física o corporal (Jos. 10:24-25; Sal. 41:9; 1 P. 2:24). La crucifixión del Señor Jesucristo es el cumplimiento lógico de esta profecía acerca del sufrimiento físico que sirvió para ganar la victoria espiritual.

Luego, tenemos a Isaac, lo cual Dios usó para instruir a Abraham y a las generaciones venideras acerca de la obra de la redención. Los detalles del hijo predilecto, que nació por un milagro, subiendo la cuesta y llevando al hombro la leña sobre la cual pronto iba a ser atado para ser sacrificado, nos llevan a pensar en el Hijo unigénito de Dios que cargó la cruz hasta el Calvario, y que fue crucificado por nosotros.

También durante el tiempo de Moisés encontramos muchas cosas que son figuras de la salvación. El pueblo en esclavitud fue oprimido mucho como para que deseara la libertad. Su fe fue cautivada y fortalecida por una serie de juicios que Dios hizo entre los que hubo una distinción entre los egipcios y los hebreos. El pueblo de Dios separó un cordero perfecto, lo sacrificó y aplicó la sangre en el dintel de la puerta, mientras el ángel del Señor juzgó la tierra, trayendo muerte, excepto en aquellas casas que fueron cubiertas con la sangre, lo cual sirvió como señal de que una muerte substitutoria había ocurrido. Tres días después salieron de Egipto y cruzaron el Mar Rojo, en el cual murieron sus enemigos. Así pudieron entonar cantos de alabanzas y júbilo, gozosos por su nueva libertad. Así también nosotros celebramos la salvación que Dios obró en esos tres días que el Cordero de Dios nos libró de la esclavitud del pecado. Ahora vivimos en el poder de la resurrección de la nueva vida en Cristo.

Siguiendo la historia del Antiguo Testamento, llegamos al Tabernáculo. Para estudiar los símbolos o tipos que encontramos en el tabernáculo, el estudiante debe repasar las lecciones 11 y 13 del curso A-1.

La vida de Israel en el desierto bajo la ley del Sinaí también contiene muchas enseñanzas simbólicas. Jesucristo mismo dijo: "Como Moisés levantó la serpiente en el desierto, así es necesario que el Hijo del Hombre sea levantado, para que todo aquel que en él cree, no se pierda más tenga vida eterna" (Jn. 3:14-16; Nm. 21:9). Un pedazo de bronce, que no había hecho ningún mal, fue forjado en semejanza de las serpientes cuyas mordeduras habían sido mortales. Aquella serpiente de bronce, al ser levantada en alto, llegó a ser la vida, la salvación de la muerte, para todo aquel que mirase a ella.

Así, ésta fue un tipo de Cristo, Quien se encarnó tomando la forma de hombre pecaminoso (aunque el mismo fue sin pecado). Él aceptó sobre sus hombros toda la culpa de la humanidad y recibió la sentencia de muerte, la cual fue ejecutada. "Al que no conoció pecado, por nosotros fue hecho pecado, para que nosotros fuésemos hechos la justicia de Dios en él" (2 Co. 5:21).

El mismo apóstol Pablo en explica varios símbolos o analogías que hay entre la vida de los israelitas y la vida cristiana, en 1 Corintios. Pablo explica que así como ellos fueron "bautizados" en Moisés y tuvieron que acudir a Moisés para todos sus problemas, quejas y necesidades, y que al desobedecerle, tuvieron que sufrir por sus faltas. Así también nosotros como cristianos fuimos bautizados en Jesucristo y de Él recibimos mucho más de los que ellos recibieron (Jn. 1:17). Lógicamente se espera de nosotros mejor servicio: " y estas cosas les acontecieron como ejemplo y están escritas para amonestarnos a nosotros" (1 Co. 10:11).

Habiendo establecido la ley de Moisés como algo útil hasta la venida del Mesías, los sacrificios y el sacerdocio fueron símbolos necesarios para preparar debidamente al pueblo a fin de conocer la obra de Dios al enviar a Su Hijo como Salvador. De allí en adelante los profetas fueron dados por Dios al pueblo, a fin de exortarlos para que reconocieran sus pecados y cumplieran las demandas de la ley. Pero el pueblo no quiso oír. Isaías dice: "¿Y sobre quién se ha manifestado el brazo de Jehová?" (Is. 53:1). Dios se había subido las mangas para hacer una gran obra de salvación, por así decirlo, pero ¿a quién le interesó lo que Dios estaba haciendo?

Por lo demás, hay hechos históricos análogos al plan de la salvación de lo cual se puede decir mucho. Aun hay la posibilidad de forzar o estirar algunos puntos históricos a fin de que se conformen a nuestros conceptos de interpretación, pero basta ver dos o tres ejemplos, en los que la enseñanza contenida en la historia antigua nos enseña la verdad de la salvación obrada por Cristo.

2. La segunda profecía. Judas 14-15, sin duda profetiza acerca de la segunda venida de Cristo a la tierra en juicio y condenación, viniendo con una innumerable cantidad de huestes de Sus santos. Se sobreentiende la primera venida, al hacer una diferencia entre los santos y los impíos.

3. Profecías sobre Su ascendencia. Ya hemos estudiado la cadena de profecías que debían ser cumplidas y satisfechas ante los judíos a fin de identificar al Mesías. Empezando con la designación de la simiente de la mujer, después leemos sobre la simiente de Abraham, que era semita o hijo de la familia de Sem (Gn. 12:1-3); luego, a través de Isaac y no de Ismael (21:10), de Jacob y no de Esaú (Gn. 25:23; 27:33, 37), de Judá (Gn. 49:9-10), de David (Sal. 98:3-4), y que además había de nacer en la ciudad de David, que era Belén (Mi. 5:2; Mt. 1:1).

4. Profecías de Isaías. Este profeta nos dice mucho acerca del Mesías que había de venir a la tierra unos 750 años después. Explica que nacería de una virgen (Is. 7:13-14; 49:1); que sería redentor y tendría una comisión de obras y reino espiritual (9:1-7; 11:1-9; 42:1-7; 49:1-9). Pero lo sobresaliente de las profecías de Isaías es la descripción de Sus sufrimientos (50:4-9; 52:13—53:12).

5. Salmos proféticos. Lea los Salmos 2, 40:6-10; 45:72 y 110. El Salmo 22 es una profecía exacta que nos lleva a pensar en nuestro Señor mientras estaba colgado en la cruz. Con este Salmo 22 y el capítulo 53 de Isaías hubiera sido casi posible escribir de antemano el hecho de la crucifixión. ¡Qué exacto es el libro de Dios!

6. Profecías de Zacarías. Aquí está narrada la humildad del Señor, cabalgando sobre el asno, vendido como si fuera esclavo, traspasado y herido.

7. Profecías del mismo Señor Jesús. (Mt. 9:15; 17:12; 26:10-12; 21-23, 25-29, 31-32; Lc. 9:43-44; 11:29-30; 13:31-33; Jn. 2:19; 3:14-16; 6:70-71; Mr. 8:31-32).

Es claro que el mismo Señor sabía que Su muerte y resurrección formaban parte del plan divino de Dios para la salvación del mundo. Lo enseñó a través de parábolas y de enseñanzas directas e indirectas. ¿Qué otra interpretación se podría dar a Marcos 12:1-12?

Repaso de la lección

1. ¿Cuál de los hechos históricos que se encuentran en el Antiguo representa mejor la salvación?
2. ¿Cuántas figuras de la redención puede usted señalar de memoria?
3. Cite dos capítulos del Antiguo Testamento que profetizan con más detalles la muerte del Señor y Salvador Jesucristo.
4. ¿Qué profetizó el Señor Jesús acerca del propósito de Su muerte?

Lección 11

La historia y las teorías

Bosquejo

El Señor Jesucristo mencionó varias veces Su muerte y sufrimiento, queriendo preparar la mente de Sus discípulos para aquel evento.

A. Un resumen de la historia de la doctrina de la redención prueba que la gran mayoría de los "padres de la Iglesia" y los teólogos, se ocuparon más en la persona de Cristo que en Su obra, y sus comentarios acerca de ésta fueron bíblicos.

   Pero ya en la Edad Media, los "místicos" se interesaron casi exclusivamente en el estudio de los efectos de la redención, esto es, en relación a la unión del alma con Cristo. Los reformadores elaboraron más sobre la manera de aplicar la redención de Cristo al pecador, esto es, sobre la justificación por la fe. Posteriormente la doctrina recibió la atención que merecía y varias teorías fueron presentadas.

B. Teorías erróneas: Varias negaban la necesidad o realidad de una verdadera expiación, diciendo que sólo había necesidad de que el hombre reconociera en Cristo la verdad del amor divino y lo siguiera como ejemplo, etc.

   Otras teorías reconocían que la base para la redención se encontraba en Dios, pero atribuían erróneamente que se debía a sólo querer buscar Su honor, gobierno, etc., y no a Su santidad y justicia.

Lección 11

La historia y las teorías

El Señor Jesucristo hizo varias preguntas a Sus discípulos y a Sus oyentes con el fin de estimular sus pensamientos y provocar decisiones propias. "¿Quién dicen los hombres que es el Hijo del Hombre?"... "Y vosotros, quién decís que soy yo?" (Mt. 16:13-15). "¿Por qué me llamáis bueno?" (Mt. 19:17). "¿Qué pensáis del Cristo? ¿De quién es hijo?" (Mt. 22:42). "¿Pensáis que he venido para dar paz en la tierra?"

(Lc. 12:51). "¿Pensáis que estos galileos, porque padecieron tales cosas, eran más pecadores que todos los galileos?" (Lc. 13:2).

El Señor sabía que, como el hombre piensa en su corazón, así es él; por lo tanto habló a los corazones o mentes de Sus oyentes, para así alcanzar al hombre en su totalidad. No quería ganar sólo el oído o complacer el gusto superficial del pueblo. Tampoco aceptó una fe superficial ni pedía una fe ciega. Exhortó a los suyos a juzgar bien la evidencia, a hacer deducciones lógicas, y aprender lecciones de lo material. Después de Su resurrección, les reconvino por no haber comprendido las razones de Su sufrimiento (Lc. 24:25-26; Jn. 7:24; Mt. 16:5-12). En relación a Su muerte y resurrección indicó que había la necesidad de pensar en lo que es de Dios (Mt. 16:21-13).

En esta lección consideraremos lo que generaciones han pensado sobre las mismas preguntas. Veremos un resumen de la historia de la doctrina de la salvación que incluirá los pasos de su desarrollo emitido por los teólogos, es decir, lo que ellos han pensado acerca de esta verdad. Después comentaremos algunas teorías.

A. Resumen de la historia de la doctrina

El obispo H. C. G. Moule en su libro *Bosquejos de doctrina cristiana*, nos suministra los siguientes cuatro datos históricos:

1. Los primeros cuatro siglos. Durante estos siglos se ocuparon más de la Persona de Cristo que de Su obra. No obstante, hubo una continua subreferencia a la obra como aquello que daba a la Persona Su suprema importancia. Veamos a continuación, algunas referencias que contienen una gran riqueza:

Clemente de Roma (Siglo 1), *Epístola a los Corintios*, Cap. 7: "Fijemos nuestra mirada en la sangre de Cristo, y veamos cuán preciosa es ante Su Dios y Padre, pues al ser derramada por nuestra salvación, ganó para todo el mundo la gracia del arrepentimiento"... "Nuestro Señor Jesucristo dio Su sangre por nosotros, conforme a la voluntad de Dios, y Su carne por nuestra carne, y Su vida por nuestra vida".

La Epístola a Diognetus (1er período del Siglo 2), Cap. 9: Cuando nuestra iniquidad había llegado al colmo, Dios mismo dio a Su Hijo en rescate por nosotros —el justo por los injustos—, ¿pues qué otra cosa podría cubrir nuestros pecados, sino sólo Su justicia?... ¡Oh, cuán bendito canje!... Que así la iniquidad de muchos fuese ocultada en un justo, y que la justicia de Uno, justificara a muchos inicuos".

Ireneo (Siglo 2), *Contra las herejías* - Libro 5to, Cap. 1, párrafo 1: "El Señor nos rescató por Su propia sangre, y dio Su vida por nuestra vida. Su carne por nuestra carne". En el contexto inmediato, Ireneo se detiene sobre el hecho de que la expiación tuvo, como objeto principal, la satisfacción de las demandas de la justicia. La potencia persuasiva de la expiación aparece en el mismo contexto, basada en una redención ya efectuada.

Justino Mártir (siglo 2), *Diálogo*, Cap. 95: "El Padre universal quiso que Su propio Mesías, a favor de los hombres de todas las razas, recibiese sobre sí las maldiciones de todos, sabiendo que Él mismo le levantaría después de Su crucifixión y muerte".

Orígenes (Siglo 3), *Sobre Romanos III*, Cap.8: "Dios lo ha propuesto para ser propiciación por la fe en Su sangre", es decir, por medio del sacrificio de Su cuerpo, para que Dios fuese propicio a los hombres... pues Dios es justo, y el justo no puede justificar al injusto; por consiguiente, Él quiso la intervención del propiciador, para que por medio de la fe en Él, fuesen justificados aquellos que no lo podrían ser por sus propias obras.

Atanasio (Siglo 4), *Oración primera contra los Arrianos*, Cap. 60: "El Hijo de Dios vino al mundo, no para juzgar al mundo, sino para poder redimir a todos los hombres y para que el mundo fuese salvo por Él. Dado que en los tiempos antiguos, el mundo, como una persona acusada, fue juzgado bajo la ley, el Verbo ahora ha recibido sobre sí el juicio, y sufrió en Su cuerpo a favor de todos los hombres, concediendo así la salvación a todos."

Agustín (Siglos 4-5), *Sobre el Salmo 60*, párrafo 2 dice: "Las transgresiones nos pertenecen a nosotros; el sufrimiento por nosotros pertenece a Él que es nuestra cabeza. Pero, por razón de sus sufrimientos por nosotros, todo lo que no nos pertenece de transgresiones queda descargado."

Estos son ejemplos de un gran acopio de doctrina, en cuyos escritos los padres de la Iglesia primitiva reconocieron el valor profundamente propiciatorio en la muerte del Señor. Ciertamente ninguna tendencia existió que contradijese esto, ni ninguna contienda parecida a las objeciones modernas.

2. Siglos undécimo al decimosexto. En el undécimo siglo apareció el pequeño tratado de Anselmo (arzobispo de Canterbury, 1093), en el que se preguntaba: "¿Por qué fue Dios hecho hombre?" Esta es una discusión tanto reverente como lógicamente clara y sutil, en cuanto a la naturaleza y el propósito de la expiación. El pensamiento que se enfatiza es que la expiación fue la satisfacción de las demandas; no para satisfacer al enemigo, sino al legislador.

Bernard de Clairvaux, generalmente conocido como San Bernardo (Siglo 12) escribió *Epístola 99:* "El hombre era quien debía, pero el hombre es quien ha pagado ... La cabeza satisfizo por los hombres: Cristo, por los órganos que vitalmente están unidos a Él".

Tomás de Aquino (Siglo 13) puso más en claro la relación que hay entre la expiación y la unión de Cristo y Sus miembros.

Por otro lado, los místicos figuraron entre los personajes interesantes de la Edad Media; sin embargo, en sus escritos no hay declaraciones claras en cuanto a la doctrina de la expiación. Su tema absorbente era la unión mística del alma con Dios, y su tendencia era perder de vista la culpa del pecado por fijarse en el pecado como un estorbo para la intimidad con Dios.

3. La época de la Reforma. Los reformadores, tanto del continente como los ingleses, pusieron más interés en la aplicación de la expiación (o sea en la justificación), que en la doctrina misma de la expiación.

4. Desde la Reforma. Desde esta época hasta nuestros días aparecieron dos corrientes principales de pensamiento: la una que insistía en la necesidad de la propiciación para con Dios, por razón de Su santidad y Su ley, y la otra que señala el valor del ejemplo que dio Cristo al morir, como una exhibición del amor divino.[1]

B. Teorías acerca de la expiación

Como algunas de estas ideas más bien niegan que hubo necesidad de una expiación o algo objetivo en la obra de Jesucristo, no pueden ser llamadas correctamente teorías sobre la expiación. Sin embargo, se consideran aquí por cuanto son explicaciones humanas que pretenden aclarar el propósito del Señor Jesús al morir.

1. La teoría de un rescate que se pagó a Satanás. Esta teoría generalmente incluye la idea de que Dios hizo el arreglo del precio del rescate de los pecadores con Satanás, pero no se le reveló muchos de los resultados, así que entregó a Cristo en sus manos, pero sin que Satán supiera que iba a poder mantenerle a Señor en la tumba. Pero este no es el método que Dios usa, o sea, con engaños. Esta teoría incongruente, opuesta al carácter de Dios y a Sus métodos, cae por falta de peso. Dios no debe nada a Satanás, más bien, hará que él pague con su vida por el pecado cometido.

[1]Obispo H. C. G. Moule, *Bosquejos de doctrina cristiana* (Buenos Aires: La Reforma, 1920), pp. 84-88).

Algunos interpretan las instrucciones que se dieron para el Día de Expiación en Levítico 16, como argumentos que apoyan esta teoría. Creen que el nombre "Azazel" es otro nombre sinónimo de Satanás, y que el versículo 8 requiere que haya una personalidad como antítesis de Jehová: "Y echará suertes a Aarón sobre los dos machos cabríos, una suerte por Jehová, y otra suerte por Azazel". Según los versículos 10, 21 y 22, este macho cabrío cargaba con las iniquidades de los hijos de Israel, y luego era llevado al desierto y suelto allá a "Azazel". Es difícil ver en esto una ofrenda a Satanás. Otros lo interpretan de manera aun más fantástica, y dicen que Azazel es el nombre del macho cabrío, que es igual al nombre de Satanás y por lo tanto, enseña que Dios echa sobre Satanás los pecados de Sus hijos, y que es el diablo el que lleva nuestras iniquidades al olvido.

Rechazamos rotundamente estas falsas ideas humanas. El hecho de que Jehová sea Persona, no quiere decir necesariamente que Azazel también lo sea. La palabra Azazel se puede traducir como "una eliminación absoluta" según McClintock y Strong. Así, una faceta de la obra de Cristo es Su sacrificio en ofrenda a Jehová, simbolizado por el primer macho cabrío; la otra es la eliminación del pecado, que era representado por el segundo animal.

A Jesucristo sea toda la gloria por habernos salvado. Jesucristo fue crucificado por nuestros pecados y los llevó lejos, sepultándolos en el mar del olvido de Dios (Is. 38:17; 43:25; 53:6; 1 P. 2:24; Sal. 103:8-14; Mi. 7:18).

2. Tres teorías similares. La "Mística", la "Recapitulación" y la "Extirpación Gradual", fueron teorías propagadas por Irving, Schleiermacher, Menken, Stier y otros. La idea general es que Jesús de Nazaret tenía una naturaleza humana caída; pero que la vida divina entró en la corriente humana de una manera mística y misteriosa, cambiando esta corriente para bien. Señala que Cristo recapituló en Sí mismo toda etapa de la vida humana, y que no sólo rehusó pecar, sino que luchó hasta la muerte para purificar así a la humanidad. Su vida llegó a ser una nueva levadura que gradualmente obró, de tal manera que extirpó o erradicó de la humanidad toda depravación y la reconcilió con Dios. Estas teorías pretenden basarse en las erradas interpretaciones de Romanos 8:3 y en las tentaciones de Cristo y en Su humanidad.

Sabemos que esto es un error, por cuanto piensan que el pecado es meramente un mal moral que puede ser anulado mediante una santificación subjetiva y no reconocen culpa ni castigo personal en el pecado. No hay justificación, sino sólo la expulsión de la contaminación del mal.

Jesucristo es considerado también pecador por naturaleza, que luchó por conseguir Su propia pureza y la nuestra.

3. Las teorías de la influencia moral y del ejemplo. Estas dos teorías son semejantes. La primera es la más antigua y fue expuesta por Abelardo en oposición a la teoría de Anselmo, y fue seguido por Young, Maurice, Bushnell, Stevens, etc. La segunda es llamada la Teoría Sociniana, y fue propagada en el Siglo 16 por Laelius y Faustus Socinus, de Polonia. En la actualidad son los "Unitarios" los que sostienen este error.

La idea fundamental de ambas teorías es que no hay en la naturaleza divina ningún principio de justicia retributiva que requiera que inevitablemente el pecado sea castigado. Dios no necesita ser reconciliado, sino el hombre. Dios puede y desea perdonar o pasar por alto todos los pecados humanos, sin expiación alguna. Jesucristo vino al mundo para convencer al hombre de que no hay obstáculo entre él y Dios; que Su sufrimiento tuvo como único propósito el probar al hombre que Dios le ama, e influir así en Su ánimo para que se arrepienta de su rebeldía, y que siga el ejemplo de la vida de Jesucristo. Cristo no expió los pecados por medio de Su muerte, sino que como recompensa por Su obediencia a la muerte, recibió el poder de dar vida eterna a los que creyesen en Él, en base de Su moralidad.

Con claridad vemos que estas teorías contradicen totalmente a las Escrituras en muchos puntos. Primero, magnifican la manifestación del amor de Dios en el sentimiento humano, haciéndolo parecer como si fuera lo principal. Realmente, si le robamos al sacrifico de Cristo su valor como una necesidad penal substitutoria, deja aun de ser una manifestación de amor y se vuelve una crueldad innecesaria de parte del Padre. Si cada hombre pudiera salvarse a sí mismo si tuviese la motivación de hacerlo, ciertamente Dios hubiera provisto tal incentivo sin la agonía del Getsemaní y el Calvario. Él tiene que ser nuestro Salvador y Señor, nuestra justificación, redención, santificación y sabiduría, antes de ser nuestro ejemplo. La redención consiste en una obra que regenera para poder producir efectos positivos una vez que el alma está unida a Cristo.

4. La teoría comercial de Anselmo. Anselmo fue un obispo de Canterbury (1033-1103 D.C.). El expuso esta teoría conocida como la comercial o la de la satisfacción. Según él, el pecado del hombre robó a Dios el honor que se le debe, y era necesario que este fuese vindicado. Esto podía efectuarse por una de dos maneras: mediante castigo o por satisfacción. Dios en Su misericordia fue movido a procurarlo por la vía de la satisfacción infinita. Cristo cumplió la ley, salvándose así de la pena de muerte pero sin que esto le diera mérito. Así que, al sufrir y morir, hizo lo que no tuvo la obligación de hacer y por lo tanto, glorificó a Dios en grado infinito. Por esto esta es llamada una obra de supererogación (más allá de la obligación), que mereció grandes dones de remuneración. Estos dones del perdón y de la bienaventuranza eterna, al no necesitarlos Cristo mismo, los ha otorgado a los que viven según el Evangelio. Esta es llamada la teoría comercial por cuanto sostiene que el Dios hombre, por Su sufrimiento: "presenta a la Divina majestad un equivalente exacto de los sufrimientos merecidos por los elegidos; y que, como resultado de esta satisfacción de las exigencias divinas, los pecadores elegidos han sido perdonados y regenerados".

Esta teoría hace bien en establecer la necesidad primordial que hubo de la expiación, pero yerra al decir que es la majestad ofendida lo que lo requirió en vez de la santidad. Así, los sufrimientos de Cristo no son un tributo ofrecido voluntariamente para honrar al Padre, sino un sufrimiento vicario por la paga o pena del pecado. También tiene un concepto inadecuado del valor de la obediencia de Cristo a la ley y de la unión del creyente con Su Salvador por la fe, mediante la cual uno se apropia la justicia perfecta de Cristo.

5. La teoría gubernativa de Grotius. El holandés Hugo Grotius (1583-1645), originó esta teoría como un esfuerzo por unir la teoría sociniana y la doctrina de la redención enseñada por los reformadores. Primeramente niega que la justicia de Dios requiera que las demandas de Su ley sean satisfechas. Dice que la ley es meramente el producto de la voluntad divina, y Dios puede cambiarla o abrogarla cuando guste. Mientras la justicia estricta demanda la muerte eterna del pecador, la sentencia no es ejecutada con exactitud por cuanto los creyentes son librados de su pena, sin una satisfacción en todo su rigor del derecho. Es verdad que Jesucristo ofreció cierta satisfacción: sólo nominalmente el equivalente de lo que debía sufrir el pecador; pero Dios se agradó en aceptar dicho sufrimiento como suficiente.

La única razón para que Dios no remitiera por completo la pena de su castigo, como bien podría haber hecho, fue que los requerimientos de Su gobierno demandaban un reconocimiento de Su autoridad. Hubo necesidad de manifestar a la humanidad que la ley divina mantiene Su autoridad sobre ella, y que no se puede violar sin incurrir en la culpa. Dios tuvo que representarles a los hombres Su odio por el pecado. Los sufrimientos y la muerte de Cristo demuestran a los hombres cuánto Dios estima la ley divina, y así Su gobierno no peligra en ser despreciado. Aunque Jesucristo no sufrió la pena precisa de la ley, Dios bondadosamente aceptó Su sufrimiento como substituto de la pena. "Esta acción de Cristo de soportar un sufrimiento que puedeo servir como substituto por lo que debían los hombres, que Dios puede perdonar a los culpables cuando éstos se arrepienten, sin perjudicar los intereses de Su gobierno".[2]

Aquí nuevamente encontramos una teoría que substituye un efecto secundario, esto es, la protección de los intereses del gobierno de Dios, por la verdad principal que es la verdadera propiciación. Pero la Biblia no da lugar para esto. También tiene un concepto erróneo de la ley de Dios como una expresión de Su voluntad divina y arbitraria, sujeta a cambio, en vez de ser la expresión de la naturaleza esencial de Dios.

Según Grotius, el propósito de la penalidad no es el satisfacer la justicia, sino sólo poner freno a los pecadores para que sigan ofendiendo la ley. "Hace que la utilidad sea la base de la obligación moral y que la justicia sea resuelta en benevolencia".[3] Representa a Dios como alguien que amenaza al hombre para que no peque, aunque luego no cumpla con lo que había advertido, sino que lo substituye con otra cosa, puesto que Cristo sufrió la pena. Después, amenaza a aquellos que no aceptan a Jesucristo. ¿Qué seguridad hay de que cumplirá en esta vez? Si el castigo que sufrió Cristo fue un mero pago nominal del castigo merecido, ¿por qué fue tan cruel? Y si fue una exhibición fingida, ¿cómo podría Dios producir respeto a Su ley?

Todas estas teorías erróneas conceptúan inadecuadamente la verdadera necesidad de la expiación, la obra que Cristo realmente llevó a cabo y todas sus implicaciones. En la siguiente lección estudiaremos la exposicíon bíblica de la obra redentora del Hijo de Dios. La enseñanza positiva con sus referencias bíblicas será la mejor refutación a estas filosofías humanas.

---

[2]Dr. Jorge P. Pardington, *Estudios de doctrina cristiana* (Temuco, Chile: Imprenta Alianza, 1942), p. 265.

[3]A. H. Strong, *Systematic Theology* citado por Pardington, *op. cit.*, p.216.

Repaso de la lección

1. ¿Qué hizo Jesucristo para preparar la mente de Sus discípulos, a fin de que comprendieran en forma correcta el significado de Su muerte y resurrección?

2. ¿Qué nos enseña la historia de la doctrina de la expiación acerca de las dificultades que tuvo la Iglesia en comprender dicha obra?

3. ¿Cuáles son los errores principales que se encuentran en las teorías humanas que hay acerca de la expiación?

Lección 12

El sacrificio de Jesucristo

Bosquejo

El Señor Jesucristo vino para que a través del Evangelio se de a conocer que Él dio Su sangre, para remisión de los pecados.

A. El Señor Jesús, el Redentor, es la segunda Persona de la Deidad, quien se encarnó, tomando naturaleza humana, unida a Su naturaleza divina, y llegó a ser así el substituto y representante de todos los seres humanos cuando murió por nosotros.

B. El sacrificio de Jesucristo tuvo efecto primeramente en relación a Dios.

1. Jesucristo murió conforme al plan divino. La Deidad ordenó la manera en que los pecadores pudiesen ser salvos, y Jesucristo llevó a cabo aquel plan. "Dios estaba en Cristo reconciliando consigo al mundo". "Agradó al Padre ... por medio de él reconciliar consigo todas las cosas".

2. Su sacrificio fue expiatorio, y propiciatorio. Mediante dicho sacrifico la ira de Dios fue ablandada, las demandas de la justicia divina están satisfechas, y la misericordia de Dios puede así manifestarse libremente. "La misericordia de Dios y la verdad se encontraron; la justicia y la paz se besaron" (Sal. 85:10). La vida que Jesucristo derramó fue el precio del rescate que nos libra de las cadenas de la condenación de la justicia divina.

C. El sacrificio del Señor obró abundantemente a favor del hombre.

1. Al ser vicario, esto es, que hubo una substitución, el hombre que lo acepta queda libre de la pena. La justicia no demandará que sea pagada otra vez.

2. Su sacrificio trae paz en la conciencia del creyente porque abarcó una obra penal, esto es, satisfizo completamente las demandas de la justicia divina.

Lección 12
El sacrificio de Jesucristo

El Señor Jesucristo dijo que Su sangre fue derramada para la remisión de pecados. Mateo y Marcos, en el relato de la institución de la Cena del Señor, no mencionan ninguna referencia a Su muerte cuando hablan del pan, pero dicen que, al tomar la copa el Señor dijo: "Esto es mi sangre del nuevo pacto (Testamento), que por muchos es derramada para remisión de los pecados" (Mt. 26:28). El apóstol Pablo no hace referencia a estas palabras que aseveran que la sangre fue derramada por otros; pero sí, nos da las palabras del Señor cuando tomó el pan y dijo: "Este es mi cuerpo, que por vosotros es dado" (Lc. 22:19; 1 Co. 11:24). Sólo el evangelista Lucas presenta al Señor declarando que Su muerte fue para otros, tanto cuando partió el pan como cuando les repartió el vino (Mt. 26:26-28; Mr. 14:22-24; Lc. 22:19-20; 1 Co. 11:23-25).

El Señor nunca enseñó que otro evento o acción de Su vida haya tenido relación con la remisión de pecados. Él dijo ser el buen pastor que da su vida por las ovejas, pero no como un pastor que muere defendiendo a la grey de un enemigo más fuerte que él, sino como uno que lo hace voluntariamente y tomando la iniciativa (Jn. 10:22, 15, 17-18). Él vino para dar Su vida en rescate por muchos (Mr. 10:43-45). Para el judío el rescate era ser redimido, el precio que se pagaba evitaba la destrucción o la muerte (Lv. 25:25-27, 47-49; Nm. 18:15-16; 35:31; Éx. 13:13; 21:29-30; 30:12-16; 34:20).

Antes de seguir con este estudio, le aconsejamos al estudiante que lea en los cuatro Evangelios la narración de la muerte, sepultura y resurrección del Señor Jesús y que repase la lección 20 en el Curso A-5.

A. Jesucristo el Redentor

"Y en ningún otro hay salvación; porque no hay otro nombre bajo el cielo, dado a los hombres, en que podamos ser salvos" (Hch. 4:12). Weymouth traduce este versículo como sigue: "Y en ningún otro se encuentra la grande salvación; porque, de hecho, no hay un segundo nombre bajo del cielo que haya sido dado entre los hombres por medio del cual hemos de ser salvos". Y el hecho es que casi dos mil años de historia, corroboran la verdad de estas palabras.

Es verdad que varios otros nombres han sido presentados al mundo, como el de Su madre María, o el del apóstol que dijo lo arriba citado (Pedro), pero la salvación ofrecida en dichos nombres no es digna de ser comparada con aquella que Jesucristo promete a los que creen en Su nombre. Hoy en día hay miles de personas, que antes confiaban en otros nombres o en pretendidos redentores humanos, que han oído la Palabra de perdón en Jesucristo, se han arrepentido de su incredulidad, y han puesto su confianza en el único redentor Divino, recibiendo una nueva vida en Él.

Básico para la consideración de la obra de la expiación, es el reconocer que estamos enfocando en la obra de Dios mismo, y no en algún producto del hombre. Primeramente, es importante volver a insistir en la deidad de Jesucristo, esto es, que Él es el Dios eterno, igual al Padre y al Espíritu Santo. Luego, conviene repasar la historia del universo para ver la relación que Jesucristo siempre ha tenido con la humanidad que rescató.

El Señor Jesús, la segunda Persona de la Deidad, es el creador del universo (Jn. 1:3; He. 1:2; Col. 1:16); también es tanto Su sustentador como Su heredero (He. 1:2-3). Lo creó para que expresara las perfecciones de Dios (Ro. 1:20). Lo sostiene por Su presencia y Su poder, y por supuesto que este universo incluye la humanidad. Por cierto, Él no es parte del universo, como enseña el panteísta, ya que Él es antecedente y trascendente. Nos hizo según Su imagen y escribió Sus leyes en nuestros corazones. Jesucristo es la luz que alumbra a todo hombre que viene a este mundo (Jn. 1:9). Aun la vida física y la inteligencia la recibe cada persona por medio de lo que ha recibido de Jesucristo (Jn. 1:3-4; Hch. 17:28; Col. 2:10). Las leyes de la naturaleza, la providencia y los ángeles han sido sólo instrumentos en Sus manos para llevar a cabo el plan soberano de la Deidad para con este mundo. Él es quien ha establecido en la conciencia humana la convicción de que Dios es santo (por lo tanto el hombre tiene que seguir la justicia si quiere ser verdaderamente feliz), y que el pecado trae, tarde o temprano, dolor y sufrimiento.

Ya hemos visto que en la conferencia que mantuvo la Deidad entre sí, cuando se decidió crear al hombre a la imagen divina, Jesucristo mismo se ofreció como fiador, o como aquel que respondería por el hombre. Sabiendo que el hombre caería en pecado y condenación, se hizo responsable por la obra de la salvación, y así fue llamado "el Cordero inmolado desde antes de la fundación del mundo" (Sal. 68:19; Is. 63:9). Los judíos ofrecían los sacrificios para expiar los pecados ceremoniales y los no intencionales, y tenían el día de la expiación que servía para cubrir todos sus pecados. Estos sacrificios, sin embargo, fueron inadecuados. Ya que les recordaban sus culpas y les recordaban las promesas de una santidad real futura por medio del Siervo de Jehová quien iba a llevar en Su cuerpo los pecados de todos para siempre. La sangre de animales no bastaba para quitar el pecado, pues tenían que repetirse a diario.

Cuando el Hijo de Dios se encarnó, tuvo como propósito la manifestación en el espacio y en el tiempo de sufrimiento eterno de Dios debido al pecado humano. Pero, sin la obra histórica que fue llevada a cabo en el Calvario, los hombres jamás hubieran podido comprender el sufrimiento de Dios durante las edades. La Segunda Persona de la Deidad tomó forma humana, sin dejar de ser Dios, aunque voluntariamente se limitó en Su manifestación. Fue inocente, santo, sin pecado y sin la obligación ante la ley, puesto que Él era el legislador.

Pero, aunque personalmente fue inocente, fue judicialmente "contado" con los malos, oficialmente "hecho pecado" (Lc. 22:37; 2 Co. 5:21). Su juez pronunció su inocencia, pero oficialmente le condenó a muerte. Fue nuestro substituto que se sometió a la ley, obedeciéndola a la perfección. Fue por nosotros que aceptó la condenación, y vicariamente pagó la pena que nosotros merecíamos. Pensando en estas verdades, vemos la razón de por qué la vida de Jesucristo fue tan diferente de lo que se hubiera esperado, pues vemos la maravilla de Dios al descender a vivir entre los hombres.

No sólo Jesucristo vivió sin palacios, ni riquezas y comodidades, sino que experimentó una pobreza extrema, pues en Lucas 9:58 dice que no tuvo donde reclinar la cabeza, en tanto que las aves y las zorras gozaban de mejores comodidades. Además, fue aborrecido, despreciado, maltratado y perseguido con tanta persistencia que agravó mucho el sufrimiento del Señor (Lc. 4:29; 11:15-16; 20:19-20; Jn. 15:18-20, etc.). Nos preguntamos, ¿cómo pudo el Padre permitir ésto? Porque Su Hijo vino expresamente para llevar el peso de nuestros pecados y triunfar así sobre todo mal, y salvarnos. Así, nuestro Redentor aprendió la obediencia y fue preparado para ser nuestro Pontífice, el cual fue tentado y en todo según nuestro semejante, pero perfecto y siempre triunfante, y poderoso para socorrernos e interceder por nosotros. Como nuestro substituto, el Redentor llegó a ser el postrer Adán, Cabeza de una raza redimida.

B. El sacrificio de Jesucristo en Su relación con Dios

1. El sacrificio de Cristo fue hecho conforme al plan y pacto divinos. "A quien Dios puso como propiciación" (Ro. 3:25); "Jehová quiso quebrantarlo" (Is. 53:10); "A este entregado por el determinado consejo y anticipado conocimiento de Dios" (Hch. 2:23); "A la verdad, el Hijo del Hombre va según lo que está determinado" (Lc. 22:22). Pero Dios ha cumplido así lo que había antes anunciado por boca de todos sus profetas, que su Cristo había de padecer" (Hch. 3:18; 4:28).

Se ha dicho que Dios no puede contentarse sino con aquello que Él mismo ha ordenado. Parece una manera muy dogmática de expresar la verdad de la soberanía divina, pero no hay duda de que Dios ordenó el sacrificio de Su Hijo en el Calvario y que está contento de haberlo hecho. Es parte del plan eterno de Dios. El Señor Jesús dijo, un poco antes de Su pasión: "Por eso me ama el Padre, porque yo pongo mi vida para volverla a tomar. Nadie me la quita, sino que yo de mí mismo la pongo. Tengo poder para ponerla, y tengo poder para volverla a tomar. Este mandamiento recibí de mi Padre" (Jn. 10:17-18; 17:6, 12; Lc. 22:29; Ef. 1:11; Is. 53:10-11; 42:6; 46:10; Sal. 89:3). En los primeros doce versículos de la Epístola a los Efesios encontramos varias declaraciones profundas acerca de la redención de los escogidos según el propósito del que hace todas las cosas según el designio de Su voluntad. Este es un designio inmutable, que permanecerá (Is. 14:27; Sal. 31:11; Pr. 19:21; He. 6:17). Puesto que es el designio de Dios, incluye hasta los individuos que serán salvos (Ro. 8:28-30; 9:10-13; 11:5).

El nuevo pacto es llamado el mejor pacto, por cuanto tiene mejor mediador, condiciones y promesas, y es mejor porque es perfecto, duradero y final. Fue sellado con mejor sangre, lo cual trajo mejores resultados (He. 8, etc.). Y no nos olvidemos que en este pacto también fue Dios quien tomó la iniciativa e hizo todo.

2. Es un sacrificio propiciatorio. Leemos en Efesios 2:3 que, antes de haber creído en Jesucristo, nosotros "éramos por naturaleza hijos de ira, lo mismo que los demás".

En Juan 3:36 vemos que "El que rehusa creer en el Hijo no verá la vida, sino que la ira de Dios está sobre él". David dice en el Salmo 5:5: "Aborreces a todos los que hacen iniquidad". Esta ira de parte de Dios no implica una debilidad o defecto en Su carácter divino, siendo que tal ira es absolutamente justa y legítima. La santidad perfecta no puede sino aborrecer la maldad con la misma intensidad con que ama la justicia (He. 1:9). Hemos visto que Dios exige que cada ser humano le ame todo el tiempo con todas sus fuerzas y con todas sus facultades.

La naturaleza santísima de Dios demanda que Él exija esto al hombre: Él no puede contentarse con menos, porque una componenda sería un reconocimiento del pecado como legítimo, y como teniendo derecho sobre el hombre, por lo menos en parte, lo cual no puede ser. Dios aborrece el pecado porque toda injusticia es contraria a Su carácter, en primer lugar, y también porque destruye al hombre y le lleva hacia la perdición. Si amara el pecado, Dios no sería amigo del hombre. La ira de Dios contra el pecado ha creado una "enemistad" entre Él y Su criatura, a pesar de que Él ama "al mundo" de tal manera que "dio a Su Hijo". Si no fuera por esa condición de enemistad, no hubiera habido la necesidad de una reconciliación por medio de un rescate o una propiciación (Ro. 5:10; Stg. 4:4).

Puesto que el hombre fue el que ha ofendido a su Creador, es el mismo hombre el que tiene que hacer restitución o propiciación, y nos preguntamos: ¿qué es lo que puede hacer para aplacar la justa ira de Dios? Vemos que la condición o precio que debe ser pagado para la reconciliación siempre lo decide la persona ofendida, en este caso, Dios. Puede ser que en el plano humano el ofensor tenga derecho a regatear el precio fijado por el ofendido, pero en el caso de Dios no es así. Él es siempre justo y nunca demanda ni más ni menos de lo que debe ser. Por lo tanto, es muy importante la pregunta: ¿Qué demanda Dios para que el hombre sea reconciliado con Él? ¿Qué constituiría una propiciación completamente adecuada a fin de que el hombre pueda estar delante de Dios, no sólo como si nunca hubiera pecado, sino en la posición de haber cumplido con perfección todo mandamiento?

Hay varios pasajes bíblicos que contestan la pregunta, como Juan 3:16, Romanos 6:23 y muchos más, pero un versículo muy adecuado es Romanos 5:10: "Porque si siendo enemigos, fuimos reconciliados con Dios por la muerte de Su Hijo, mucho más, estando reconciliados, seremos salvos por su vida". El fallo divino es: "La paga del pecado es muerte" (Ro. 6:23), y la única esperanza que tiene el hombre es saber que "Cristo murió por nosotros" (Ro. 5:8). La prueba de que la muerte de Cristo fue una propiciación satisfactoria ante Dios lo encontramos en que Él resucitó. Él fue a la muerte con nuestros pecados sobre Sí como si Él mismo hubiera sido el culpable. Murió y fue sepultado.

Ahora bien, si hubiera permanecido en el lugar de los muertos, nosotros mismos hubiéramos tenido que pagar con la condenación eterna nuestra deuda que teníamos con Dios: pero sabemos que el Padre levantó al Señor Jesús y le puso a Su diestra en el cielo, lo cual nos garantiza que Su sacrificio satisfizo toda demanda de la justicia divina y que somos salvos por Él (Ro. 8:31-34). Así, Dios ahora puede ser propicio a nosotros, puede mostrarnos Su gracia (1 Jn. 2:2), el Cordero inmolado ha prevalecido (Ap. 5). La justa ira divina ha sido aplacada, el ofendido ha sido vindicado, y el camino abierto para que se manifestara Su amor, ya que la justicia fue satisfecha (Ro. 3:15; 2 Co. 5:18, 21; Col. 1:20; He. 2:17; Nm. 16:46-48; Job 42:7-9). La propiciación tuvo por objeto a Dios y no al hombre, y no es que hubo cambio en el carácter mismo de Dios, sino más bien en Su actitud hacia la humanidad una vez que Su santidad lo permitía.

Hay otros pasajes que hablan del sacrificio de Jesucristo como el pago por un rescate, mediante Su sangre derramada (Mt. 20:28; Hch. 20:28; 1 Co. 6:19-20; Gá. 3:13; 1 Ti. 2:6; 1 P. 1:18-19). El cual se dio a sí mismo en rescate por todos" (1 Ti. 2:6). Rescatar es la acción de volver a comprar lo que se perdió o de librar, ya sea una deuda, o una esclavitud. El hombre legalmente pertenece a Dios, pero se ha rebelado contra Él, rehusándole obediencia y lealtad. Esto queda, entonces, como una cuenta que el hombre debe pagar a Dios. La justicia divina reclama del hombre que reconozca su deuda. Un precio del rescate tiene que ser pagado a Dios para librarle de las demandas de la justicia divina. Mientras tanto, hasta que sea rescatado, el pecador queda preso en la justicia divina. El diablo es nada más que el carcelero, bajo la autoridad de Dios y no tiene ningún reclamo contra el hombre, quien no le debe nada a él. Al satisfacerle las demandas de la justicia divina (no las del diablo), el preso sale libre, siendo así rescatado.

Algunos cristianos no saben que el antiguo carcelero no tiene ningún poder ni derecho sobre sus vidas, y todavía le tienen miedo (Ro. 6:12-14; 2 Ti. 2:26). Otros pasajes prueban que Dios puede emplear a Satanás para perfeccionar la santificación en los cristianos (1 Ti. 1:20; 1 Co. 5:5).

Los socinianos y los unitarios objetan esto, los cuales rechazan la verdad de la Trinidad, diciendo que Jesús de Nazaret es una criatura no más, y niegan que puede haber tal cosa como la ira vindicadora de Dios, la cual demanda ser aplacada por medio de sangre; dicen que tal idea opaca el atributo divino de la misericordia; alegan que la justicia no puede restringir la misericordia hasta que las demandas quedan satisfechas por cuanto Dios no necesita una influencia exterior para ser movido a tener misericordia. Pero la verdad es que Dios fue propiciado, no por un ser extraño, sino por Su Hijo unigénito (1 Jn. 2:2; 4:10).

El acreedor y el salvador son un mismo ser, aunque dos personas. Cuando el Hijo se entregó para ser sacrificado, sufriendo por nosotros, el Padre también tomó parte en el sufrimiento, entregando a Su Hijo a la muerte (Jn. 3:16; Ro. 5:8; 8:32). El Espíritu Santo también estuvo presente cuando Cristo se ofreció a Dios (He. 9:14). Ninguna de las tres Personas de la Deidad, aun cuando es una obra oficial, obra independientemente o exclusivamente de las otras Personas.

C. El sacrificio de Jesucristo y Su relación con el hombre

¿Qué provisión hizo el sacrificio de Cristo para la pobre humanidad? y, ¿qué efecto tuvo éste sobre ella?

1. El sacrificio de Jesucristo fue vicario. Esto quiere decir que la satisfacción de la justicia divina fue efectuada para otros, y no para sí mismo. Fue una obra substitutoria, pues Jesucristo sufrió en lugar de aquellos que redimió. Si Dios no tuviera otro atributo sino sólo Su justicia retributiva, toda la raza humana hubiera perecido para siempre. Pero Dios es también misericordioso, y por el amor que tiene para con los hombres permitió la substitución, hasta proveer el Substituto perfecto.

Veamos algunas referencias entre la redención personal y la vicaria:

a. La primera es efectuada por aquel que ofendió; la segunda por aquel que fue ofendido: "El cual se dio a sí mismo en rescate por todos" (Ti. 2:13-14).

b. Según Romanos 5:11, vemos que en la redención vicaria el culpable recibe la reconciliación, no la ofrece; mientras en la redención personal tendría que dar, y no recibir.

c. La redención personal es contraria, opuesta, incompatible con la misericordia, mientras que la redención vicaria es la forma más alta de misericordia. Cuando el pecador impenitente insiste en satisfacer por sí mismo las demandas de la justicia divina por medio de Su propia muerte eterna, es claro que experimentará la justicia sin la misericordia; pero si acepta el hecho de que Dios satisfizo la ley en su lugar, experimentaría la misericordia en su forma más maravillosa.

d. La redención personal es incompatible con la vida eterna del pecado; mientras que la redención vicaria la obtiene para él. El pecador sufre la pena que se merece por su transgresión, ya que está eternamente perdido, pero cuando Dios encarnado sufre la pena en su lugar, llega a ser eternamente salvado.[1]

El Dr. Berkhof habla del problema que legalmente existe en permitir una substitución en un caso penal. Dice que aunque es común y permisible que una deuda monetaria sea transferida a otra persona sin dificultad alguna, no es lo mismo cuando se trata de una deuda penal. Si alguna persona benévola ofrece pagar la deuda pecuniaria de otro, el pago tiene que ser aceptado, y el deudor queda libre de toda obligación. Pero el caso no es así cuando alguien ofrece sufrir vicariamente por la transgre-

---

[1]Dr. William G. T. Shedd, *Dogmatic Theology* (Grand Rapids, Michigan: Zondervan Pub. House, 1888). II. 383.

sión de otro. Para que sea legal, es preciso que sea expresamente permitido y autorizado por el legislador y juez. El término legal para esto es llamado "relajación", y en relación al culpable es llamado "remisión". El juez puede permitir hacerlo, bajo ciertas condiciones estrictas como:

- que el mismo culpable no esté en condiciones de llevar la pena hasta cumplirla, de manera que un resultado justo y satisfactorio resulte al final;
- que la transferencia o imputación no afecte los derechos y privilegios de otras personas inocentes, no les cause sufrimiento o privaciones;
- que la persona que se ofrece para sufrir la pena no esté bajo ninguna obligación ante la justicia, ni deba sus servicios al gobierno;
- que el culpable tenga conocimiento de su culpabilidad y del hecho de que el substituto está sufriendo en su lugar.

Es claro que dicha transferencia de pena es muy rara entre los hombres. Pero se han dado algunos casos en que un hijo ha ido a prisión en lugar de un padre anciano y enfermo. En el caso de Jesucristo que sufrió por los impíos, se cumplieron todas las condiciones y no hubo nada de injusticia. El Señor Jesús vino al mundo y se encarnó a propósito para ser nuestro representante y substituto, cumpliendo en Su vida la ley de justicia que nosotros debíamos haber cumplido para recibir la vida eterna, y sufrió en nuestro lugar la pena de muerte que merecíamos como pecadores.

Nuestros pecados (no la contaminación de ellos ni su comisión, sino la culpa que requiere castigo) fueron puestos sobre Jesucristo, imputados a Él, y cargados por Él, fin de que nosotros fuésemos librados de la obligación de pagarlos. La justicia divina no puede demandar que sean pagados dos veces (Is. 53:6, 12; Jn. 1:29; 2 Co. 5:21; Gá. 3:13; He. 9:28; 1 P. 2:24).

El estudio de la doctrina de la expiación nos lleva a pasajes bíblicos que dependen de la interpretación de tres preposiciones griegas que son: "huber": "peri" y "antí", los cuales corresponden a las preposiciones "por" y "para" en castellano. Afortunadamente, una consideración de los pasajes en su contexto nos aclara el sentido, esto es, si quieren decir "a favor de" o "en lugar de" o "a causa de". Por ejemplo, en la Versión Cipriano de Valera, Romanos 4:25 dice: "El cual fue entregado por nuestros delitos, y resucitado para nuestra justificación". La Versión Moderna dice así: "El cual fue entregado a causa de nuestras transgresiones, y fue resucitado para nuestra justificación". Cristo murió por (en lugar de) nosotros, y Cristo murió para (a causa de) nuestras ofensas", o "a favor de" nosotros, y también "en lugar de" nosotros.

En Gálatas 3:13, 2 Corintios 5:15 y Juan 11:50 ciertamente "por" significa "en lugar de", esto es, como verdadero substituto, y no simplemente "a favor de", o sea, para influir en nuestro ánimo con el fin de que sigamos Su ejemplo (véase en Mt. 2:22; 4:38; 20:28; Mr. 10:45). ¿Qué otro significado lógico pudiera darse a 1 Timoteo 2:6? ¿Si el "por" en la primera cláusula de 2 Corintios 5:15 no quiere decir "en lugar de", qué fuerza o aplicación tendrá el resto del versículo? (Véase además Lc. 22:19-20; Jn. 6:51; 15:13; Ro. 5:6-8; 8:32; 2 Co. 5:20-21; Ef. 5:2, 25; He. 2:9; 1 P. 3:18).

Jesucristo fue nuestro substituto, nuestro vicario. La redención vicaria de Cristo es, a los ojos de Dios, lo mismo que la redención personal del creyente.

2. El sacrificio de Jesucristo obra paz en la conciencia del creyente. "¿Cuánto más la sangre de Cristo ... limpiará vuestras conciencias de obras muertas para que sirváis al Dios vivo?" (He. 9:14). Justificados, pues, por la fe, tenemos paz para con Dios por medio de nuestro Señor Jesucristo" (Ro. 5:1). Porque Él es nuestra paz" (Ef. 2:13-14). Estas cosas os he hablado para que en mí tengáis paz" (Jn. 16:33).

El Dr. Shedd dice: "La conciencia humana es el espejo y el índice del atributo divino de la justicia. Los dos están correlacionados, así que lo que demanda la justicia de Dios, también lo demanda la conciencia del hombre. 'Nada', dice Mateo Henry: 'puede satisfacer o dar paz a la conciencia ofendida, sino aquello que satisface al Dios ofendido'.

"La paz de que goza el creyente en la redención de Cristo, y que es prometida por el Redentor a todo creyente, es la experiencia subjetiva en el hombre que corresponde a la reconciliación objetiva en cuanto a Dios. La paz en la conciencia humana es la consecuencia de que la justicia divina ha sido satisfecha. Esto es un hecho consumado. 'Jesucristo el justo ... es la propiciación por nuestros pecados' (1 Jn. 2:1-2). El mismo momento en que una persona cree que la divina justicia está satisfecha, su conciencia está en paz."[2]

Repetimos que esta paz que siente el hombre (que es el efecto subjetivo de la muerte de Cristo) no es lo más importante. No habría tal efecto a menos que hubiera habido antes la reconciliación o propiciación de Dios (el efecto objetivo). Sin embargo, la paz que viene como

[2] *Ibid.* p. 409.

consecuencia de la reconciliación es un resultado vital del sacrificio del Hijo de Dios. Sabemos que la gran mayoría de los incrédulos se ríen de la idea de que el hombre puede estar consciente de haber tenido una experiencia espiritual, de haber tenido un "contacto" directo con Dios. Pero la Biblia dice: "Porque la palabra de la cruz es locura a los que se pierden; pero a los que se salvan, esto es a nosotros, es poder de Dios" (1 Co. 1:18-31). Pero el hombre natural no percibe las cosas que son del Espíritu de Dios, porque para él son locura, y no las puede entender, porque se han de discernir espiritualmente. En cambio el espiritual juzga todas las cosas; pero él no es juzgado de nadie" (1 Co. 2:14-15).

Con esto no queremos decir que cada persona, al convertirse a Cristo, debe tener una experiencia física (como bailar, gritar o brincar), ni que todos deben tener las mismas experiencias espirituales, sino que quiere decir que el sacrificio de Cristo fue una obra penal, que realmente efectuó la remisión de nuestros pecados, y que cuando el pecador pone su confianza en Jesucristo, en el acto es salvado. Por esto escribió el apóstol Pedro que: "somos rescatados ... con la sangre preciosa de Cristo". Para el cristiano ésta sangre es preciosa por ser poderosa, pura, peculiar (única, no hay otra igual). Es la misma "sangre de Dios", "La Iglesia del Señor, la cual Él ganó por Su propia sangre" (Hch. 20:28).

Repaso de la lección

1. ¿Qué relación tuvo Jesucristo con la humanidad que le capacitó ser su substituto?
2. ¿Cómo se explica que un Dios de amor puede tener una ira que necesite propiciación?
3. ¿A quién fue pagado el precio del rescate por la liberación del pecador?
4. ¿Por qué Dios no pudo olvidarse de la culpa, y perdonar al hombre sin necesidad de que haya un sacrificio?
5. ¿Qué pruebas hay de que el sacrificio de Jesucristo fue vicario?

Lección 13

El alcance de la salvación

Bosquejo

El Señor Jesucristo mandó a que se predicase en Su nombre el arrepentimiento y la remisión de pecados.

A. Introducción a este controvertido tema. Rechazamos el universalismo. Hay dos interpretaciones principales.

B. El calvinismo o la expiación limitada. Enseña que Jesucristo murió sólo por los elegidos, los predestinados por Dios, y que el Espíritu Santo les da a ellos una gracia irresistible, la cual garantiza que ellos se han de arrepentir, creer y ser regenerados. Aquí el énfasis está en la soberanía de Dios.

C. El arminianismo o expiación universal enseña que el sacrificio de Jesucristo fue infinito, que proveyó una satisfacción total para todo el mundo, pero que sus beneficios son sólo para aquellos quienes, en su libre albedrío, aceptan a Jesucristo como Señor y Salvador. El énfasis está en el libre albedrío del hombre.

D. Conciliación de las dos interpretaciones. Los partidarios de ambas confiesan que la oferta de la salvación tiene que ser universal por cuanto Dios no revela a nadie de antemano quiénes son los elegidos. La conciliación más lógica es la que enseña una expiación universal con una redención limitada.

Lección 13

El alcance de la salvación

El Señor Jesucristo dijo: "Y yo, si fuere levantado de la tierra, a todos atraeré a mí mismo" (Jn. 12:32); "Ninguno puede venir a mí, si el Padre que me envió no le trajere" (Jn. 6:44); "Porque de tal manera amó Dios al mundo, que ha dado a Su Hijo unigénito, para que todo aquel que en Él cree, no se pierda, mas tenga vida eterna" (Jn. 3:16); "Así está escrito, y así es necesario que el Cristo padeciese, y resucitase de los muertos al tercer día; y que se predicase en Su nombre el arrepentimiento y el perdón de pecados en todas las naciones" (Lc. 24:46-47); "Os conviene que yo me vaya; porque si no me fuere, el Consolador no vendría a vosotros; mas si me fuere, os lo enviaré. Y cuando Él venga, convencerá al mundo de pecado ... por cuanto no creen en mí" (Jn. 16:7-9). En Su oración en Juan 17 el Señor Jesús oró por Sus discípulos: "los que creen en mí", reconociendo que fue Dios mismo quien se los había "dado", y pidió que fuesen guardados hasta ver la gloria eterna del Salvador.

A. Introducción

Bajo el tema del alcance de la expiación se consideran puntos como la elección, lo cual hace que sea un tema delicado y controversial. Primero rechazamos las interpretaciones que alegan que todo el mundo, es decir, que cada individuo, será salvo, inclusive Satanás, Judas, etc. Este error se llama "universalismo". También rechazamos la idea de que la muerte de Cristo sólo nos abrió el camino para que nos salváramos a nosotros mismos por medio de penitencias, ritos, oraciones y buenas obras, pero sabemos que sólo Jesucristo nos salva. Entre aquellos que creen en la suficiencia de la salvación por medio del Señor Jesús, hay dos interpretaciones acerca del alcance de dicha expiación. Ambas tienen partidarios por millones, aunque sean pocos los que las siguen al pie de la letra.

1. La expiación limitada. Esta interpretación dice que Jesucristo murió sólo por los elegidos, los escogidos, los predestinados, los cuales se salvan por la fe dada por Dios. Por ser elegidos antes de la salvación del mundo, Dios asegura su salvación y les trae a Cristo con gracia irresistible, esto es, Dios les salva irremisiblemente porque Él quiere, y todo se debe a Él.

2. La expiación universal. Según esta interpretación el sacrificio de Jesucristo incluye a todo ser humano, y el pecador, al oír el Evangelio, es el responsable de aceptarlo o no. Dios invita a todos a creer, pero salva a aquellos que creen.

B. El "Calvinismo" extremo, o la expiación limitada

Aclaramos que el Dr. Juan Calvino no enseñó todos estos detalles, sino que sus seguidores han llevado sus enseñanzas a lo que ellos llaman un fin lógico. Principia por decir que antes de la caída (o antes de la creación), Dios escogió a ciertas almas para ser salvas, y a otras rechazó: Las primeras fueron predestinadas para la gloria, y por ser elegidas esto asegura que serán salvas, y allí tenemos a aquellos del tiempo del Antiguo Testamento que esperaban el sacrificio de Cristo mientras que las de nuestra época son salvas por la fe en la obra ya consumada de Cristo.

Ahora consideraremos la doctrina llamada "la depravación total", que quiere decir que desde que Adán pecó toda la humanidad está muerta en el pecado, completamente incapaz de comprender el Evangelio, de arrepentirse, o de creer en Cristo (Jer. 13:23; 17:9; Jn. 6:44, 65; 15:5; Ro. 9:16; 1 Co. 5:21). Por lo tanto, la expiación de Cristo es limitada a los elegidos, según ellos. Se presentan los siguientes argumentos:

1. Cristo pagó el precio de rescate. Por lo tanto, cada persona rescatada tiene que ser salva. Es asunto consumado, el precio ha sido pagado y los escogidos han sido rescatados, sin posibilidad de perderse.

2. La justicia divina. Dios aceptó el precio del rescate de tal manera que cada uno por quien murió Cristo tiene que ser salvo. Dios sería injusto si aceptara el pago que hizo Su Hijo y después hiciera que el pecador pagara con la muerte eterna. Así que Cristo murió sólo por los elegidos.

3. Pasajes bíblicos. Se dice que la expiación de Cristo alcanza sólo a los predestinados y no a todo el mundo: Romanos 11:22; Efesios 5:25; Mateo 7:21-23; 20:28; 2 Timoteo 2:19; Juan 6:37, 44; 10:15-16, 26; 17:9; Hechos 20:28; Hebreos 9:28; Tito 2:14.

4. Refutación de las objeciones.

a. Aunque parecería que Dios sería glorificado más si creyéramos que Su Hijo murió por todo el mundo, debemos poner a un lado nuestro parecer y creer lo que la Biblia dice. No debemos aceptar lo que pueda aparecer superficialmente en unos pocos pasajes, sino escudriñar bien la Palabra (Gá. 1:10; Pr. 2:1-5; 3:6; 23:23; Jn. 5:29; Hch. 17:11; 1 Co. 2:13; 3:19; 8:2; Sal. 25:9).

b. Tener fe en Cristo no es cosa fácil (Mt. 19:25-26; Jn. 5:44; 6:44; Ef. 1:19; 1 P. 4:18). Por lo tanto, no se debe predicar que es muy fácil ser salvo y que cualquiera puede serlo. Esta es una obra que Dios hace (Zac. 9:11; Is. 42:6-7; Sal. 111:9).

c. Juan 3:16. Aquí esta interpretación (que se refiere a una expiación limitada) anula el significado natural y obvio del versículo, llamando la atención al hecho de que la palabra "mundo" no siempre se refiere a todos los seres humanos, sino sólo a una parte (Jn. 15:18 donde se refiere a los incrédulos; Ro. 11:12 que incluye sólo a los creyentes; o Jn. 7:4 y 12:19 que hablan de un grupo pequeño de hombres). Así que

Dios no ama a todas Sus criaturas, sino sólo a los escogidos, y es sólo a ellos que salva. Si amara a los que no creen ni han de creer en Cristo, entonces no permitiría que se pierdan. Aquellos están "sin Dios" (Ef. 2:12). Así que, el amor y la predestinación van unidos (2 Ts. 2:13). Los siguientes versículos demuestran que unos pocos y no todos están incluidos en la palabra "gentiles" o "naciones": Hechos 10:45; 1:18; 15:3.

d. 2 Pedro 3:9. No se debe dividir este versículo citando sólo la última parte. La palabra "ninguno" se refiere a los amados del versículo 8, y a nadie más, y son aquellos que el Señor no quiere que perezcan. La "promesa" de que el Señor no tarda desmedidamente en regresar a la tierra, se refiere a que el último de Sus escogidos no ha sido aún regenerado. (Recuerde que estos son los argumentos de los partidarios de la expiación limitada).

e. Juan 1:29. Juan Bautista, el último de la línea de profetas de los judíos, también limita la palabra "mundo" a los elegidos. El anunciaba una nueva era en la que la verdad de la redención sería predicada a todas las naciones y es obvio que "mundo" se refiere a los elegidos de todas las naciones, no todos los habitantes del globo (Hch. 15:14; Ap. 5:9).

f. 1 Timoteo 2:6. El término "todos" se refiere a toda *clase* de personas: ricos, pobres, hombres, mujeres, viejos, jóvenes, etc., pero no a cada individuo. Como ejemplo del uso de la palabra "todo" en sentido limitado, véanse Marcos 1:5 con Lucas 7:30; Mateo 10:¿2; Juan 3:26; 12:32, donde se enfatiza el hecho de que no se ha limitado a la nación judía solamente.

g. 1 Juan 2:2. Según este versículo se ve que Jesucristo es la propiciación sólo para aquellos para quienes Él es abogado. "Nuestros" pecados, se refiere a los de los judíos; "todo el mundo" habla de los creyentes gentiles. En relación al tiempo, al lugar y al poder, el sacrifico es universal o sin límite, pero la salvación en sí es únicamente para los escogidos en cualquier tiempo o lugar.

h. Lucas 19:41-44. Ellos dicen que Cristo no lloró sobre Jerusalén por amor a las almas perdidas, sino por contemplar la destrucción que vendría sobre la ciudad.

C. La responsabilidad individual o expiación universal

Aquí no se habla de la enseñanza de que el hombre es salvo por sus propias obras (el Pelagianismo). Más bien, se trata de la enseñanza de que Jesucristo murió por todos los hombres sin excepción, pero que son salvos sólo aquellos que ejercen la fe salvadora en el Señor Jesús. Esta es una fe dada por Dios por Su gracia, pero dicha gracia no es irresistible. Aunque toda buena dádiva viene de arriba (Stg. 1:17), sí es posible resistir al dador (Hch. 7:51), de manera que el hombre mantiene a pesar de su depravación, la responsabilidad del libre albedrío. Así que Dios sí conoce, en Su presciencia, quiénes han de creer, pero ese conocimiento no les obliga a creer porque sí.

El hecho de que el juicio del hombre le inclina a creer que Dios ama y quiere salvar a todas Sus criaturas, no garantiza que tal juicio sea erróneo. Jesucristo apeló más de una vez al sentido común de Sus oyentes (Lc. 7:40-43; Mt. 21:28-31, 40-44). Al considerar el significado más sencillo de Juan 3:16, 1 Timoteo 2:6, 1 Juan 2:2 y otros pasajes semejantes, se deduce que el hombre tiene la facultad de escoger a Jesucristo, glorificando así a Dios, dignificando a la vez al hombre y dándole esperanza.

Los argumentos principales presentados por esta interpretación son los siguientes:

1. El sacrificio de Jesucristo fue infinito. En una substitución se debe por lo menos pagar el equivalente de la pena original, si el culpable ha de quedar absuelto y convencido de su perdón. Si es así, surge la pregunta de cómo Jesucristo pudo substituir a muchos.

El Dr. Shedd considera el problema y dice: "El valor de cualquier sufrimiento está determinado por el sujeto total que sufre, no por la naturaleza particular que es el asiento del dolor físico del que sufre. El padecimiento físico de un animal irracional no tiene el mismo valor que tiene el de un hombre, por cuanto la bestia tiene sólo una naturaleza animal, mientras que el hombre tiene una naturaleza animal unida a una racional. Lo sensorial o asiento del dolor físico es el mismo en ambos casos, pero una hora de sufrimiento en el humano, a través de su sensibilidad física, es más fuerte que días de sufrimiento del animal. Cuando la vid y organismo animal sufren en la persona de un hombre, la agonía es humana, aunque racional en alto grado. Tiene la dignidad y grandeza de grado que pertenece al hombre. Pero cuando la vida y organismo animal sufren en un buey o en un perro, la agonía es brutal, irracional, y por lo tanto, inferior en la escala. No tiene el valor de la dignidad que pertenecen a la agonía física del mártir y confesor.

Ahora apliquemos este razonamiento al caso que tenemos por delante: cuando la naturaleza humana sufre en una persona humana ordinaria, el sufrimiento es humano y racional, pero finito. Ningún sufrimiento de un simple hombre puede ser de valor infinito, por cuanto tal sujeto es finito. Lo que un hombre sufre en cualquiera de sus naturalezas, ya sea en el cuerpo o la mente, recibe el valor de toda su personalidad. Medido así, es un sufrimiento limitado. Pero cuando la naturaleza humana sufre en una persona teantrópica (Dios y hombre), el sufrimiento es divino e infinito, debido a la divinidad e infinidad de dicha Persona. El sufrimiento de la naturaleza humana, en este caso, es elevado y dignificado por la unión de la naturaleza humana con la divina, justamente como el sufrimiento de la naturaleza animal en un hombre común es elevado por la unión de la naturaleza animal con la racional.

El sufrimiento de un simple hombre es humano; pero el sufrimiento del Dios-hombre es divino. Sin embargo, la naturaleza divina no es el asiento o centro del sufrimiento en el caso del Dios-hombre. El alma inmaterial del hombre no es quemada cuando él sufre una agonía humana en el martirio; y la esencia impasible de Dios no es la que fue molida y herida cuando Jesucristo sufrió la agonía divina. Por esta causa se dice: "que Jesucristo ha padecido por nosotros en la carne" (1 P. 4:1).

Continúa diciendo: "Se ha objetado que los sufrimientos de Cristo, no siendo sin fin, no pueden ser de igual valor con todos los de toda la humanidad. Pero cuando examinamos cuidadosamente el caso y lo calculamos detenidamente, encontramos que exceden en valor y dignidad los sufrimientos de los que reemplazaron. Los sufrimientos del Dios-hombre durante un cierto límite de tiempo son más exactos y matemáticamente infinitos, que aquellos sufrimientos de la raza humana durante un tiempo sin fin. La así llamada "infinitud" del sufrimiento humano se deriva a lo largo de su duración, y no de la dignidad del que sufre. El sufrimiento sin fin de toda la raza humana sería, por lo tanto, sólo infinito relativamente. Pero el sufrimiento del Dios-hombre obtiene su elemento de infinidad de la Persona y no de la duración, ya que esta Persona es absoluta y no relativamente infinita.

"El sufrimiento de una Persona infinita por una duración finita, es por esta causa, un sufrimiento mayor en grado y dignidad, que el sufrimiento de una multitud de personas finitas por un tiempo sin fin, pero no estrictamente infinito. Dios encarnado es un Ser más grande y mayor como sufridor, que toda la humanidad vista colectivamente; y Su crucifixión involucra mayor culpa por parte de sus perpetradores y un sacrificio más estupendo, de lo que hubiera sido la crucifixión de la familia humana entera."[1]

---

[1]Dr. William G. T. Shedd, *Dogmatic Theology* (Grand Rapids, Michigan: Zondervan Pub. House, 1888). II. 459-461.

2. La salvación pertenece a Jehová: Salmo 3:8. Es verdad que una expiación infinita ha sido efectuada, pero este hecho de por sí no le da al pecador un título legal para recibir sus beneficios. La salvación pertenece a Aquel que la obró hasta que Él la impute a los individuos que Él quiera (Ro. 9:18). El Sr. Owen dice: "El acto de Dios al cargar sobre Cristo nuestros pecados, no nos da derecho a lo que Cristo hizo y sufrió. Esta obra y sufrimiento no son nuestros por virtud propia o transmitidos inmediatamente, ni son estimados como de nuestra pertenencia por cuando Dios ha ordenado otra cosa (esto es, la fe), no como simple antecedente sino como el medio para alcanzarlos."[2]

Desde el hecho de que este es un sacrificio penal y no comercial, no se puede reducir todo al nivel del pago de una deuda simplemente, sino que involucra una deuda moral donde hay dos requisitos para que sea una transacción completa: primero, que el legislador consienta en la substitución y que fije y acepte el pago hecho como propiciación o satisfacción de las demandas de la justicia; y segundo, que el pecador confiese y se arrepienta del pecado por el cual fue hecha la redención, y que tenga la plena confianza en la eficacia de la propiciación.

Así es que, Dios no es injusto cuando un incrédulo muere en sus pecados y recibe el castigo eterno como pago por su deuda, porque está recibiendo lo que merece. El hecho de que se ha efectuado una remisión vicaria más que suficiente para expiar sus pecados, no quita que la justicia castigue individualmente al culpable, a menos que sea posible demostrar que dicho pecador sea el autor de la expiación vicaria.

También se objeta que cuando el pecador es castigado personalmente, la justicia recibe más de lo que merece. Tal exceso es semejante al hecho de agregar un número finito a lo infinito, lo cual no aumenta nada. El sufrimiento de una parte de la humanidad es finito. El sufrimiento del Dios-hombre es infinito, debido a que Su Persona es infinita. De tal manera que, cuando cualquier cantidad de sufrimiento humano es añadido al sufrimiento infinito del Dios-hombre, no hay el menor aumento de valor. La justicia, matemáticamente, no recibe más pena o pago cuando el sufrimiento de los perdidos es agregado al del Señor Jesús (Ro. 5:20).

Un sólo pecador necesita a Jesucristo y Su sacrificio infinito, porque su culpa es infinita. Un millón de pecadores necesitan el mismo sacrificio y nada más. Si un solo hombre hubiera tenido que ser salvo, Cristo hubiera tenido que sufrir y morir tal como lo hizo; y si la raza humana fuera diez veces más numerosa que lo que es, Su muerte también

[2]Owen, citado por *Ibid*, p. 441.

bastaría para su salvación. Una satisfacción infinita cancela una culpa infinita, sea de una persona o de millones.

3. La responsabilidad del insolvente hasta la cancelación total de su deuda. Si un deudor dijera a su acreedor: "El Sr. Fulano, que es muy rico y bondadoso, me dijo que había depositado en el banco el dinero necesario para cancelar mi cuenta", el acreedor con razón podría responder: "Entonces vaya al banco y retire la suma necesaria para cancelar la deuda". Así que, sólo tener dinero en el banco no basta. El deudor tiene que aplicar la suma de rescate a su caso particular. Tal aplicación es el acto a través del cual el pecador deja su pecado, rebeldía e indiferencia, por medio del arrepentimiento, y deposita su confianza en Jesucristo y Su sacrificio vicario, para así redimir y salvar su alma. Este acto no lleva en sí ningún mérito propio como si fuera una buena obra. Una fe grande puesta en otra supuesta salvación tampoco trae ningún beneficio. Es sólo por Cristo, quien ha prometido dar el don de la redención a todo aquel que cree, que la salvación es asegurada por la fe.

Si los predestinados se salvaran porque sí, de manera irresistible, ¿por qué el Espíritu Santo emplea el método de la "locura de la predicación" para salvarles, en ocasiones aun en los últimos momentos de su vida? Y una vez convertido, el predestinado es responsable de el uso que hace de su libre albedrío, de sus obras y de su progreso en la vida cristiana (1 Co. 3:10-15). ¿O diría alguno que los galardones son también fijados de antemano mediante la predestinación?

Ahora bien, el decir que el reconocimiento del libre albedrío humano y la responsabilidad del hombre para decidirse por Cristo, expone el sacrificio infinito de Jesucristo a la posibilidad de un fracaso completo, es un razonamiento humano limitado. En primer lugar, hay que tomar en cuenta los santos del Antiguo Testamento y los apóstoles y discípulos del Señor. Luego, hay que recordar que la presciencia de Dios incluye el futuro, junto con el poder del Espíritu Santo. Cuando Jesucristo dijo: "Sobre esta piedra edificaré mi iglesia" no tuvo que agregar: "Esto es, en caso de que haya en el universo un alma que vaya a creer en mí". Cuando el apóstol Pedro confesó su fe en Cristo, el Señor dijo que era bienaventurado. Así que, en vez de exponer la salvación a un fracaso, le quita límites y abre la puerta a todos los que quieren entrar en ella (Ap. 12:12-17; 19:6; Sal. 68:17).

4. La invitación divina es para que todos crean. El Hijo de Dios dijo: "Venid a mí todos los que estáis trabajados y cargados, y yo os haré descansar" (Mt. 11:28). También dijo: "Y el Espíritu y la esposa dicen: ven. Y el que oye, diga: ven. Y el que tiene sed, venga, y el que quiera tome del agua de la vida gratuitamente" (Ap. 22:17). Es difícil aceptar la interpretación calvinista de las declaraciones e invitaciones que hace el apóstol Pablo en 2 Corintios 5:11-21. Si las invitaciones son sinceras, parece que no es posible reconciliarla con una expiación limitada.

D. Consideraciones e interpretaciones conciliadoras

Hay mucho más en común en estas dos interpretaciones del calvinismo y del arminianismo, de lo que parece en la superficie. Las dos creen que cualquier pecador es salvo sólo cuando se arrepiente y cree en el Señor Jesucristo. Los dos niegan que Dios haya revelado a los predicadores quiénes serán aquellos que han de creer (es decir, los elegidos o los predestinados), y por lo tanto, la oferta de la salvación debe ser universal, tal como lo mandó el Señor (Mt. 28:18-20). Los dos creen que todo aquel que sinceramente pone su confianza en Jesucristo, según las Escrituras, será salvo.

Algunos tratan de conciliar las dos interpretaciones diciendo que Dios predestinó sólo a aquellos que Él sabía iban a ejercer su libre albedrío y creer. Esto atenta contra la soberanía de Dios (Ro. 9:16-24).

Otros buscan una conciliación lógica, distinguiendo entre la expiación y la redención, incluyendo en esta última la aplicación de la obra expiatoria, siendo la primera sólo una provisión de la expiación. Así, al creer en una expiación universal, infinita, ilimitada, suficiente para todos, se constituyen en arminianos. Pero en relación a la redención son calvinistas, pues limitan la aplicación de la expiación sólo a los elegidos. Esto explica el amor de Dios para con todo el mundo y Su deseo de que todos sean salvos, diciendo que Dios no desea que nadie se pierda (Ez. 33:11). La razón de no salvar a todos está escondida en la Deidad.

El Dr. Torrey solía enseñar que: "El pecador ve una puerta abierta con esta invitación escrita por fuera: 'El que quiere venga'; y la persona al creer en Cristo y entrar por la Puerta, mira por el lado interior de la misma, y ve un letrero que dice: 'Escogido en Cristo desde antes de la fundación del mundo'."

Muchos dicen que: "El sacrificio de Jesucristo fue suficiente para todos, pero es sólo eficaz para los escogidos".

Para otros les satisface expresar su concepto de la verdad de esta manera: "Jesucristo murió por cada pecador; murió por aquellos que creen en Él". Con esto quieren decir que no murió en lugar de la persona, es decir, que Su muerte y los méritos que le acompañan, no le son imputados, hasta que el individuo realmente confía en Cristo.

Otros dicen: "No puedo demostrarlo por razonamientos ni por lógica, pero no creo en una expiación limitada. No creo que mi Señor murió por algunos, aunque sé que no todos serán salvos."

En relación a la predicación del Evangelio, el calvinista predica con entusiasmo porque cree que Dios ha predestinado a algunos para la salvación por medio de la fe en la Palabra de Dios. El arminiano predica con entusiasmo porque cree que la invitación divina a todos es sincera. Como Pablo dice: "persuado a los hombres", y les asegura que todo aquel que se arrepiente y cree en Jesucristo como Señor y Salvador, será salvo, sin afanarse pensando en la cuestión de que si fue uno de los escogidos. Nos conviene obedecer las instrucciones de Pablo que dice: "Que prediques la palabra; que instes a tiempo y fuera de tiempo; redarguye, reprende, exhorta con toda paciencia y doctrina" (2 Ti. 4:2).

La conclusión práctica de todo esto es que cada cristiano está autorizado a decirle a su vecino que Jesucristo murió para salvar a los pecadores; si se entrega a Él con plena confianza de que Dios le salvará, en verdad será salvo, sin pensar si fue o no elegido, predestinado, calvinista o arminiano. Dios se encargará de la elección sin ayuda de nuestra parte. Después de todo, el verdadero punto de controversia es: ¿Cuál fue la intención de Dios, que Cristo muriera por todos, o sólo por los Suyos? Esta intención está escondida en Dios donde tenemos que dejarla.

Repaso de la lección

1. ¿Qué reconciliación hay entre Juan 6:44 y Juan 12:32?
2. Plantee el problema de las dos interpretaciones del alcance de la expiación.
3. Cite los versículos de la Biblia que apoyan mejor la interpretación de una expiación limitada.
4. ¿Cuál es la base para creer en una expiación universal?
5. ¿De qué manera se puede tratar de reconciliar los dos interpretaciones?
6. ¿Cuántos puntos tienen en común las dos creencias?

Lección 14

El arrepentimiento

Bosquejo

El Señor Jesucristo predicó el arrepentimiento y mandó a Sus discípulos también a predicarlo.

A. Observaciones introductorias acerca del arrepentimiento y la fe las cuales están relacionadas y son interdependientes. Aunque lógicamente se puede decir que el arrepentimiento precede a la fe, en la experiencia es diferente. Algunos están conscientes de haber creído primero antes de sentir un profundo pesar por el pecado, mientras que otros pasan por un largo tiempo de angustia antes de creer.

B. Lo que es el arrepentimiento. Es el dolor interior, producido por Dios, que obra un cambio en el ser, demandando que uno le dé las espaldas al pecado y mire y camine hacia Dios. Es el escoger negarse a sí mismo para dedicarse a Dios; es un cambio radical operado por el Espíritu Santo. Señales de la impenitencia.

C. La necesidad del arrepentimiento: fue predicado por Dios, Jesucristo y los apóstoles.

D. Quiénes deben arrepentirse: todos.

E. Fuentes del arrepentimiento

F. El tiempo para arrepentirse es ahora mismo.

G. De qué hay que arrepentirse: de todo lo que estorba para llegar a Cristo y tener comunión con Él.

H. Resultados y frutos del arrepentimiento: conduce a la fe y a la transformación de la vida.

Nota: Dios no se arrepiente en la misma manera que el hombre lo hace, ya que Su carácter nunca cambia y es perfecto. Lo que cambia es Su trato con el hombre, no por reconocer que había hecho mal o que no pensó bien; sino que el hombre al arrepentirse o al endurecer su corazón, causa una diferencia en su relación con Dios. Muchas de las promesas y advertencias de Dios contienen una provisión o condición para que se cumplan, a veces en forma expresa y otras veces en forma sobreentendida. En el caso de Nínive se ve que aun los "paganos" sobreentendieron la condición del arrepentimiento para que Dios no llevara a cabo el castigo.

Lección 14

El arrepentimiento

El Señor Jesucristo predicó en Galilea: "Arrepentíos, y creed en el evangelio" (Mr. 1:15). En Lucas 14:26-33 leemos de la necesidad que hay de una nueva estimación de lo que es de valor supremo en la vida: el aborrecer (en comparación) con lo que antes amábamos: "Si alguno viene a mí, y no aborrece a su padre, y madre, y mujer, e hijos, y hermanos, y hermanas, y aun también su propia vida, no puede ser mi discípulo.... Cualquiera de vosotros que no renuncia a todo lo que posee, no puede ser mi discípulo". Para seguir a Cristo hay que dar las espaldas, por decirlo así, a la vida anterior.

En Mateo 4:17 leemos: "Desde entonces comenzó Jesús a predicar, y a decir: Arrepentíos, porque el reino de los cielos se ha acercado". Ciertamente la necesidad e importancia del arrepentimiento lo vemos en Lucas 13:3, 5: "Os digo: No; antes si no os arrepentís, todos pereceréis igualmente". El Señor también puso Su sello de aprobación a la predicación del arrepentimiento por Juan Bautista (Mt. 21:32). Además, Jesús mandó a Sus discípulos a predicar el arrepentimiento en todas las naciones (Lc. 24:47).

A. Observaciones introductorias

Hay varias maneras de considerar las partes subsiguientes de la doctrina de la salvación. El orden en que se estudien puede variar mucho, pero en todo caso el estudiante debe recordar que los pasos en la apropiación, junto con los resultados de su recibimiento, son en sí una misma obra, y no pueden ser separados, porque no son independientes. La obra divina de la regeneración, por ejemplo, es en lo íntimo e interior del hombre, ya que es una obra efectuada por el Espíritu de Dios y se ejecuta sin que el hombre participe en su operación. Por otro lado, la conversión mediante el arrepentimiento y la fe son una obra exterior, tanto como interior, y es efectuada por el hombre obrando de manera consciente juntamente con el Espíritu Santo. Vemos entonces, que estos hechos están tan unidos entre sí, que las Escrituras suelen usar uno de los términos para designar el todo (Hch. 2:38; 16:31, etc.).

Wiley y Culbertson dicen en su obra: *Introducción a la Teología Cristiana*: "Como condiciones de salvación, el arrepentimiento hacia Dios y la fe en nuestro Señor Jesucristo están siempre unidos. Ambos proceden de la gracia preveniente, sólo que se diferencian en ésto, que la fe que salva es el instrumento así como la condición de salvación. La fe, por tanto, fluye de la gracia y sigue al arrepentimiento. Es por esta razón que se declara frecuentemente que la fe es la única condición de salvación, y que el arrepentimiento es la condición de la fe. Ambos son introductorios al estado de la salvación, pero la fe salvadora es ella sola, el punto de transición por el que la convicción pasa a la salvación."[1]

A veces se discute acerca del orden en que uno experimentó en su conciencia el arrepentimiento y la fe. ¿Cuál tiene que ser primero? Es claro que cada creyente, al meditar en su propia conversión y al compararla con la de otros, encuentra que las experiencias varían. Por ejemplo, uno pudo haber tenido un largo tiempo de agonía mental por su pecado y considera que el arrepentimiento es primero. Otro tuvo primero la experiencia de oír, comprender y creer el Evangelio, y después le vino un sentimiento profundo de pecado en su propio corazón, al contemplar el sacrificio por el cual fue redimido. Sin embargo, los dos individuos fueron igualmente regenerados. En ambos casos el Espíritu Santo iluminó el entendimiento. El uno fue atraído por el amor y la justicia de Dios al dar a Su Hijo, y el otro se fijó más bien en la maldad de su persona.

He aquí el testimonio de la conversión de un pecador que ilustra la manera en que un hombre confió en Jesucristo antes de sentirse pecador. Él cuenta: "Asistía a los cultos con bastante irregularidad hasta que, por un accidente inesperado, perdí a mi padre. Viendo la tristeza de mi madre y de mis hermanos, sentí mi propia ignorancia acerca de las cosas espirituales y eternas. No tuve ni una sola palabra de consuelo para mis seres queridos y ni aun ninguna base para mí mismo. Empecé a asistir a la iglesia cada Domingo y aun a los cultos de adoración, buscando luz acerca de la vida y de la muerte. Unos siete meses después de la muerte de papá, yo estaba en una pequeña clase bíblica en que la lección se basaba en el capítulo 27 del Evangelio de Mateo, que hablaba de la muerte del Señor Jesucristo. Allí comprendí, sin saber cómo, que Jesucristo era el Hijo de Dios y aprendí que había muerto por mí. Supe que era pecador, pero no sentí conscientemente el peso o la enormidad de mis pecados en aquella hora. Sólo decía para mí mismo: 'Si Él murió

---

[1]Wiley y Culbertson, *Introducción a la teología Cristiana* (Kansas City, Missouri: Beacon Hill Press, 1943). p. 296.

para salvarme, sería injusto y tonto en no hacer mi parte y aceptar la salvación que se ofrece'. Sin hacer la menor manifestación delante de los demás, incliné mi cabeza e hice mi primera oración a Dios, y acepté a Cristo como mi Salvador. Poco a poco fui sintiendo un gozo y alivio en mi espíritu y cuando salí de la clase me parecía que estaba más liviano, como que no andaba sino que volaba. Días después, en el trabajo, casa o cama, al meditar en el sacrificio del Señor Jesús, no pude menos que llorar porque supe con certeza que fueron mis pecados los que hicieron necesario el sacrificio de la vida del Hijo de Dios."

Ciertamente la fe está unida estrechamente con el arrepentimiento. El orden en que se suceden no cambia en nada la realidad de la conversión, esto es, el hecho de que el arrepentimiento sea antes de creer en Cristo o después. Serán contadas las personas que duden de la sinceridad de la conversión citada sólo por cuanto la persona no lloró por sus pecados antes de creer en vez de hacerlo después. Un error común de muchos cristianos es el insistir en que toda conversión debería seguir exactamente los pasos de su propia experiencia. Pero el hecho es que el Espíritu Santo no obra así, como una máquina, sino como una Persona, y usa para cada individuo el método más apto para atraerlo a la fe salvadora.

B. ¿Qué es el arrepentimiento?

"Porque aunque os contristé con la carta, no me pesa, aunque entonces lo lamenté; porque veo que aquella carta, aunque por algún tiempo, os contristó. Ahora me gozo, no porque hayáis sido contristados, sino porque fuisteis contristados para arrepentimiento; porque habéis sido contristados según Dios, para que ninguna pérdida padecieseis por nuestra parte. Porque la tristeza que es según Dios produce arrepentimiento para salvación, de que no hay que arrepentirse; pero la tristeza del mundo produce muerte. Porque he aquí, esto mismo de que hayáis sido contristados según Dios, ¡qué solicitud produjo en vosotros, qué defensa, qué indignación, qué temor, qué ardiente afecto, qué celo, y qué vindicación! En todo os habéis mostrado limpios en el asunto" (2 Co. 7:8-11).

El arrepentimiento no es un simple dolor o pesar, aunque hay una relación íntima entre los dos. El dolor o pesar del mundo no mira hacia Dios sino hacia la vergüenza o el castigo, o alguna otra manifestación del yo propio, y termina así con la muerte. En el remordimiento en sí no hay fe, ni esperanza, ni salvación. Ese fue el caso de Judas. Pero el pesar que es según Dios obra un arrepentimiento que produce el fruto de un cambio en el pensar y en el obrar. Este arrepentimiento tiene que ver con nuestra actitud hacia Dios, y no es completa hasta que termina con la fe puesta en Jesucristo, según las Escrituras.

1. El arrepentimiento en el Antiguo Testamento. La palabra en el hebreo traducida como "arrepentirse" o "arrepentimiento", es generalmente "nachan", que tiene varios significados, como: gemir, sentir, lamentar, arrepentirse, tener lástima, etc. Otra palabra quiere decir volver, dar vuelta. El contexto es el que determina el uso de la palabra, y generalmente no es difícil distinguirlo. Ya se ha discutido en el Curso 1-5 cómo dice según la Biblia que Dios no es hombre para que se arrepienta, mientras en otro lugar declara que se arrepintió del mal que pensaba hacer y no lo hizo. Pero en ningún caso esto quiere decir un cambio en el carácter de Dios. El estudiante que desea comparar entre sí las declaraciones referidas, debe estudiar bien cada pasaje, para convencerse de que Dios sólo cambió Su trato con los hombres cuando ellos cambiaron su disposición o comportamiento (Gn. 6:6-7; Éx. 32:12, 14; Dt. 32:36; Jue. 2:18; 1 S. 15:11,35; 2 S. 24:16; 1 Cr. 21:15; Sal. 90:13; 106:45; 135:14; Jon. 3:9-10; 4:2; Am. 7:3, 6, junto con Nm. 23:19; Sal. 110:4; Jer. 4:28; 20:16; Ez. 24:14; y Zac. 8:14).

Dios sintió y lamentó la desobediencia de Su pueblo; se gozó en su arrepentimiento y cuando regresaban a Él; Dios les trató conforme lo exigía Su santidad. Los profetas llamaron al pueblo para dejar sus malos caminos y volverse a Jehová (Is. 55:6-7; Ez. 33:11). Algunos escucharon (2 R. 5:15; 2 Cr. 33:12-13).

2. El arrepentimiento en el Nuevo Testamento. Hay dos palabras principales en el griego que son traducidas como "arrepentirse": "metanoeo" y "metamelomai". Según Trench, metanoeo quiere decir en el griego clásico:

- conocimiento posterior;
- cambiar la mente como resultado de este conocimiento posterior;
- como consecuencia de este cambio de mente, lamentar la acción cometida; y
- un cambio de conducta hacia el futuro, que procede de todo lo antes dicho.

Quiere decir, entonces, un cambio de elección, propósito, intención, en conformidad con su segunda y más racional reflexión sobre lo hecho. Expresa, según el arrepentimiento evangélico, el acto de dar vuelta, un cambio de corazón o de la preferencia imperante del alma, inclinándola hacia Dios en vez de hacia sí mismo.

La segunda palabra, metamelomai, significa: "cuidar; tener cuidado de, o llegar a ser una carga a uno más tarde". Se usa para expresar el estado de sensibilidad, como el pesar, el remordimiento, el lamentarse por el pecado, etc. A veces expresa un cambio de propósito como consecuencia de tal sensibilidad, como en Mateo 21:29: "Respondiendo él, dijo: No quiero; pero después, arrepentido, fue".

a. El intelecto. El arrepentimiento tiene, por lo tanto, un elemento intelectual y otro de la sensibilidad, pero si eso fuera todo, no llegaría a ser el "arrepentimiento para con Dios" (Hch. 20:21). Como vimos, el pecado consiste en la inclinación del ser entero hacia el yo propio, o sea una consagración al egoísmo, mientras que el arrepentimiento verdadero es el reconocimiento de tal actitud e inclinación. Junto con la fe, el arrepentimiento obra aquella conversión en la cual el ser entero condena el pecado en todas sus formas y estados, y se vuelve a Dios para consagrarse a Él.

La actitud del intelecto en el arrepentimiento hacia Dios incluye:

1) un conocimiento del pecado (Ro. 3:20), es decir, reconocer que todo egoísmo e interés propio es pecado, y que no es correcto haber vivido así en el pasado;

2) aplicar a la vida propia esta verdad, y en consecuencia recibir la convicción de pecado y culpa, un sentido de pena y de condenación propia, junto con la justificación que viene de Dios, de Su ley, de Su gobierno y providencia;

3) una comprensión de la naturaleza del pecado como un estado irrazonable de la mente y del corazón, que merece la ira de Dios;

4) una convicción de que Dios tiene toda la razón y el pecador ninguna, abandonando así toda excusa o esfuerzo para justificar los pecados, entregándose uno mismo a Dios sin reservas, a fin de no tener más controversia con Él.

b. La sensibilidad. La actividad de las emociones o la sensibilidad en el arrepentimiento incluye:

1) pesar por haber pecado (recordando que el pesar sólo no constituye el arrepentimiento);

2) un desprecio de sí mismo considerando la actitud mental mencionada anteriormente;

3) un odio hacia el pecado, en sí mismo y en otros, una indignación santa hacia el pecado, y una oposición manifiesta contra toda forma de iniquidad (Sal. 51:1-14).

c. La voluntad. La actividad más noble e importante en el arrepentimiento es la de la voluntad, e incluye:

1) el abandono de toda oposición a Dios;

2) confesión de pecado a Dios, y según sea el caso, al hombre que se haya ofendido; una disposición a ser estimado según el verdadero mérito o carácter, donde no hay engaño ni subterfugio;

3) una disposición para hacer restitución, hasta donde sea posible, de todo lo adquirido por malos medios o por cualquier daño hecho a otro;

4) y finalmente, una transformación de vida para que la conducta se conforme a las Sagradas Escrituras.

d. La impenitencia. El evangelista Carlos G. Finney nos presenta una lista de 15 características o señales de la impenitencia, las cuales pueden resumirse así:

1) una indiferencia hacia el pecado, una falta de celo en oponerse a él, expresando más bien una complacencia en el mal;

2) una falta de simpatía con Dios y Su gobierno, y por lo tanto, una desconfianza de Sus promesas y fidelidad;

3) una inquietud mental;

4) manifestaciones inequívocas de egoísmo, justificación propia, presentando excusas por los pecados, especialmente por no haber cumplido con el deber;

5) falta de candor o franqueza, con un resentimiento hacia las preguntas escudriñadoras y toda reprensión o corrección;

6) un cambio parcial en la vida, persistiendo en algunos malos hábitos;

7) un espíritu de codicia, que rehusa hacer la restitución debida;

9) no tener compasión para con los pecadores ni interés en atraerles a Cristo;

10) una disposición a la pereza espiritual, sin un vivo interés en esforzarse para que Dios sea glorificado.[2]

A estas cosas se puede agregar: una complacencia o satisfacción engañosa en cuanto a su propia condición espiritual, esto es, sin tener la disposición expresada por Pablo en Filipenses 3:8-14.

Como se puede decir que Dios y el pecado están apuntando en direcciones opuestas, así le es imposible al pecador volverse a Dios sin dar las espaldas al pecado. Pardington describe el arrepentimiento como: "el cambio voluntario en la mente del pecador por el cual se vuelve del

---

[2]Rev. Charles Finney, *Lectures on Systematic Theology* (Whittier, California.: Colporter Kemp. 1946). pp. 370-373.

pecado. Envuelve un cambio en la manera de ver las cosas, un cambio de sentimiento y un cambio de propósitos."[3]

Trench dice que: "Describe aquel cambio profundo por el Espíritu Santo en la mente, el corazón y la vida". Chalmers da esta buena definición: describe aquel cambio profundo y radical a través del cual el pecador se vuelve de los ídolos, del pecado y del yo hacia Dios, y dedica cada movimiento del hombre interior y exterior a llevarlo cautivo a su obediencia" (Job 42:4-6). Es rasgar el corazón más bien que el vestido (Jl. 2:13). Es un reconocimiento de nuestra condición necesitada y desesperada fuera de Jesucristo (Jn. 8:23-24).

C. La necesidad del arrepentimiento

1. Fue predicado por:

- Dios mismo (Ez. 14:6; 18:30-32; Hch. 17:30).
- Los profetas (Jon. 3:4-5; Mt. 12:41; Dn. 4:27: "Rompe con tus pecados").
- Juan Bautista (Mt. 3:2, 8, 11; Lc. 3:3; Jn. 1:6-8, 29; Hch. 13:23-24; 19:4).
- Jesucristo (Mt. 4:17; 11:20; Mr. 1:15; 2:17; Lc. 5:32; 13:3,5).
- Los doce discípulos (Mr. 6:12).
- El apóstol Pedro (Hch. 2:38; 3:19; 8:22).
- El apóstol Pablo (Hch. 17:30; 20:21; 26:20; Ro. 2:4; 2 Co. 7:9-10; 2 Ti. 2:25).
- Es parte de la gran comisión (Lc. 24:47).

2. Dios desea que todos se arrepientan (2 P. 3:9)

D. ¿Quiénes deben arrepentirse?

1. **Israel** (Hch. 5:31).

2. **Judíos y gentiles** (Hch. 20:21; 26:20).

3. **Todas las naciones** (Lc.24:47).

4. **Todos los hombres en todo lugar** (Hch. 17:30; 2 P. 3:9).

5. **La Iglesia** (Ap. 2:4-5, 16, 21-22; 3:3, 19).

El llamado para la Iglesia a arrepentirse es otra prueba de que el arrepentimiento no es solo el gran acto de volverse del pecado, que es el principio de la salvación, sino una actitud constante de toda la vida

---

[3]Dr. Jorge Pardington, *Estudios de doctrina Cristiana* Temuco, Chile: Imprenta Alianza, 1942), p. 253.

cristiana. Es un descontento consigo mismo y una condena de todo pecado de omisión o de comisión. Es un deseo de dejar que el Espíritu Santo ilumine en el andar diario, y a la vez es una mirada a Jesucristo para seguir en el futuro (He. 12:1-2).

E. Las fuentes del arrepentimiento

1. **El don de Dios** (Hch. 11:18; 2 Ti. 2:25).

2. **El don del Cristo exaltado** (Hch. 5:30-31).

3. **La bondad de Dios, que guía el arrepentimiento** (Ro. 2:4).

4. **La predicación de la Palabra por el hombre lleno del Espíritu** (Hch. 2:37-38, 41).

5. **El creer el mensaje de Dios dado por Sus mensajeros** (Jon. 3:4-5).

6. **El pensar según Dios** (2 Co. 7:9-10).

7. **La contemplación de Dios y Su santidad** (Job. 42:5-6).

8. **El castigo** (Ap. 3:19).

F. El tiempo para arrepentirse

Es ahora, mientras hay oportunidad y deseo (Hch. 17:30; He. 3:12-13; Ap.9:20-21; 16:9,11).

G. ¿De qué arrepentirse?

1. De los ídolos y las abominaciones (Ez.14:6; 1 Ts. 1:9). De todo lo que nos puede separar entre uno y la comunión con Jesucristo.

2. De toda maldad, iniquidad y pecado (Ez. 18:30-32; 33:9-20; Jer. 8:6; Hch. 8:22; 2 Co. 12:21).

3. De obras muertas (He. 6:1; 9:14); de todos los esfuerzos humanos para salvarse por méritos propios, despreciando así la salvación perfecta que Jesucristo ofrece de pura gracia.

4. De las vanidades (Hch. 14:15).

5. Del poder de Satanás (Hch. 26:18).

H. Resultados y frutos del arrepentimiento

1. A lo que conduce

a. Conduce a la fe (Mt. 21:32; Mr. 1:15; Hch. 20:21), a la vez que es precedido de cierta fe en la Palabra de Dios y Sus declaraciones acerca de la condición perdida del pecador (Jon. 3:5-8). El arrepentimiento bíblico y la fe andan juntos y son mutuamente dependientes.

b. El arrepentimiento, junto con la fe, produce:

- la remisión de los pecados (Lc. 24:47; Hch. 2:38; 3:19; 5:31);
- el perdón (Lc. 17:3-4);
- la salvación (2 Co. 7:10; Lc. 3:3, 5; Hch. 17:30-31);
- vida (Hch. 11:18);
- es el primer paso para recibir el Espíritu Santo (Hch. 2:38);
- gozo en el cielo (Lc. 15:7, 10);
- conocimiento de la verdad (2 Ti. 2:25).

2. Lo que acompaña al arrepentimiento

a. Humillaca.ión y aborrecimiento de sí mismo (Mt. 11:21; Job 42:5-6; Jon. 3:4-5; Jl. 2:12-13; 2 Cr. 33:11-12);

b. confesión del pecado y oración pidiendo misericordia (2 S. 12:13; 1 R. 8:48-49; Lc. 15:18-21; 18:13; 23:40-42);

c. abandono del pecado (Is. 55:7; Jue. 10:15-16);

d. llanto (Mt. 26:75);

e. el bautismo, como señal externa del arrepentimiento interior (Mt. 3:31; Mr. 1:4; Hch. 2:38; 13:24; 19:4).

3. Frutos del arrepentimiento

a. Frutos dignos del arrepentimiento (Mt. 3:8; Lc. 3:8-14). Esta exigencia fue hecha a los que venían a ser bautizados, a fin de que no representaren por el acto visible del bautismo un cambio de vida que no era real;

b. obras dignas de arrepentimiento (Hch. 26:20).

Repaso de la lección

1. En la conversión, ¿qué viene primero: la fe o el arrepentimiento?
2. ¿Qué versículo de la Biblia explica con claridad lo que es el arrepentimiento?
3. ¿Cuál ilustración o ejemplo bíblico daría para explicar lo que es el arrepentimiento?
4. ¿Es necesario el arrepentimiento para que uno se salve?
5. ¿Cómo puede estar seguro de que su arrepentimiento es correcto?
6. ¿Cuales son los frutos del arrepentimiento que una iglesia debe demandar de un candidato antes de administrarle el bautismo?
7. Explique cómo es que el Dios Omnisciente puede arrepentirse.

Lección 15

La fe

Bosquejo

El Señor Jesucristo exigió el tener fe en Él para recibir la salvación.

A. La importancia de la fe. Sin fe es imposible agradar a Dios. El predicador debe comprender lo que es la fe a fin de que sus mensajes sean usados por Dios para producirla.

B. El creer, tener fe, saber y confiar. Para creer de verdad es necesario saber lo que se ha de creer. La fe es la convicción que se basa en el testimonio y la autoridad; el saber se refiere a lo que se recibe por investigación propia. Cuando la evidencia es objetivamente suficiente, la persona es responsable por su reacción ante la verdad evidenciada.

C. Lo que es la fe. Es lo mismo en ambos Testamentos, aunque el objeto de la fe es aclarado más en el Nuevo. En su raíz significa atar u obligar. Se expresa a través del mirar, comer, beber, venir y recibir. Existe una fe histórica, milagrosa, temporal y salvadora.

D. La actividad de la fe: lo que cree, hace y produce.

Lección 15

La fe

El Señor Jesucristo dijo a los judíos: "Por eso os dije que moriréis en vuestros pecados; porque si no creéis que yo soy, en vuestros pecados morirés" (Jn. 8:24). Para el Salvador constituía un gran error pensar que era de poca importancia lo que uno creía, con tal de ser sincero en su fe; o portarse como un caballero, o algo por el estilo. Aquel que dijo: "Yo soy el camino, y la verdad, y la vida; nadie viene al Padre, sino por mi" (Jn. 16:4), no pudo aceptar ninguna transigencia en el importante asunto de Objeto de la fe salvadora. Jesús exigía la fe, y la fe en Él. Él habló del poder de la fe: "Si tuvierais fe como un grano de mostaza, podríais decir a este sicómoro: Desarráigate, y plántate en el mar, y os obedecería"(Lc. 17:6). Añadió: "Si puedes creer, al que cree todo le es posible" (Mt. 9:23).

A. La importancia de la fe

"Pero sin fe es imposible agradar a Dios; porque es necesario que el que se acerca a Dios crea que le hay y que es galardonador de los que le buscan" (He. 11:6). El hecho es que la Biblia no se esfuerza en aprobar la existencia de Dios, sino que declara que es insensato aquel que dice en su corazón que no hay Dios. Cuando Dios reconoció la necesidad de creer en Él sin ver, mostró claramente el lugar que corresponde a la fe en la vida del hombre. Cuando los apóstoles mostraron sorpresa por la rapidez con que la higuera se secó, el Señor les dijo: "Tened fe en Dios" (Mr. 11:22), explicándoles así el secreto de una vida que muestra el poder de Dios. La fe es necesaria para salvarse, para vivir como cristiano y para servir. Y "el que no cree, ya ha sido condenado, porque no ha creído en el nombre del unigénito Hijo de Dios" (Jn. 3:18).

Es importante estudiar lo que la Biblia quiere decir con las palabras "creer" y sus derivados: "fe" y "confiar". Hay varios falsos conceptos acerca de la fe y del objeto de la fe. Algunos dicen que la fe es una forma de especulación, sin relación a una realidad sujeta a prueba, mientras que otros sostienen que la fe verdadera sobrepasa en realidad las cosas percibidas por los sentidos y la razón. Hay aquellos que critican al Ser Supremo por demandar la fe, diciendo que Él debería manifestarse de alguna manera que obligue al hombre a saber, fuera de toda duda, que Él existe. Ahora bien, la Biblia explica que Dios ya ha hecho su parte en manifestarse (Ro. 1:20; Jn. 1:10), pero que es el hombre el que no quiso ver ni entender.

También es importante que el predicador del Evangelio tenga un concepto correcto de la fe para reconocer ese comienzo en los que se acercan para oír su mensaje, y saber cómo ayudar a los convertidos a crecer en la fe y en el conocimiento (2 Ts. 1:3; Col. 1:10), para que todos tengan la plena seguridad y certidumbre de su salvación. No es siempre fácil distinguir entre una fe sincera y una temporal o fingida. Una vez descubierta la falsedad, el pastor debe ayudar a la víctima de tal concepto erróneo a llegar a la fe que salva.

B. El creer, tener fe, saber y confiar

La palabra "fe", según el Dr. B. B. Warfield, viene del latín "fides" que viene de la palabra griega "pistis", que se deriva de una raíz que parece significar "constreñir". La fe entonces, se basa en algo que constriñe la mente; es un acto o estado mental que es determinado por razones adecuadas. Cuando la mente rehusa el consentimiento hacia la realidad, no hay fe ni creencia. Estos términos no son usados correctamente sino cuando está presente un estado de convencimiento o convicción.

El estudiante debe recordar que lo *objetivo* se refiere al objeto o cosa fuera del hombre del que se habla, o se piensa, etc., mientras lo *subjetivo* se refiere a la persona que habla o piensa. Aquí cabe resaltar lo que dice el Dr. Warfield: "la fe o creencia es la convicción fundada en la evidencia que es subjetivamente adecuada. El conocimiento es la convicción basada en la evidencia que es objetivamente adecuada ... el creer basándose en pruebas de que estamos conscientes de su insuficiencia, o es claramente una imposibilidad ... la fe o creencia es a la conciencia simplemente un acto o un estado de convicción, de estar seguros ... que difiere de otras convicciones por ser, si acaso no fundada, por lo menos inadecuadamente fundada." [1]

Los hombres no quieren decir por su fe o sus creencias, las cosas que quisieran que fuesen la verdad, sino aquellas cosas que están convencidos que son la verdad. No es, entonces, correcto decir: "Yo creo que tal cosa sea la verdad, y espero que así sea, porque sé que esta otra cosa es verdad". Por lo menos este concepto no cabe en relación a las doctrinas básicas de la Biblia.

La fe aquí no admite la superioridad de la razón. Agustín dijo: "Sabemos lo que descansa sobre la razón; creemos lo que descansa sobre la autoridad".[2] Esto no quiere decir que la fe sea irracional, como tampoco representa al saber como libre de toda dependencia de la confianza. Una actividad de la razón apoya toda fe, y un acto de fe apoya todo conocimiento. "La razón misma tiene que descansar finalmente sobre la autoridad, por cuanto los datos originales aceptados por la razón no se apoyan en la razón sino que necesariamente son aceptados como provenientes de una autoridad que va más allá de sí misma.... El acto mental que llamamos el tener fe, es posible sólo para las criaturas racionales al ejercer la fe, y nunca creemos algo hasta que lo consideramos digno de nuestra creencia."[3]

No es fe, sino credulidad, el dar crédito cuando la evidencia es insuficiente; así que una fe irracional no es realmente fe. El saber es ver, la fe es acreditar. Poseemos convicciones basadas en nuestra propia

---

[1]Benjamín B. Warfield, *Biblical and Theological Studies* (Philadelphia, Pennsylvania, The Presbyterian and Reformed Pub. Co., 1952), pp. 375-377.

[2]*Ibid,* citado por Sir Wm. Hamilton de Agustín, p. 387.

[3]*Ibid,* p. 387

captación racional, y poseemos convicciones que están basadas en nuestro reconocimiento de la autoridad.

El "conocimiento" expresa una convicción basada sobre impresiones recibidas directa e inmediatamente por la razón, mientras que el "creer" viene según bases más remotas y mediatas. Percibimos y sentimos un elemento de confianza cuando emitimos asentamientos mentales ante los fenómenos que se presentan a nosotros por los testimonios de otros y que son aceptados sobre su autoridad, de manera que no lo hacemos en relación a las conclusiones de nuestras propias deducciones racionales. Por tanto, diferenciamos entre asuntos de la fe, y los que son del conocimiento.

Los asuntos de la fe son diferentes a los asuntos del conocimiento, no como convicciones menos claras, firmes o bien fundadas, sino como convicciones determinadas más bien por el deseo o la voluntad, en vez de por la evidencia. Son convicciones que involucran un elemento prominente de confianza, esto es, convicciones fundadas en la autoridad o testimonio y por lo tanto distintas de las convicciones basadas en las pruebas racionales. Ambas son convicciones igualmente claras, firmes y seguras, aunque fundadas en evidencias diferentes. "El conocimiento es ver; la fe es confiar". La fe en Dios, y, más que todo, la fe en Jesucristo, es simplemente confiar en Él en toda su pureza.

"Cuando una proposición es presentada ante la mente y apoyada por suficientes pruebas, ésta está en condiciones de apreciar dichas pruebas e inevitablemente cree".[4] Ahora, si es así, entonces ¿la fe sería asunto de la necesidad, y no del alma? Repetimos que la convicción causa la confianza y la convicción es producida por la evidencia de la dignidad o confiabilidad del objeto. La evidencia no puede producir fe, sino en una mente abierta a la evidencia, y capaz de recibirla, pesarla y responder a ella. Puede ser que haya un estorbo en el camino que no permita que la evidencia produzca el efecto debido; dicho obstáculo puede encontrarse en la naturaleza o condición mental en la que se presenta la evidencia. *Esta es la base para la responsabilidad de creer*. Nuestra reacción a la evidencia determina lo que somos.

Si la evidencia es objetivamente adecuada pero no lo es subjetivamente, entonces la culpa es nuestra. Muchas personas no son accesibles a la evidencia musical porque no son músicos, pero si no somos accesibles a la evidencia moral, es porque no somos morales, sino más bien inmorales. La evidencia a la cual somos accesibles no se puede resistir si es adecuada; y lo irresistible produce fe.

---

[4]*Ibid,* p. 395.

Aquí entra en consideración la condición degenerada del corazón humano y la necesidad de que el Espíritu Santo sea la que ilumine el alma para evaluar la evidencia, ablande el corazón y vivifique la voluntad, a fin de que perciba la fuerza de la evidencia y se someta a Jesucristo según el Evangelio. Tal es el ejercicio más alto de la fe y, a pesar de que es un acto del hombre, es Dios también el que ha obrado en el alma, o el hombre no se atrevería a mostrar tamaña confianza. En la conversión, el pecador es iluminado pero el Espíritu de Dios, reconoce su completa dependencia de Dios para ser redimido del pasado, ser fortalecido para el presente y recibir la provisión para el futuro; con esa sabiduría la persona ejerce la fe, creyendo el testimonio de Dios que tiene la autoridad porque reconoce la verdad de que es mejor someterse a los creído, y con gozo y amor depositar su confianza en Dios por medio del Salvador y mediador Jesucristo. Entonces podrá decir: "No sólo que creo, sino que ahora sé, y sé porque creo el testimonio de Aquel que no puede mentir, y porque confío en Aquel que no puede fallar".

Dejando ahora estos comentarios psicológicos acerca de la fe, sigamos a la consideración de otros aspectos de esta doctrina.

C. Lo que es la fe

Fue el médico Sir William Osler quien dijo: "Nada hay en la vida tan maravilloso como la fe, aquella gran fuerza dinámica que no podemos ni pesar en la balanza ni someter a pruebas en el crisol". El Antiguo Testamento da muchos ejemplos acerca de la fe, sin ocuparse en definiciones o discusiones acerca de lo que es. Los patriarcas creyeron en Dios, no sólo en Su existencia, sino también en Su intervención en la vida de los hombres. En el Nuevo Testamento aquellos "héroes de la fe" son nombrados como ejemplos que los cristianos debemos imitar (He. 11:1—12:2).

La fe de Abraham, es elogiada varias veces y aún es un fundamento para la enseñanza acerca de la apropiación del don de la gracia divina (Ro. 4 y Gá. 3). La fe es la misma en los dos Testamentos, pero el desarrollo del plan de Dios aclaró el Objeto de la fe en el Nuevo, de manera que el cristiano, tanto como el incrédulo de hoy, tiene menos excusas por no creer (Jn. 5:24, 46; 12; 38-44; Ro. 10:16; Gá. 3:2-5; 1 P. 2:6). Los patriarcas vivieron por fe, esperando de Dios la dirección en sus vidas y confiando en Sus promesas.

Cuando el pueblo de Dios creció, la ley fue agregada a las promesas, no para enseñarle al pueblo acerca del pacto de la promesa, de cómo ser salvo individualmente, ni para que Dios tuviera más gracia o menos gracia para con el pueblo, sino a fin de darles a los judíos un concepto correcto de la santidad de Dios y de lo pecaminoso del pecado: "A fin de que por el mandamiento el pecado llegase a ser sobremanera pecaminoso" (Ro. 7:13). Haciendo esto, la ley también preparó el camino para que el pueblo recibiera al "Cordero de Dios que quita el pecado del mundo". El hecho de que muy pocos Le recibieron no se debe a la ley, sino al concepto erróneo que casi todos tuvieron respecto a los mandamientos, creyendo que era un medio para merecer la salvación. Habían perdido la verdadera fe que tenía por objeto recibir las promesas y la gracia de Dios.

Jesucristo dirigió de nuevo la mirada de todos hacia la Persona y las perfecciones del Dios de amor y gracia. Por lo tanto se dice: "Pues la ley por medio de Moisés fue dada, pero la gracia y la verdad vinieron por medio de Jesucristo" (Jn.1:17; Dt. 31:26).

Las referencias que siguen dan un indicio de la fe en el Antiguo Testamento, con relación a Dios y Su gracia como el objeto directo de la confianza: (Éx. 14:31; Nm. 14:11; 20:12; Dt. 7:7; 8:18; 9:5; 1 S. 17:45; Job 31:24; Sal. 20:7; 40:4; 46:1; 52:9; 65:6; 71:5; 73:26; 118:8; 146:3; Is. 26:3; 28:16; 30:15; 31:1; 50:10; 57:13; Jer. 14:8; 17:5, 7, 13; 39:18; 50:7; Ez. 20:5; Os. 3:5; Am. 3:2; Mal. 1:2; He. 2:4).

Desde un principio la fe ha sido una entrega en plena confianza de la vida a Dios por Su gracia y amor.

1. Las palabras originales traducidas como "fe" o "creer"

a. En el Antiguo Testamento. Casi todas las palabras diferentes en el hebreo que se usan para expresar el verbo "creer" tienen en alguna forma la idea de "obligación", esto es, algo que pone bajo obligación al sujeto, que lo ata. Así resulta ser, porque uno necesariamente obedece a lo que cree. Una palabra quiere decir: "fidelidad", otra "estar firme", "establecido", "constante", "considerar como establecido", "tener por verdadero", o "creer". Incluso todavía se relaciona con "confiar en", "apoyarse en", o "tener confianza". Usando cierta preposición puede significar: "un confiado descanso en una persona o cosa." Con otra preposición tiene que ver con "el assentimiento dado al testimonio que ha sido aceptado como verdadero". Hay otra palabra que quiere decir: "esconderse", "huir al refugio", y en esta última palabra, no es tanto lo mental sino el elemento de confianza lo que tiene prominencia.

b. En el Nuevo Testamento. Primeramente se debe considerar que los griegos no usaban las palabras "confiar" o "creer" en referencia a sus dioses por cuanto los consideraban como hostiles hacia los hombres, siendo objetos de temor que tenían que ser aplacados, mas no amados.

Ellos tenían en su literatura palabras que significaban confianza en una persona o su testimonio, basada en una convicción de la verdad. En el Nuevo Testamento estas palabras se emplean con los siguientes significados:

1) fidelidad (Ro. 3:3; Tit. 2:10);

2) una creencia o una convicción basada en el testimonio de otro, y por lo tanto basada en dicha confianza más bien que en una investigación personal (Fil. 1:27; 2 Co. 4:13; 2 Ts. 2:13);

3) una confianza plena en Dios, o más particularmente, en Jesucristo, la cual mira a la redención del pecado y a la bienaventuranza futura (Ro. 3:22, 25; 5:1-2; 9:30-32; Gá. 2:16; Ef. 2:8; 3:12).

El Dr. Berkhof presenta lo siguientes pasos en cuanto a la fe:

1) "confianza general en Dios y en Jesucristo;

2) una aceptación de su testimonio basada en dicha confianza; y

3) una sumisión a Cristo y una confianza en el que conduce a a salvación del alma. Esta última es la fe salvadora."[5]

El uso de "pisteuein" con la preposición "eis" se explica como queriendo decir: "una transferencia absoluta de confianza de nosotros mismos a otro, una sumisión completa de uno mismo a Dios" (Jn. 2:11; 3:16, 18, 36; 4:39; 14:1; Ro. 10:14; Gá. 2:16; Fil. 1:29).

2. Expresiones figurativas que describen el ejercicio de la fe

a. Mirar. Está relacionado con el "mirar" a Jesucristo (Jn. 3:14-15 con Nm. 21:9; He. 12:1-2). Es un acto de percepción y de volición.

b. Necesidades físicas. Es el tener hambre y sed, el comer y beber (Mt. 5:6; Jn. 4:14; 6:50-58). De igual manera como comemos y bebemos con la confianza de quedar alimentados, así creemos en el Salvador, con la confianza de que Él nos salva.

c. Venir y recibir. También se usan las figuras de "venir a Cristo" y de "recibirle" (Jn. 1:12; 5:40; 6:44, 65; 7:37-38). El "venir a Cristo" es dejar toda confianza en los méritos propios y mirar al Señor para recibir Su justificación: el "recibirle" habla de apropiarse del Redentor por medio de la fe. No significa decir solamente: "Cristo es el Salvador de los pecadores", sino: "El es mi Salvador".

---

[5]L. Berkhof, *Systematic Theology* (Grand Rapids, Michigan: Wm. B. Eerdmans Pub. Co., 1953), pp. 494-495.

3. Clases de fe

a. Histórica. Esta es una apropiación puramente intelectual de la verdad, sin relación a su propósito moral o espiritual. Los hechos son tomados en cuenta sólo como una aceptación de los eventos históricos que no tienen que ver nada con uno mismo. Puede ser una fe muy correcta en cuanto a la verdad de los hechos o doctrinas, pero que en sí no afecta la vida propia porque no toca su corazón (Mt. 7:26; Hch. 26:27-28; Stg. 2:19).

b. Milagrosa. Es aquella fe que tiene que ver con milagros hechos por medio o a favor de los que tienen tal confianza. Es esa fe que espera de Dios una respuesta a sus oraciones, hechas en el nombre de Cristo, sin importar lo difícil de su ejecución (Stg. 5:15, 17-18). Claro que a veces hay errores de personas ingenuas aunque sinceras, que piden con fe a las imágenes y si reciben algo, muchas de esas aparentes bendiciones llegan a ser maldiciones, al ser engañados por el diablo.

c. Temporal. Aquí nos referimos a aquella emoción y persuación inteletual que aparenta mucho ser una fe verdadera pero que no dura mucho, por no estar arraigada en un corazón regenerado (Mt. 13:20-21). No es permanente. Muchas veces la persona sincera cree que su fe es genuina y correcta, pero el hecho es que no ha calculado bien "el costo" (Lc. 14:28-33) y cuando viene la persecución, se manifiesta el carácter superficial de su fe. No es parte esencial de su ser.

d. Salvadora. Aquí no afirmamos que la fe sea la salvadora en el sentido de que ésta de por sí salva, sino que es el Señor Jesucristo quien salva a todo aquel que cree en Él. Una persona ejerce la fe verdadera cuando deposita su entera confianza en Jesucristo para la salvación eterna de su alma, sin confiar en sus propias obras o méritos. El hecho es que las buenas obras son señales de gratitud, y prueba en parte a los hombres, que el creyente ha sido regenerado (Ef. 2:8-10).

"La fe es por el oir, y el oir por la palabra de Dios" (Ro. 10:17). La convicción en el alma de que Jesucristo es el Hijo de Dios, esto es, Dios mismo que vino en carne, es una obra del Espíritu Santo. Es necesario "extender la mano de la fe" para apropiar o hacer suya la salvación que Cristo ofrece. Es una transacción con Dios por medio de la cual el pecador realmente confía en Jesucristo, necesariamente despojándose en el acto de toda otra confianza para su justificación delante de Dios. Esta es la que se llama la fe del corazón (Ro. 10:91-0). Involucra recibir a Cristo en el corazón por la fe (Jn. 1:12; Hch. 8:37; Ef. 3:17). Es la fe que conduce a la salvación con todos sus resultados (1 Jn. 5:13; Gá. 5:6; 2 Co. 5:7; Ro. 4:4-5, 16).

En lecciones posteriores estudiaremos la relación de la fe, con la seguridad y la elección. Del Dr. H.S. Miller tomamos el siguiente punto (D), con la esperanza de que será útil para muchos estudiantes para usarlo en sermones y clases bíblicas.

D. La actividad de la fe

1. La fe salvadora cree:

- a Dios (Hch. 27:25; Ro. 4:3, 17; Gá. 3:6);
- en Dios (Jn. 14:1; He. 11:6; 1 P. 1:21);
- que Dios nos ama (Jn. 3:16; 1 Jn. 4:16;
- que Jesucristo vino de Dios (Jn. 16:27, 30; 17:8, 21);
- que Jesús es el Cristo, el Hijo de Dios (Jn. 5:1, 5; 8:24; 20:31);
- que Cristo murió por nuestros pecados (1 Co. 15:1-4; Ro. 3:25);
- que Cristo resucitó de entre los muertos (Ro. 10:9; 1 Co. 15:13-17);
- el Evangelio (Mr. 1:15; Ro. 1:16);
- en el Hijo (Jn. 3:16, 36; Hch. 20:21);
- en la verdad (2 Ts. 2:13; Jn. 17:17);
- en la palabra de Dios (Jn. 5:24; Hch. 4:4; 8:12; 1 Jn. 5:10-11).

2. Lo que hace la fe salvadora:

- cree en el corazón y no sólo con la cabeza (Ro. 10:9-10; Lc. 8:12);
- pierde toda otra esperanza de salvación fuera de Jesucristo (Ro. 10:13-14; Mr. 10:46-52);
- obra por el amor (Gá. 5:6);
- conduce al bautismo (Mr. 16:16);
- confía en Dios porque trae un conocimiento personal de Él (2 Ti. 1:12);
- apropia para sí mismo al Señor Jesús (Ro. 10:6-8);
- confiesa a Jesús como Señor (Ro. 10:9);
- convierte o vuelve el corazón al Señor (Hch. 11:21);
- obedece (He. 11:8, 17);
- no mira a las circunstancias, sino a las promesas de Dios (Ro. 4:18-21);
- causa gozo (Hch. 16:34);
- hace que uno abandone sus malas prácticas (Hch. 16:34);
- da valor para hablar la verdad (2 Co. 4:13);
- le hace a Jesucristo precioso (1 P. 2:6);
- resulta en un interés genuino para con otros (Hch. 4:32; Tit. 3:8; Stg. 2:14-17; 1 Jn. 3:14-18);

- ahuyenta el temor (Mr. 5:36);
- evita la confusión y la vergüenza (Ro. 9:33; 1 P. 2:6);
- hace que se apropie al Señor para una vida de victoria (Gá. 2:20);
- adorará a Cristo cuando Él regrese (2 Ts. 1:10).

3. Lo que tenemos por medio de la fe salvadora:

- la salvación (Hch. 16:31; Gá. 3:22; Ef. 2:8);
- libertad de la condenación (Jn. 3:18);
- la justificación (Hch. 13:39; Ro. 5:1);
- la remisión de los pecados (Hch. 10:43);
- la propiciación (Ro. 3:25);
- la vida eterna (Jn. 3:16, 36; 5:24; 20:31);
- la posición como hijos de Dios (Jn. 1:12; Gá. 3:26);
- la justicia de Dios (Ro. 3:22; Fil. 3:9);
- la santificación, los corazones purificados (Hch. 15:9; 26:18);
- el poder de Dios para guardarnos (1 P. 1:5);
- Cristo habitando en nuestros corazones (Ef. 3:17);
- la promesa del Espíritu Santo (Gá. 3:14);
- la victoria sobre el mundo y el maligno (1 Jn. 5:4-5; Ef. 6:16);
- la satisfacción espiritual y el descanso (Jn. 6:35; 7:38-39; He. 4:1-3);
- acceso a Dios (Ro. 5:2; Ef. 2:12);
- luz, gozo y paz (Jn. 12:36, 46; Ro. 15:13; 1 P. 1:8);
- el privilegio de ver la gloria de Dios (Jn. 11:40);
- poder para vivir y testificar (Ef. 1:19-20; 1 Co. 2:5);
- bendición, protección, edificación (Gá. 3:9; 1 Ts. 5:8; 1 Ti. 1:4);
- sabiduría (Stg. 1:5-7; 2 Ti. 3:15);
- promesas (Lc. 1:45; He. 6:12);
- la vida de resurrección (Jn. 11:25);
- salud corporal (Mt. 9:22, 29; Stg. 5:14-15);
- la oración contestada (1 Jn. 5:14-15);
- la vida que rebosa (Jn. 7:38-39).[6]

---

[6]H. S. Miller, *The Christian Worker's Manuel* (Harrisburg, Pennsylvania, Christian Publications, Inc., 1928), pp. 111-117).

Repaso de la lección

1. ¿Qué dijo Jesucristo acerca del resultado de la incredulidad?
2. ¿Qué es más importante: la cantidad de fe o el objeto de la fe?
3. ¿Por qué urge que el predicador tenga un concepto correcto de la fe?
4. ¿En qué consiste la fe?
5. ¿Cuál es la diferencia entre el creer y el saber?
6. ¿Cuál es más seguro?
7. ¿Qué diferencia hay entre las cuatro clases de fe?

Lección 16

LA CONVERSIÓN

BOSQUEJO

A. La conversión es un giro, un cambio de actitud y de dirección; es dar las espaldas al pecado y caminar hacia Jesucristo y la vida eterna.

B. La conversión se efectúa por una obra de Dios y un acto del hombre.

1. El calvinismo enfatiza la soberanía divina, la predestinación y la elección como la única fuente de la conversión.
2. El arminianismo enfatiza más bien la misericordia y la justicia de Dios y da lugar para que el hombre ejerza el libre albedrío, sin por esto tener mérito al creer la evidencia que el Espíritu de Dios presenta para que acepten a Cristo.
3. Aceptemos todo lo revelado, y dejemos con Dios la explicación de esta paradoja.

LECCIÓN 16

La conversión

El Señor Jesucristo usó el término "conversión" en dos ocasiones, con la idea de un cambio de ánimo o de actitud. En Lucas 17:4 habló acerca del hermano que ofendió, pero que se arrepintió y pidió perdón, diciendo: "Si siete veces al día pecare contra tí, y siete veces al día volviere a tí, diciendo: Me arrepiento; perdónale". Otra vez en el mismo Evangelio, 22:32 dijo: "Pero yo he rogado por tí, que tu fe no falte; y tú, una vez vuelto, confirma a tus hermanos". Estos pasajes bíblicos exponen claramente que una persona puede experimentar un cambio de actitud varias veces. Esta misma palabra se usa con el sentido común de "volver", como en Lucas 17:31, por ejemplo.

Sin embargo, en el estudio de la doctrina se usa este término para referirse a algo más profundo. La conversión es aquella vuelta o giro que da la persona cuando da las espaldas al pecado y camina en la dirección opuesta, hacia Cristo. El Señor hizo referencia a este cambio cuando habló del arrepentimiento y del tener fe en Él y en el Evangelio (Mr. 1:15).

Es claro que pensaba sobre la conversión en Sus conversaciones con las gentes, como en Juan 5:39-47 o Lucas 19:8-10. Su plática con Nicodemo pone de manifiesto que consideró necesario un gran cambio interior en el hombre para que este fuese salvo.

A. Lo que es la conversión

La palabra griega "epistrepho" se usa once veces en el libro de Los Hechos: tres veces en referencia al cuerpo, en el sentido de dar una vuelta o de volver a visitar un lugar, y en las tres veces es traducida usando el verbo "volver"; y ocho veces se usa refiriéndose a un cambio de actitud, traducida con el verbo "convertirse". En 3:19 el apóstol Pedro la usó en la exhortación que hizo: "Así que arrepentíos y convertíos, para que sean borrados vuestros pecados". En 9:35 dice que los habitantes vieron el milagro del paralítico Eneas que fue sanado, y "se convirtieron al Señor".

Hablando de los griegos en Antioquía (11:21) dice que "gran número se convirtió al Señor". Pablo les habló a los hombres de Listra diciéndoles, en 14:15: "Os anunciamos que de estas vanidades os convirtáis al Dios vivo". El pastor Santiago dijo a la iglesia en Jerusalén, en 15:19: "por lo cual yo juzgo que no se inquiete a los gentiles que se convierten a Dios". El apóstol Pablo usó la palabra tres veces en su testimonio delante de Agripa, primero al referirse a su comisión: "Para que abras sus ojos, para que se conviertan de las tinieblas a la luz, y de la potestad de Satanás a Dios..." (26:18); y en el versículo 20 cuando dijo: "Anuncié ... que se arrepintiesen y se convirtiesen a Dios, haciendo obras dignas de arrepentimiento". La última vez que se usa es en el capítulo 28 cuando Pablo cita la profecía de Isaías, hablando de la dureza del corazón de los judíos (v. 27) que dice: "Y ... entiendan de corazón, y se conviertan".

Otras versiones traducen la palabra usando el verbo "volverse" en Hechos 3:19; 11:21; 14:15 y 26:18; o sea, la mitad de las veces es usada con este significado religioso. Estos usos en Los Hechos son un buen ejemplo de su empleo en el resto del Nuevo Testamento (2 Co. 3:16; 1 Ts. 1:9; Stg. 5:19-20; 1 P. 2:25; con el uso común en 2 P. 2:22 y Ap. 1:12).

Otra palabra griega es "metanoia", que quiere decir un cambio de conducta debido a un conocimiento posterior, y que ya fue mencionada bajo la lección sobre el arrepentimiento; y es la palabra que mejor traduce el significado que quiere decir un cambio, una vuelta.

En el hebreo también se usa un verbo que significa "volver": "dar una vuelta". Los profetas llamaban al pueblo colectiva e individualmente a volverse a Dios, dejando los ídolos y la maldad. "Hijos de Israel, volveos a Jehová" (2 Cr. 30:6; Ez. 18:31-32). "Deje el impío su camino, y el hombre inicuo sus pensamientos, y vuélvase a Jehová, el cual tendrá de él misericordia, y al Dios nuestro, el cual será amplio en perdonar" (Is. 1:18; 55:7).

La Biblia habla de conversiones nacionales, como la de Israel en los días de Moisés, Josué y los Jueces. Más tarde, durante el tiempo del reino dividido, Judá también experimentó unos cuatro avivamientos, conversiones o reconversiones a Jehová. Además, tenemos el ejemplo de la ciudad de Nínive en los días del profeta Jonás. No hay indicio en la Biblia de que estas conversiones nacionales efectuaron la salvación eterna de nadie, y sus efectos nunca duraron. La conversión temporal es como la fe temporal, que ya fue comentada en la lección anterior (1 Jn. 2:19).

La conversión verdadera es el acto consciente del pecador a través del cual, por la gracia de Dios, se vuelve del pecado a Dios, por Jesucristo. Es un cambio interno y externo. Se compone de dos elementos: el arrepentimiento y la fe. Mullins escribe: "El término conversión por lo regular se refiere al acto exterior del hombre cambiado que es la manifestación del cambio interior efectuado en su alma. El hombre convertido es aquel en quien la gracia de Dios ha obrado un cambio espiritual. Aquel cambio ha hallado expresión interior en su arrepentimiento y fe, y expresión exterior en su vuelta de la antigua vida de desobediencia a la nueva vida de servicio."[1]

Es verdad que esta palabra se usa en la vida diaria para cualquier cambio de ánimo o de conducta, y también es posible usarla para designar el acto de un reincidente (o sea, de un cristiano que ha caído en el pecado o en la indiferencia espiritual) que regresa a su fervor y primer amor en el Evangelio. Sin embargo, en el estudio de la doctrina suele usarse sólo en referencia a un pecador que por primera vez se arrepiente y pone su fe en Jesucristo como su Señor y Salvador personal.

Muchas veces este cambio llamado conversión es muy repentino y la persona está totalmente consciente de ello; y no es menos real y verda-

---

[1]Edgar y Mullins, *La religión cristiana en su expresión doctrinal*: (El Paso, Texas: Casa Bautista de Publicaciones, 1933). p. 335.

dero que la conversión gradual. Cuando un hijo de padres evangélicos dice que no se acuerda de un tiempo cuando no era salvo, ni tiene memoria del momento cuando pasó de muerte a vida, no debe extrañarnos, ya que el no recordar el día y la hora de su conversión puede pasar igualmente con personas adultas que fueron atraídas al Evangelio a través de un largo proceso de eventos o contactos. Lo importante no es saber el momento sino tener la certeza del hecho. En un día de mucho sol nadie duda de que el sol salió, pero pocas son las personas que pueden decir a qué hora fue que salió.

B. Cómo se efectúa la conversión

Se puede decir que este es un tema controversial. Hablaremos primero del agustinianismo o calvinismo que pone el énfasis en la soberanía de Dios; luego del arminianismo que enfatiza el libre albedrío del hombre. No hay duda de que ambos modos de pensar contienen mucha verdad y que están basados en varios pasajes de las Escrituras.

1. Según el Agustinianismo o Calvinismo - la predestinación. Esta interpretación tal vez ha sido sostenida por más tiempo y por más teólogos que cualquier otro pensamiento acerca del origen de la conversión. Afirma que Dios primero elige a las almas que quiere salvar; las predestina; a su tiempo las regenera; les concede el arrepentimiento y la fe en Cristo; éstas se convierten, como resultado de haber sido ya regenerados, lo cual a su vez se debe a que fueron elegidos o predestinados. El hombre permanece pasivo en todo esto y es Dios quien hace la obra activa.

Se ha dicho que el calvinismo está basado en los siguientes cinco puntos: la inhabilidad total; la elección incondicional; la expiación limitada; la gracia irresistible (eficaz); y la perseverancia de los santos.

a. La inhabilidad total del hombre se basa en muchos pasajes bíblicos que hablan de que el hombre inconverso está muerto en sus delitos y pecados. No dice que cada persona que no es salva sea completamente mala, ni que sea incapaz de hacer algunas cosas útiles y buenas. Sólo afirma que espiritualmente está muerta y, por lo tanto, inhábil para ejercer su voluntad y creer en Jesucristo, o agradar a Dios en cualquier forma. Hasta que el pecador sea regenerado por Dios, no puede entender el Evangelio, mucho menos decidir su propio destino eterno por aceptar voluntariamente al Salvador (Véase 1 Co. 1:18; 2:14; 2 Co. 1:9; 5:17; Gn. 2:17; Ro. 3:10-12; 5:12; Ef. 2:1-3; Jer. 13:23; Sal. 51:5; Jn. 3:3, 19; 5:21; 6:33; 8:19; 14:17; Job 14:14; Hch. 13:41; Pr. 30:12; Mt. 11:25).

b. La elección incondicional es la aplicación particular de la doctrina general de la predestinación en relación a los pecadores. Es el acto de Dios como Persona moral infinita a través del cual elige ciertas almas para que sean salvas y reprueba a otras, predestinando a cada una incondicionalmente a lo que Él, en Su soberanía, ha determinado. "Es llamada la eterna, absoluta, inmutable y efectiva determinación de Su voluntad en relación a los objetivos de Sus operaciones salvadoras. Y ningún aspecto de esta elección está enfatizado más constantemente que Su absoluta soberanía. Esta fe mantiene la existencia de un decreto divino y eterno que antecede a alguna diferencia o mérito en los hombres mismos, separa la raza humana en dos grupos y ordena el uno para vida eterna y el otro para muerte eterna."

Los que son elegidos son rescatados por Dios de su estado de culpa, pecado y condenación, y traídos a un estado de bendición, santidad y gozo eterno. Los no elegidos son dejados en su estado previo de perdición y están condenados por sus pecados. No sufren ningún castigo que no merezcan; tuvieron una oportunidad en Adán de ganar la salvación, pero cayeron en él y son culpables y están contaminados sus motivos, son indignos; no pueden alcanzar la salvación (Véase Ef. 1:4-5, 11; Ro. 5:6-8; 8:29-30, 33; 9:11-12, 19-23; 11:5-7; Jn. 6:37, 65; 13:8; 15:16; 17:9; Sal. 65:4; 105:6; 1 R. 19:18; Mt. 24:24-31; Mr. 13:20; 1 Ts. 1:4; 5:9; 2 Ts. 2:13; 1 Ti. 5:21; 2 Ti. 1:9; 2:10; Tit. 1:1; 1 P. 1:2; 2:9; 5:13; Hch. 13:48; Dn. 4:35).

En la Biblia leemos acerca de la elección de Israel (Dt. 7:6-8; 10:15; Sal. 147:20); y la elección de los ángeles (1 Ti. 5:21; Mt. 25:31, 41; 2 P. 2:4; Jud. 6; Ap.12:7). Sin embargo, lo más importante de la elección de los individuos en este estudio es la que dice el Dr. L. Boettner: "Un hombre no es salvo porque cree en Cristo, sino que él cree en Cristo porque es salvo".[2]

Las obras doctrinarias y teológicas que siguen este parecer tratan estos temas acerca de la redención, en más o menos este orden: la elección, la gracia, la regeneración, la santificación, el arrepentimiento y la fe. Los dos últimos son considerados como efectos inevitables de la elección la gracia irresistible de Dios. Dicen que sólo así puede recibir Dios toda la gloria, siendo sólo Él el responsable por la salvación de aquellos que Él ha escogido; afirman que esta es la única conclusión lógica de los pasajes bíblicos de Efesios 1:11; 2:8; 1 Pedro 1:2-5; Hechos 11:17-18; Colosenses 2:12, etc. También aducen que es la única

[2]Dr. L. Boettner, *Reformed Doctrine of Predestination* (Philadelphia, Pennsylvania: Presbyterian and Reformed Pub. Co.).

conclusión razonable en virtud de las naciones paganas que por milenios no han oído la verdad; o de los millones y millones de niños que han muerto en su tierna infancia, quienes han sido incapaces de haber escogido si querían creer en Cristo o no. La mayoría de los calvinistas creen que todo niño que muere pertenece a los elegidos.

En relación a las opiniones o interpretaciones opuestas, arguyen que el creer que todo hombre puede ejercer su libre albedrío y decidir si quiere creer en Cristo, o no:

1) contradice los pasajes bíblicos como Romanos 9:6-30;

2) hace que Dios esté sujeto a los caprichos del hombre;

3) abre el camino para que el sacrificio de Jesucristo haya sido en vano, esto es, que aquellos por quienes murió no acepten la salvación;

4) es ilógico creer que un muerto pueda responder al Evangelio.

Los calvinistas exponen las siguientes bendiciones como fruto en los elegidos en cuanto a la doctrina de la reprobación:

1) aprenden que ellos mismos no hubieran sufrido si no hubiera sido por la gracia, de manera que aprecian más el amor divino que les levantó del pecado y les trajo a la vida;

2) ofrece un motivo poderoso para ser agradecido por haber recibido tan grandes bendiciones;

3) son conducidos a una mayor confianza en el Padre Celestial, quien suple todas sus necesidades en esta vida y en la venidera;

4) lo que han recibido les da un motivo poderoso para que amen a su Padre Celestial, y vivan lo más santamente posible;

5) les conduce a aborrecer el pecado con mayor fuerza;

6) les conduce a andar más cerca a Dios y entre sus hermanos, puesto que son los herederos escogidos del reino de los cielos;

7) la reprobación de los judíos trajo bendición a los gentiles (Ro. 11:11).

Trataremos la doctrina de la perseverancia de los santos posteriormente. Para terminar esta sección, citaremos nuevamente al Dr. Boettner, quien presenta una lista de lo que él considera que son los puntos importantes de la doctrina calvinista. Primero cita su influencia en la vida diaria, por su concepto tan vital e importante sobre las relaciones que Dios sostiene con los hombres. En segundo lugar, la doctrina de una providencia particular les da a los justos un sentimiento de seguridad en medio del peligro; una confianza de que el camino del deber es el camino de la seguridad y de la prosperidad, el cual les anima en la práctica de la virtud, aún cuando les expone al mayor reproche y persecución. Tercero, les ilumina en cuanto a la agencia divina de la salvación, de manera que aprecian más la gloria de Dios y las riquezas de su gracia. Cuarto, la armonía entre todas las distintas doctrinas bíblicas se ve sólo en el calvinismo. Quinto, estas doctrinas son las más razonables cuando son bien comprendidas.

2. Según el Arminianismo - El libre albedrío. Ellos no niegan las doctrinas de la soberanía de Dios ni de la predestinación, sino que dicen que cuando la Biblia habla de que los hombres son invitados a aceptar a Cristo para ser salvos, esto demuestra que el hombre tiene libre albedrío y que es responsable por sus decisiones.

El arminianismo enseña:

1) que Dios decretó salvar en Jesucristo a todo aquel que verdaderamente acepta el Evangelio;

2) que Jesucristo murió por los pecadores;

3) que nadie puede salvare a sí mismo, sino que tiene que nacer de nuevo por obra y gracia de Dios;

4) que la gracia de Dios se ofrece a cada hombre a fin de que pueda comprender y obedecer el Evangelio, pero que no hay una gracia irresistible, por cuanto muchos la resisten (Hch. 7:51); y

5) generalmente no creen en la perseverencia de los santos sino que el cristiano puede caer de la gracia y perderse si no se arrepiente y vuelve a Cristo.

Esta interpretación es distinta a la del calvinismo en todos sus cinco puntos. Los siguientes pasajes son citados para sostener el arminianismo, en los cuales se ve que la fuente de la conversión es la fe del hombre y no la predestinación divina y su gracia irresistible: 2 P. 3:9; Ez. 33:11; 18:21, 23; Jn. 1:12; 3:14-16; 5:24-40; Mt. 11:28; 23:37; 1 Jn. 2:2; 1 Ti. 1:15; He. 2:9; Ro. 5:18; Hch. 7:51; Is. 5:4; Dt. 30:19; 1 C. 10:12; etc. Añaden que su interpretación es la única lógica en vista de los pasajes citados anteriormente como: "Dios no quiere que ninguno perezca". El hecho es que muchos perecen todos los días, de manera que todo lo que pasa no es la voluntad de Dios.

Mucho se ha discutido sobre el particular, y para más información se puede consultar con el libro *A Complete Body of Divinity* (Cuerpo completo de divinidades), publicado en Londres, año de 1729, a favor del arminianismo, en los cuales señala algunos puntos negativos y otros positivos.

Ahora bien, al considerar estas dos corrientes, nos preguntamos, ¿cuál de estos dos conceptos es el que es más digno de Dios? ¿Acaso es aquel que, conociendo que todos los descendientes de Adán podrían ser objetos de su compasión y conmiseración, igualmente capaces de recibir su misericordia, pues somos todos hechura suya, cree que Dios determina el destino eterno de las almas a quienes El diariamente da vida, sin considerar el bien o el mal que ellos han hecho?

Según este concepto, los decretos de gobierno y la disposición de ellos, están fundados sobre la voluntad absoluta de Dios, sin tomar en cuenta las cualidades y defectos del hombre. Este punto de vista dice también que Dios ha sujetado a la gran mayoría a un decreto absoluto de reprobación, el cual les ha dejado incapaces de lograr la salvación. Luego, no sólo les exhorta a salvarse a sí mismos, sino que hasta les invita, les anima y les conjura para que se vuelvan a Él, sabiendo que desde la eternidad su resolución era que no lo iban a hacer. Además les somete al castigo eterno por causa de su negligencia en cuanto a conseguir dicha salvación, que Él sabe era inalcanzable sin aquella gracia, pero que Él había resuelto en Su voluntad absoluta negarles para siempre.

O, ¿será acaso más aceptable el concepto que considera a Dios como el amante universal de las almas, que quiere que todos sean salvos, y que provee todas aquellas cosas que son necesarias para la vida y la santidad, atrayéndoles hacia Si con cuerdas de amor, mediante Sus promesas y con la ayuda de Su Espíritu Santo? A través de este punto de vista, Dios les jura que Él no quiere que perezcan, les amonesta y les manda a evitar aquellas cosas que causarían su ruina eterna dirigiéndoles hacia aquellos medios por los cuales pueden escapar. Así, Dios se regocija más por la conversión de un pecador, que por la justicia de 99 personas que no necesitan arrepentimiento; y cuando todos los métodos de la gracia de Dios resultan vanos para ellos, prorrumpe en tiernas expresiones de compasión, por cuanto desea que hubieran conocido aquellas cosas que pertenecen a la paz del Señor.

La primera opinión insiste en que su concepto de Dios es más veraz y honroso, porque deja que Dios elija a Sus favoritos, sin encontrar razón en ellos, y les remunera por méritos que Él mismo, de una manera irresistible, obra en ellos. La otra opinión habla de un Dios que trata a todos, no según lo que Él ha hecho en ellos, sino según las obras que ellos mismos han hecho, y les galardona según hayan utilizado o no los talentos que han recibido.

Nuevamente, comparando los dos conceptos, el primero representa a Dios como poseedor de dos voluntades: una revelada y otra secreta. La voluntad revelada (en la Biblia) declara que Dios quiere que todos sean salvos, mientras que la no revelada permite que la gran mayoría de ellos perezca. La voluntad que no ha sido revelada es como una ley impuesta sobre ellos, la cual les obliga a obedecer bajo pena de provocar Su eterna ira, a pesar de que Él sabe que no lo harán sin Su gracia irresistible. Vemos según esta opinión, que Dios está absolutamente dispuesto a castigar eternamente lo que ellos no pudieron hacer sin ella; y después de todo esto, todavía les pregunta: ¿Porqué moriréis? ¿Cuándo queréis limpiaros? ¿Cuándo será que este pueblo me obedezca?

El otro concepto, en cambio, cree que hay más conformidad con la verdad y la sinceridad de la naturaleza divina, al tratar a Sus criaturas con franqueza y expresar lo que en realidad quiere decir. Cuando Él le explica su deber al hombre, le enseña la importancia y la capacidad que tiene para ejecutarlo, le exhorta a seguir el camino, le promete suficiente apoyo para sostenerlo en el, y le asegura que sus labores serán coronadas con el descanso eterno.[3]

En cuanto a esto hay mucho más que decir, como por ejemplo, la afirmación de que la predestinación y elección se refieren principalmente a los gentiles, después de que los judíos fueron rechazados.

Terminamos esta sección del tema con unas citas cortas de un teólogo moderno, el Sr. H. C. Thiessen que dice: "La elección es un acto soberano ... en gracia.... Les escogió en Cristo. Escogió a aquellos que Él sabía en Su presciencia que habían de aceptar a Cristo.... La enseñanza que se repite en la Escritura es que el hombre es responsable por aceptar o rechazar la salvación.... Nos parece que sólo bajo la condición de que Dios hace las mismas provisiones para todos y las mismas ofertas a todos, que Él es justo."[4]

3. La interpretación inclusiva, conocida como el "Calviarminianismo". Humanamente hablando, no es posible reconciliar los dos puntos de vista ya expuestos. Más bien, presentaremos un modo de pensar que no los reconcilia sino que satisface a la mente y el corazón de aquellos que están conscientes del problema y no pueden seguir ni el calvinismo con todo su rigor, ni el arminianismo en su totalidad.

El calvinista cita muchos versículos para demostrar que Dios es soberano en Sus decretos, pero admite que hay problemas a los cuales no se puede dar una explicación satisfactoria. El arminiano cita también muchos pasajes bíblicos para demostrar que Dios es justo y misericordioso, y que ama a todas Sus criaturas, etc. Pero admite que hay

---

[3]J. Batley y T. Cox *A Complete Body of Divinity* (Londres, 1729); pp. 161 y sig.

[4]Henry C. Thiessen, *Lectures in Systematic Theology* (Grand Rapids, Michigan: Wm. B. Eerdmans Pub. Co. 1951), pp. 344-347.

problemas en sus interpretaciones. Hay que confesar que sólo Dios sabe todo lo que está relacionado con la providencia y el gobierno moral de la humanidad. Cómo es que los planes de Dios se cumplen a pesar del libre albedrío de los hombres es un misterio que está escondido en la Deidad.

Ante esta situación debemos aceptar las dos verdades principales reveladas que son la elección y el libre albedrío, y dejemos la paradoja con Dios. Esperemos el cumplimiento de 1 Corintios 13:11-12 para poder reconciliar las dos clases de pasajes que hay en Su Palabra, sabiendo que el Señor ya sabe la base para ambas revelaciones. Puede ser que la dependencia de la predestinación y la elección de la presciencia, sea la explicación. ¿Quién puede demostrar que la presciencia lo ordena todo de manera irresistible? ¿Estamos seguros de que eso no limitaría el poder de Dios?

Se nos ha dicho que Dios sabe aún las cosas que hubieran acontecido si los hombres se hubieran comportado de manera distinta (Mt. 10:12-15; 11:20-24). ¿Dónde dice la Biblia que Dios no está contento sino sólo con las cosas que Él mismo las hace? Si es así, ¿por qué hay gozo en el cielo por un pecador que se arrepiente? Debemos amar a Dios con una voluntad espontánea. Sabemos, si somos en verdad cristianos, que hemos aceptado a Cristo, y sabemos que Dios nos recibió, por lo tanto somos los elegidos. No nos sentimos merecedores sino sólo recipientes de la gracia. La salvación es un don, nunca una paga. A Dios sea la gloria para siempre.

Estamos conscientes de que muchos no aceptarán esta interpretación inclusiva. Será tachada de ser una débil componenda; o de ser una muestra de falta de convicción y de meditación; una falta de raciocinio y de orden lógico de las verdades básicas; que es demasiado fácil echar la "culpa" a Dios en vez de razonar sobre lo revelado en cuanto a un sistema completo de doctrina. Bien, de todos modos hay que convenir que no todo ha sido revelado (Dt. 29:29).

Para aquellos que no pueden aceptar las interpretaciones de una expiación limitada o de la gracia irresistible, pero a la vez creen en la elección de aquellos que ejercen su libre albedrío y aceptan a Cristo (necesariamente subordinando con esto la elección a la presciencia); que creen en la perseverancia de los santos una vez que han sido regenerados, de manera que no son puramente calvinistas ni tampoco arminianos (pues resulta ser que son muchos lo que piensan así), ha sido nuestro deseo de explicar su posición y someterlo a su interpretación bajo algún nombre y reconocimiento.

Repaso de la lección

1. ¿Qué le dijo Jesucristo a Pedro acerca de la conversión?
2. ¿Cuáles son los dos elementos de la conversión?
3. ¿Es la conversión un cambio interior o exterior?
4. ¿Qué enseña el calvinismo acerca de la fuente de la conversión?
5. ¿Cómo se efectúa la conversión según el arminianismo?
6. ¿Hay una manera satisfactoria de reconciliar estas dos interpretaciones?

Lección 17

La unión con Cristo y la reconciliación

Bosquejo

El Señor Jesucristo se ofreció como el camino seguro al Padre

A. Declaraciones bíblicas acerca de la unión con Cristo: 5 figurativas y 7 directas

B. La naturaleza de la unión: 4 explicaciones negativas y 5 positivas

C. El significado de la doctrina

1. Jesucristo se unió con la raza
2. Jesucristo unió a los creyentes con Dios
3. Los efectos de dicha unión

D. La reconciliación

Es doble, Dios primero tuvo que ser reconciliado con el hombre por la expiación de Jesucristo y el hombre es reconciliado con Él, cuando cree en dicho sacrificio

Lección 17

La unión con Cristo y la reconciliación

El Señor Jesucristo exigió a todos los suyos el tener la misma fe y confianza que tenían en Dios el Padre (Jn. 14:1). Él dijo que era el único camino al Padre (Jn. 14:6). Luego, en el versículo 23 del mismo capítulo, dijo: "El que me ama, mi palabra guardará; y mi Padre le amará, y vendremos a él, y haremos morada con él". Acerca del Espíritu Santo dijo en el versículo 17: "El Espíritu de verdad, al cual el mundo no puede recibir, porque no le ve, ni le conoce; pero vosotros le conocéis, porque mora con vosotros, y estará en vosotros".

Posteriormente añadió: "No os dejaré huérfanos: vendré a vosotros". En los versículos 19 y 20 leemos: "Porque yo vivo, vosotros también viviréis ... vosotros en mí, y yo en vosotros". De esta manera el

Salvador les habló a Sus discípulos, consolándonos antes de ir a la diestra de la Majestad en las alturas. La base de este consuelo es el hecho de que el Hijo iría a estar con Dios Su Padre, pero ellos dos enviarían al Espíritu Santo, quien a Su vez habitaría en los cuerpos de los discípulos, de tal manera que toda la plenitud del Trino Dios estaría con y en ellos. Las características de esa unión de Dios y los creyentes es el tema de esta lección.

A. Declaraciones bíblicas acerca de la unión del creyente con Cristo

1. Enseñanzas figurativas. El Dr. Bancroft presenta las siguientes figuras:

a. Unidos como en un edificio y su fundamento (Ef. 2:20-22; Col. 2:7; 1 P. 2:4-5; Sal. 118:22; Is. 28:16).

Cada piedra viva, cada regenerado, forma parte del templo de Dios, y cada cristiano como piedra viva es edificado sobre Cristo, quien es la piedra principal del ángulo, la cual es llamada la "figura arquitectónica", según Pardington.

b. La unión entre los miembros del cuerpo y la cabeza (1 Co. 6:15, 19; 12:12; Ef. 1:22-23; 4:15-16; 5:29-30).

Como los miembros del cuerpo humano están unidos a la cabeza, de donde recibe su actividad y el poder que gobierna sus movimientos, así todos los creyentes son miembros del cuerpo invisible, cuya cabeza es Cristo. A esto se le llama la figura física.

c. Unidos como la relación que hay entre el esposo y la esposa (Ro. 7:4; 2 Co. 11:2; Ef. 5:31-32; Ap. 19:7).

La unión del discípulo con Cristo se ilustra con la unión indisoluble que une al esposo con la esposa, que les hace legal y orgánicamente uno. Esta es la figura matrimonial.

d. La unión entre la vid y los pámpanos (Jn. 15:1-16; Ro. 6:5; 11:24; Col. 2:6-7).

Las raíces de la nueva vida están arraigadas en el cielo y los pámpanos son parte de la vid en sí, recibiendo desde los cielos la sabia o vida de Jesucristo. Esta es la figura del reino vegetal.

e. La unión de la raza con la fuente de su vida en Adán (Ro. 5:12-21; 1 Co. 15:22, 45, 49).

Como toda la raza es una con el primer Adán, quien cayó y de quien ha derivado la naturaleza corrupta y culpable, pero que en Cristo toda la raza de creyentes constituye una nueva y restaurada humanidad, cuya naturaleza ahora es justificada y purificada en el último Adán, que es Cristo. Esta es la figura racial.

2. Declaraciones Escriturales directas acerca de esta unión.

a. El creyente tiene su unidad "en Cristo" (Jn. 14:20; Ro. 6:11; 2 Co. 5:17; Ef. 1:4; 2:13).

b. Cristo está en el creyente (Jn. 14:20; Ro. 8:9-10; Gá. 2:20).

c. El Padre y el Hijo habitan en el creyente (Jn. 14:23; Ef. 3:17; 1 Jn. 4:16).

d. El creyente tiene vida por estar unido a Cristo, así como Cristo tiene vida por estar unido al Padre (Jn. 6:53, 56-57; 1 Co. 10:16-17).

e. Todos los creyentes son uno en Cristo (Jn. 17:21-23).

f. El creyente participa de la naturaleza divina (2 P. 1:4).

g. El creyente es un espíritu con el Señor (1 Co. 6:17).

B. La naturaleza de esta unión

1. En cuanto a lo negativo:

a. No es una mera unión natural, como la de Dios con todo espíritu humano, como dicen los racionalistas.

b. No es una mera unión moral, es decir, una unión de amor y de simpatía, como aquella que existe entre el alumno y su maestro, o entre amigos, como dicen los soscinianos (1 S. 18:1).

c. No es una unión de esencia, la cual destruiría la personalidad individual y la substancia, sea de Cristo o del espíritu humano, como dicen muchos místicos.

d. No es una unión mediada y condicionada en base a la participación de los sacramentos de la iglesia, como enseñan algunos cuerpos eclesiásticos.

2. En cuanto a lo positivo:

a. Es la unión orgánica en la que llegamos a ser miembros de Cristo y participantes de Su humanidad (Ef. 5:29-30). Por unión orgánica queremos decir que las partes componentes son interdependientes.

b. Es una unión vital en que la vida de Jesucristo llega a ser el principio dominante dentro de nosotros (Gá. 2:20; Col. 3:3-4).

c. Es una unión espiritual, esto es, una unión cuya fuente y cuyo autor es el Espíritu Santo (Ro. 8:9-10; Ef. 3:16-17).

d. Es una unión indisoluble, esto es, una unión en la cual, de acuerdo con las promesas y la gracia de Jesucristo, jamás podrá disolverse (Mt. 28:20; Jn. 10:28; Ro. 8:35-39; 1 Ts. 4:14, 17).

e. Es una unión inescrutable, esto es, en el sentido de que supera en intimidad y valor cualquier otra unión de almas que conocemos (Col. 1:27; Ef. 5:32).

C. El significado de esta unión

Tal vez los pasajes que más claramente enseñan el corazón de esta verdad de nuestra unión con Cristo son 2 Corintios 5:14, 21 y Colosenses 1:27, que dicen: "Porque el amor de Cristo nos constriñe, pensando esto: que si uno murió por todos, luego todos murieron.... Al que no conoció pecado, por nosotros lo hizo pecado, a causa de nosotros, para que nosotros fuésemos hechos justicia de Dios en él... (sus santos) a quienes Dios quiso dar a conocer las riquezas de la gloria de este misterio entre los gentiles, el cual es Cristo en vosotros, la esperanza de gloria". La muerte de Cristo es la base de la unión y de la imputación y participación de la vida de Cristo, y la unión con Cristo es el tema central de la predicación a los inconversos, como la expresión del propósito divino de la redención.

Habiendo considerado ya la parte de la aplicación de la exposición en la que el hombre participa activamente, esto es, la conversión con sus dos elementos que son el arrepentimiento y la fe, continuamos ahora estudiando la parte en que Dios hace todo.

Recuerde que la fe salvadora es la que hace que el hombre "ponga su voluntad al lado de la voluntad de Dios", dejando toda oposición, para de ahí en adelante "pensar sólo como Dios piensa". Cuando esto pasa, es claro que Dios puede hacer con el individuo todo lo que quiso hacer desde el principio.

1. La unión de Jesucristo con la raza. Esta unión del Señor con la humanidad, como ya se ha dicho, fue planeada antes de la creación del hombre. Considerando la Deidad que, al crear al hombre con libre albedrío éste iba a pecar, Dios el Hijo se hizo fiador, ofreciéndose como redentor responsable. Bajo esto el hombre fue creado y en el cumplimiento del tiempo el Hijo vino para cumplir Su promesa. Para poder hacerlo, tuvo que encarnarse, empleando el cuerpo de María. Así se identificó todavía más con la raza que quiso redimir, aunque desde la creación había sentido todos los dolores de la humanidad mientras preparaba a Su pueblo para Su venida.

2. La unión del creyente con Cristo. El Dr. Jorge Truett cuenta de un político en el Estado de Texas que fue sentenciado a la cárcel, al haber sido descubierto en un desfalco. Algunos de sus amigos fueron al gobernador persuadiéndole que dejara libre al reo. Llevando el precioso documento a la penitenciaría, sus amigos lo entregaron al jefe de policía, quien lo presentó al sentenciado diciéndole: —Aquí está su absolución; por lo tanto Ud. está libre, y puede salir de la prisión.

—¿Quién hizo esto? —preguntó el preso.

—Unos amigos suyos que le esperan afuera —contestó el jefe de policía.

—No —dijo el preso, después de un momento—, ellos no son mis amigos, sino mis enemigos, que quieren sacarme de aquí para hacerme algo peor. No salgo.

El jefe de policía no supo entonces qué hacer y llamando al juez consultó sobre el particular y dijo: —¿Cómo puedo dejar a este hombre preso, si ya ha sido absuelto?

El juez contestó: —Sí puede. El hombre está preso por la misma condena anterior, porque un perdón no es más que un simple papel a menos que sea aceptado.

De la misma manera, el sacrificio de Jesucristo por eficaz y satisfactorio que sea ante la justicia divina, no tiene efecto ninguno para las personas que no ejercen su fe y confían en Él. Es necesario que el pecador diga en su corazón, algo así: "Cristo murió por mi, tomó sobre sí mis iniquidades, mi culpa y condenación. Cuando Él murió, yo morí. Cuando Él estaba clavado en la cruz, por la gracia de Dios, yo también estaba clavado allí. Él sufrió los dolores que yo merecía por mis pecados. Él entregó Su vida a la muerte y yo por la fe me identifico con Él y así la muerte que merezco por mis pecados, ya fue pagada y soy libre."

Aquí nos preguntamos, ¿cómo puede el hombre tener tal fe? Pues según la Palabra de Dios, es posible y es un hecho, ya que la Biblia dice: "Con Cristo estoy juntamente justificado" (Gá. 2:20). "Habéis muerto con Cristo" (Col. 2:20). "Padecemos juntamente con él" (Ro. 8:17), pero aun más, somos identificados en Él también en Su resurrección y exaltación, pues dice: "Nos dio vida juntamente con Cristo" (Ef. 2:5). "Habéis resucitado con Cristo" (Col. 3:1). "Para que juntamente con Él seamos glorificados" (Ro. 8:17).

3. Los efectos de esta unión con Cristo.

a. La unión y la conversión.

La conversión y la unión con Cristo son concomitantes, esto es, acontecen a la misma vez. La evidencia de que Cristo está en uno es amplia y variada. Los pensamientos han sido cambiados; las palabras que salen de la boca ya son limpias y útiles; el gusto de la compañía que se tenía con ciertos amigos de diversión ya no es el mismo, etc. A causa de que Cristo está en nosotros ha habido un cambio en la vida, pero también esto se debe a que nosotros estamos en Cristo. Esto quiere decir que Dios ahora nos ve a través de Cristo, por decirlo de alguna manera, por cuanto estamos escondidos en Él (Col. 3:3).

No estamos delante de Dios presentándole nuestras justicias y nuestras obras, sino que estamos en Cristo presentándonos en Su justicia. Esto es, al estar en Él, Sus méritos perfectos nos han sido imputados a nosotros. Pasaremos el resto de los años que nos quedan aprendiendo todo lo que significa el estar en Cristo, a la vez que experimentaremos un poquito de lo que quiere decir que Cristo está en nosotros. En Efesios 3:17 leemos: "Que habite Cristo por la fe en nuestros corazones".

Al creer en Jesucristo como nuestro Salvador y Señor, en el acto Cristo está en nuestro corazón. Así que la conversión y la unión con Cristo son concomitantes, esto es, acontecen a la misma vez.

b. La unión y la regeneración.

Lo que se ha dicho ya del cambio operado en la vida del creyente cuando Cristo entró en el ser, es lo que evidencia la nueva vida recibida, o sea la evidencia de la regeneración, por lo que las doctrinas de la unión con Cristo y la de la regeneración están íntimamente relacionadas. Estudiaremos más sobre esto posteriormente. Por ahora diremos que el estar en Cristo es la base para que Cristo haya obrado en nosotros la regeneración (2 Co. 5:17; Ro. 8:2).

c. La unión y la justificación.

Hechos 13:39 dice: "En el es justificado todo aquel que cree". El ser perdonado y vuelto al favor de Dios, que incluye la reconciliación y la adopción, es nuestro por nuestra unión con Cristo.

d. La unión con Cristo y la santificación.

"La Ley (del Espíritu) de vida en unión con Cristo, me ha librado de la ley del pecado y de la muerte" (Ro. 8:2 versión de R. F. Weymouth). La esperanza para alcanzar la gloria o la norma que Dios ha establecido para el hombre, se logra sólo a través de Él mismo, quien es el que obra en nosotros. La unión con Cristo es la base para una vida diaria de comunión con Dios y una vida de poder en nuestro servicio.

D. La reconciliación

Cristo padeció una sola vez por los pecados, el justo por los injustos, para llevarnos a Dios", (1 P. 3:18). "Por cuanto agradó al Padre que en el habitase toda plenitud, y por medio de el reconciliar consigo todas las cosas ... (Col. 1:19-20). "Porque si su exclusión es la reconciliación del mundo ..." (Ro. 11:15). "Y todo esto proviene de Dios, quien nos reconcilió consigo mismo por Cristo..." (2 Co. 5:18-19).

La palabra reconciliar quiere decir "concertar" o "poner de acuerdo". Se usa cuando dos o más personas tienen las mismas ideas o fines acerca de algún asunto. "Reconciliar" es traer nuevamente a una concordancia a personas que en alguna ocasión ya estuvieron de acuerdo, pero que por alguna razón se desunieron. Es una palabra forense o judicial, cuando se usa en referencia a Dios. Como en el caso de un reo, que ha cumplido con su sentencia y luego está reconciliado nuevamente con la sociedad. Así por el hecho que Jesucristo cumplió con nuestra condena, nosotros somos reconciliados con Dios.

La Deidad con todos Sus atributos ha sido satisfecha, mediante la obra de expiación que efectuó Jesucristo en la cruz. Ahora queda que el hombre acepte dicha obra, para que la reconciliación sea completa. La justicia divina tuvo primeramente que ser remunerada o cumplida. Sin esta reconciliación con Dios no habría esperanza para la humanidad. Sólo una vez satisfecha la justicia divina, es que Dios pudo mostrar misericordia y perdón en Cristo. Por esto la Escritura dice que: "Dios estaba en Cristo reconciliando consigo mismo al mundo". Ahora depende del hombre si acepta o no el ruego de los embajadores de Dios que dicen: "... reconciliaos con Dios" (2 Co. 5:20). Es por la incredulidad y obstinación del hombre que las almas se condenan y no por una aversión por parte de la Deidad.

El momento en que una persona acepta de corazón al Señor Jesús como su Señor y Salvador personal, queda en contacto íntimo con Dios; esto es, es reconciliada con Dios. Algunos teólogos consideran que esta verdad de la reconciliación es el fin supremo de la expiación. Es verdad que dos no pueden andar juntos a menos que estén de acuerdo, como dice el profeta Amós 3:3 y que para que se efectúen en los hombres los beneficios de la expiación, es necesario la doble reconciliación, esto es, la de Dios con el hombre y la del hombre con el Creador.

El estudiante deberá escoger entre cual le parece la más lógica, la de la unión con Cristo o la de la reconciliación. En todo caso, vemos que todas la doctrinas están íntimamente relacionadas entre si.

Repaso de la lección

1. ¿Qué dijo Jesucristo acerca de dejar huérfanos a Sus discípulos?
2. Indique las cinco enseñanzas figurativas de la unión del creyente con Cristo.
3. Cite tres pasajes bíblicos que enseñen esta verdad acerca de la unión.
4. ¿Qué ayuda práctica para su vida encuentra Ud. en esta doctrina?
5. ¿Qué significa para Ud. la reconciliación?

Lección 18

La justificación

Bosquejo

El Señor Jesucristo enseñó que Dios requiere del hombre una justicia perfecta, la cual sólo Dios podía obrar.

A. Obras que son necesarias y que anteceden a la justificación.

1. La remisión o cancelación de la cuenta.
2. La redención o rescate de la cárcel del pecado.
3. La reconciliación, no con la sociedad sino con Dios.

B. ¿Qué es la justificación?

Es la liberación o perdón de la sentencia de condena, por una parte, y la declaración judicial de dicha libertad junto con la imputación a su favor, de la perfecta justicia de Cristo. El justificado es reconciliado y hecho hijo de Dios.

C. ¿Cómo son justificados los hombres?

Por Dios, el legislador, pero la justicia debe ser apropiada por la fe.

D. El alcance liberador de toda acusación y conducidos a la posición de hijos.

E. Los resultados presentes y futuros.

Lección 18

La justificación

El Señor Jesucristo quiso corregir el concepto común que tenían los fariseos y doctores de la ley acerca de lo que ellos creían hacía a un hombre justo delante de Dios. La opinión general era que la persona que cumplía con los requisitos exteriores de la ley de Moisés y de las reglas de los rabinos, era justa (Mt. 9:1; 12:37). Pero vemos que ni el Hijo ni el Padre aceptaron tal criterio. Jesús les dijo: "Vosotros os justificáis a vosotros mismos delante de los hombres; mas Dios conoce vuestros corazones; porque lo que los hombres tienen por sublime, delante de Dios es abominación" (Lc. 16:15).

A unos que confiaban en sí mismos como justos, y menospreciaban a los otros, les dijo también esta parábola: "Dos hombres subieron al templo a orar.... Os digo que este descendió a su casa justificado antes que el otro" (Lc. 18:9-14). Hay una justicia que se intenta tener delante de los hombres y que puede ser fingida (Lc. 10:29 y 20:20). Dios requiere una justicia mayor que ésta (Mt. 5:20). "Bienaventurados los que tienen hambre y sed de justicia, porque ellos serán saciados" (Mt. 5:6).

A. Obras que preceden a la justificación

Estas obras son llamadas antecesoras y cronológicamente son concomitantes.

1. La remisión. Nuevamente vemos la dificultad de establecer en qué orden se deben considerar las doctrinas, esto es, si la justificación debe preceder a la regeneración, o al revés, y también si el orden de estos antecedentes de la justificación, que en una forma real forman parte de ella, están sujetos a una organización diferente según el pensamiento de cada uno, aunque al final todos deben ser incluidos.

Principiamos diciendo que toda persona que ha creído en Cristo, ya se ha apropiado de la propiciación, que es el sacrificio substitutorio, el cual ha satisfecho las demandas de la justicia ofendida de Dios. A través de esto Él remite los pecados o cancela la sentencia de condenación que había contra el pecador, el cual ha sido perdonado y no tiene que pagar la pena justa de sus culpas por cuanto Cristo ya pagó todo lo demandado y Dios no exigirá doble pago.

El Dr. Pink escribe: "La remisión es la prerrogativa soberana de Dios como juez por la cual absuelve al pecador creyente de toda obligación de sufrir castigo como algo que ya ha sido satisfecho ante la ley, y esto, debido a que Cristo efectuó la obra de la cruz, lo cual es aplicado por el Espíritu Santo y apropiado por el arrepentimiento y la fe. La remisión es la negativa de Dios de tratar con Su pueblo por sus pecados según la justicia lo requería, puesto que Él ya recibió la compensación a través de Cristo que pagó en su lugar. Debido a que el Divino acreedor ha recibido el pago completo por parte de Su Fiador, los deudores quedan libres de su deuda. Así pues, la remisión de los pecados es una cancelación de la culpa, una descarga legal, una liquidación de la obligación de sufrir la ira de Dios. Es el veredicto del legislador, aquel fallo que decreta: "No culpable."[1]

2. La redención. Sin embargo, el perdón, la cancelación de la obligación de sufrir la pena, todavía deja al pecador en esclavitud y corrupción, en territorio enemigo, y dispuesto a caer otra vez bajo condenación, a menos que el proceso de salvación no vaya más allá de la remisión. Vemos entonces que la misma base para la remisión de la deuda, es también el precio de rescate. El pecador, por el sacrificio de Cristo en el calvario, fue rescatado, comprado nuevamente por su Dueño original, el cual lo liberó de su carcelero, mediante el pago de un precio y con un poder, de manera que ya no tiene ninguna obligación de permanecer en la celda obscura de la cárcel del pecado. La justicia divina, que le condenó a la prisión, ha dado la orden de liberación (1 Pedro 4:1-3).

3. La reconciliación. Gloria a Dios por la remisión y la redención, pero estas obras todavía no están completas en el plan de Dios. Cuando un preso ha sido librado de la cárcel, por más que haya cumplido su condena legal y recibido su boleta de liberación, la sociedad no está lista para recibirle en su seno, como era antes de haber cometido el delito. La persona todavía lleva el estigma de Éx- presidiario. Le cuesta conseguir trabajo, y restablecerse social y económicamente. Nadie le tiene confianza y le es difícil tener amistades. Así también el pecador necesita algo más que la boleta de liberación. Tiene ese documento legal en Juan 5:24, por ejemplo. Pero ahora, ¿qué debe hacer?

Aquí entra la bendita verdad de la reconciliación. Ser "traído a Dios": "reconciliado", puesto nuevamente en amistad y comunión íntima con Él, como Adán fue antes de su caída. Tal es la gloriosa bienvenida que recibe el pecador cuando sale de su antigua prisión (1 P. 3:18).

Ahora bien, tanto el pecador es tocado por esta reconciliación como lo es Dios. Cuando la persona se da cuenta de que Dios no le perdonó simplemente por antojo o capricho, sino porque las demandas de Su justicia fueron completamente satisfechas, cancelando totalmente la cuenta que estaba pendiente de pago. Así la conciencia queda limpia o contenta y el corazón descansa en las promesas y declaraciones de Dios. La persona ahora comprende que no hay obstáculo entre el y Dios. La enemistad (Ro. 8:17) ha sido eliminada, la nube obscura de la rebelión y desconfianza ha sido disipada. Además, así se establece una reconci-

[1]Arthur W. Pink, *The Satisfaction of Christ* (Grand Rapids, Michigan: Zondervan Pub. House, 1955), pp. 174-175.

liación sobre una base legal. Ahora el camino ha sido abierto para que Dios haga la obra de la justificación.

B. La justificación

"... En Él es justificado todo aquel que cree" (Hch. 13:39). "Justificados pues por la fe, tenemos paz para con Dios ..." (Ro. 5:1). "... El hombre no es justificado por la obras de la ley, sino por la fe de Jesucristo" (Gá. 2:16). De estos pasajes y muchos otros, vemos que la justificación no se refiere al carácter ni al pensamiento, sino a la relación que uno sostiene con la ley. Cuando la ley acusa, la persona es injusta. Si la ley no acusa, la persona es considerada justa, aunque no necesariamente santa en cuanto a su carácter.

El Dr. R. A. Torrey da esta definición: "Según la Biblia, la palabra justificar no significa 'hacer justo a uno', sino considerarlo, declararlo, o hacerlo aparecer justo. Un hombre es justificado delante de Dios cuando Dios lo acepta como justo."[2]

El Dr. Pardington dice: "La justificación puede definirse como aquel acto judicial por el cual, por amor de Cristo, a quien el pecador está unido por la fe, Dios declara que el pecador no está ya más expuesto a la penalidad de la ley, sino que ha sido restaurado al favor divino."[3]

El Dr. Miller dice: "En la justificación no sólo hay la absolución, sino también la aprobación; no sólo el perdón sino la promoción. La remisión jamás está separada de la restauración. El pecador justificado no es tratado como un preso que ha salido de la penitenciaría, con un estigma encima de él y sin amigos. No sólo que ha sido liberado de la ira de Dios y de la muerte eterna, sino que ha sido admitido al favor de Dios y a la vida eterna. El descubrimiento de esta verdad es en parte la causa del gozo del convertido, ya que esperando el perdón, como lo máximo, encuentra además la casa y el corazón del Padre abiertos y que ahora es objeto de más atenciones que antes de que abandonara el hogar. Estas dos realidades le dejan atónito y sumiso, y estos dos elementos de absolución y de restauración a favor, nunca van por separado. Así como la expulsión de las tinieblas y la restauración de la luz, siempre andan juntas. Nadie puede tener, aunque quisiera, una justificación incompleta. Como el manto sin costura del Señor Jesús, que era de una sola pieza y no pudo ser dividido, así el manto de justicia que Dios provee

---

[2]R. A. Torrey, *What the Bible Teaches* (New York: Fleming H. Revell Co., 1898), p. 316.

[3]Dr. Jorge P. Pardington, *Estudios de doctrina cristiana*(Temuco, Chile: Imprenta Alianza, 1942), p. 254.

(Is. 61:10) no puede ser partido. La justicia de Cristo es la nuestra y nos la debemos apropiar en su totalidad."[4]

La justificación del pecador que cree en Jesucristo para su salvación, incluye la liberación de su pena junto con una posición delante de Dios igual a lo que hubiera sido si nunca hubiera pecado. La persona tiene pleno acceso al Padre por medio de Jesucristo, y sin temor puede, con confianza, entrar en su presencia inmediatamente mediante la oración, sabiendo que legalmente tiene ese derecho. No es absolución en el sentido de ser hecho inocente, pues Dios no se ocupa en hacer que lo hecho sea deshecho, ni vuelve atrás el reloj de la historia, ni hace algo así de absurdo, sino que absuelve en el sentido legal de aceptar la expiación perfecta y plena de otro, que ha satisfecho enteramente a Dios y al creyente.

La resturación al favor de Dios tiene dos aspectos:

1. La reconciliación. Esto, como ya se ha explicado, es la renovación de las relaciones amistosas entre Dios y el hombre. Ya el camino está abierto para que Dios hable por Su Espíritu y por Su Palabra al espíritu del hombre, y para que éste hable en oración y en el Espíritu y por medio de Jesucristo al Padre.

2. La adopción. Esto se refiere a la nueva relación que hay entre Dios y el converso, que es la de Padre e hijo. Es el reconocimiento oficial del creyente, por parte de Dios, de que la persona ha nacido en la familia de Dios por medio del Espíritu Santo. La adopción no le da esa naturaleza de hijo de Dios, sino que legalmente reconoce que le ha sido dada, y oficialmente le constituye hijo y heredero. Es la regeneración la que establece un cambio de naturaleza, mientras que la adopción es un cambio de posición o de relación debido a la nueva vida (Jn. 1:12; Ro. 5:11; 8:23; Gá. 4:4-5; Ef. 1:5). Romanos 8:23 hace referencia al tiempo cuando hemos de entrar al goce total de nuestra herencia como hijos.

C. Cómo son justificados los hombres

1. La parte de Dios. Necesariamente sólo Dios como supremo legislador puede justificar a cualquiera. Todo pecado es contra Dios nuestro creador, y siendo Él el ofendido, tiene le derecho único de perdonar y restaurar a Su favor. Él ha decidido las condiciones y ha

---

[4]H. S. Miller, *The Christian Worker's Manual* (Harrisburg, Pennsylvania: Christian Publications, Inc., 1928), p. 119.

cumplido con los requisitos, porque el hombre ni sabe ni tiene poder para hacerlo. Dios justifica:

- por gracia (favor no merecido) (Ro. 3:24; Tit. 3:7);
- por la sangre de Jesucristo (Ro. 5:9);
- por la justicia de Jesucristo (Ro. 5:18);
- por la obediencia de Jesucristo (Ro. 5:19);
- por el nombre de Jesucristo (1 Co. 6:11);
- por la resurrección de Jesucristo, que es el sello (Ro. 4:25).

Se puede traducir Romanos 4:25 así: "El cual fue entregado por nuestros delitos, y resucitado por cuanto efectuó nuestra justificación". Esto quiere decir que el hecho de que Jesucristo salió de la tumba demuestra que Dios aceptó Su sacrificio. Sin la resurrección no habría justificación por imputación a Cristo de nuestras iniquidades y la imputación a nosotros de la justicia perfecta de Jesucristo (Is. 53:6; 2 Co. 5:21). Fue por nosotros que Jesucristo se sometió a la ley y la obedeció, y Su obediencia está puesta a nuestro favor.

2. La parte del hombre.

a. En lo negativo. No es por obras de la ley (Ro. 3:19-20; 4:2-7; Gá. 2:16; 3:11; 5:4). La ley no fue dada para salvar o justificar a nadie, sino para:

- poner fin a todo argumento y probar que todos somos culpables (Ro. 3:19);
- dar conocimiento del pecado (Ro. 3:20; 7:17);
- mostrar lo pecaminoso del pecado (Ro. 7:13);
- conducir al pecador a Cristo (Gá. 3:24).

La ley demanda una obediencia perfecta, y ningún hombre puede hacer esto, de manera que la ley condena, no justicia (Gá. 3:10; Stg. 2:10; Ro. 3:19-20, 23).

b. En lo positivo. Es por la fe, y nada más (Hch. 13:39; Ro. 3:21-22, 26, 28; 4:5; 5:1; Gá. 2:16; 3:8, 22-26). Israel no fue justificado, debido a que ignoraba que sólo Dios justifica, aunque se esforzó para obtener la justificación por obras, lo cual fue infructuoso o inefectivo (Ro. 9:30-33; 10:3-5; Stg. 2:10). La fe no justifica en el sentido de que da mérito, o porque Dios la acepte en lugar de la obediencia, sino que el Señor ha ordenado que la fe sea el medio para que el hombre se apropie de la justificación, igual que de las demás bendiciones de la salvación.

D. El alcance de la justificación

En la justificación se ha incluido la cancelación de la cuenta contra el pecador por sus culpas (Hch. 13:39). La cuenta ha sido saldada por la expiación, remisión y rescate, de manera que no hay ninguna condenación para los que están ahora en Cristo (Ro. 8:1, 33-34; 5:9, 16-17). Las páginas de acusación contra el convertido han sido limpiadas con la sangre del Hijo de Dios, todo ha sido borrado, y la página nueva del registro es muy diferente. Allí ya tiene escrita toda la justifica perfecta de Cristo, a su favor, como si el mismo pecador hubiera obedecido en vez de su Salvador (Fil. 3:9; 2 Co. 5:21).

Aquí vemos la íntima relación entre esta doctrina y la de la unión el creyente con Cristo. Así como Cristo se unió con el hombre, Él también tomó sobre Sí todas nuestras culpas (Gá. 3:13; 2 Co. 5:21; Is. 53:6; Mt. 27:46). Por la unión del hombre con Cristo, él recibe por imputación todos los méritos del Señor que dijo: "No me ha dejado solo el Padre, porque yo hago siempre lo que le agrada", y al final de Su vida terrenal le dijo al Padre: "Yo te he glorificado en la tierra; he acabado la obra que me diste que hiciese" (Jn. 8:29; 17:4).

Por la justificación, el hombre tiene la posición de hijo justo delante del Padre, quien le ve como escondido en Su Hijo unigénito, tan justo como Él, sin importar su condición en el mundo; su posición delante de Dios es la de un justo. Como dice el himno:

"Cerca de Dios, muy cerca;
más cerca no puede estar,
pues en la persona de Cristo,
tan cerca estoy como Él.
Amado de Dios, muy amado;
más amado no puedo ser,
pues en la persona de Cristo,
tan amado soy como Él."

E. Resultados de la justificación

El momento en que uno cree de corazón en el Señor y Salvador, queda justificado por fallo divino (Hch. 13:39) y recibe los siguientes beneficios en el presente y en el futuro.

1. Beneficios en el presente:

- Paz con Dios (Ro. 5:1; Ef. 2:14-17; Col. 1:20-22).
- Liberación de toda acusación delante de Dios (Ro. 8:33-34).
- Acceso a Dios, libertad para entrar en su presencia (Ro. 5:2; Ef. 2:18; 3:12).

- Entrada en la gracia que nos da esperanza (Ro. 5:2, 10; Col. 1:27).
- Una serie de experiencias espirituales progresivas (Ro. 5:3-5).
- El don del Espíritu Santo (Ro. 5:5).
- El amor de Dios derramado en el corazón por el Espíritu (Ro. 5:5).
- Salvación de la ira (Ro. 5:9).
- La reconciliación (Ro. 5:10-11).
- Salvación del poder del pecado (Ro. 5:10).
- Gozo en Dios (Ro. 5:11).

2. Beneficios en el futuro:

- La glorificación (Ro. 8:30). Es tan cierta en el propósito de Dios que es mencionda como un hecho cumplido, pero lo experimentaremos en su totalidad cuando Cristo regrese (Col. 3:4; 1 Jn. 3:2).
- El reinar con Cristo (Ro. 5:16-17; Lc. 14:14; 1 Co. 6:2-3).

Repaso de la lección

1. ¿Cómo sabemos que Jesucristo no creía que el hombre podía justificarse por sí mismo?
2. Explique el por qué de la necesidad de las obras divinas antes de la justificación.
3. ¿Cuáles son las dos partes de la justificación?
4. ¿Por qué es imposible que un hombre pueda justificarse delante de Dios?
5. ¿Qué lugar lógico tiene la justificación en la salvación del hombre?

Lección 19

La regeneración

Bosquejo

El Señor Jesucristo habló de la urgente necesidad universal que el hombre tiene de ser regenerado y de cómo se efectúa, en el tercer capítulo de Juan.

A. Lo que es la regeneración: 10 declaraciones bíblicas y varias definiciones teológicas.

B. Cómo se efectúa la regeneración. Los preparativos de la búsqueda, la oración y la convicción. El oír, y comprender por la iluminación del Espíritu Santo, y creer.

C. Dios satisfecho, ahora puede tener comunión. El hombre limpio llega a ser templo del Espíritu Santo. Contraste entre el primero y el segundo nacimiento.

Lección 19

La regeneración

El Señor Jesucristo señaló el pasaje clásico acerca de la regeneración en el tercer capítulo del Evangelio de Juan, a pesar de que su enseñanza se encuentra en casi todos los capítulos de este cuarto Evangelio. Allí habla de nacer de nuevo, del Espíritu, de arriba, lo cual es ser enteramente regenerado. Las palabras: "Lo que es nacido de la carne, carne es", dan a entender claramente la necesidad que hay de la regeneración, por cuanto "la carne y la sangre no pueden heredar el reino de Dios" (1 Co. 15:50). Y las palabras que siguen explican lo que es la regeneración: "lo que es nacido del Espíritu, espíritu es". "Es necesario nacer otra vez".

Esta verdad dicha a un maestro religioso que era fariseo, y por lo tanto, guardador escrupuloso de la ley de Moisés, es una clara declaración de que las obras de los hombres son insuficientes delante de Dios, como medio para obtener la salvación.

El Señor también le explicó a la samaritana lo insuficiente que es lo terrenal, junto con la eficacia de lo celestial, al decirle: "Cualquiera que bebiere de esta agua, volverá a tener sed; mas el que bebiere del agua que yo le daré, no tendrá sed jamás; sino que el agua que yo le daré será en él una fuente de agua que salte para vida eterna" (Jn. 4:13-14). Sólo Jesucristo puede dar la verdadera vida (Jn. 5:24, 39-40).

Hemos considerado la posición del hombre que ha sido declarado justo delante de Dios, pero no hemos visto aún el cambio que se produce en su carácter. Así que, ahora veremos lo que Dios hace para el hombre interior.

A. ¿Qué es la regeneración?

Durante los primeros siglos del cristianismo la palabra regeneración era usada para referirse ampliamente a todo el proceso de la salvación de una persona, desde sus primeras convicciones acerca de la verdad, hasta su santificación. Pero los teólogos de los dos últimos siglos han limitado el uso de dicha palabra al acto divino de dar nueva vida al pecador. A continuación presentamos algunas definiciones de la palabra "regeneración":

1. Definiciones bíblicas

- Un nuevo corazón y un nuevo espíritu (Ez. 36:26).
- Nuevo nacimiento, o nacido de arriba (Jn. 3:3).
- Pasar de muerte a vida (Jn. 5:24; Ef. 2:1, 5; 1 Jn. 3:14).
- Una nueva creación (2 Co. 5:17; Gá. 6:15; Ef. 2:10).
- Participación de la naturaleza divina (2 P. 1:4).
- Renovación de la mente (Ro. 12:2).
- Hecho hijo de Dios (Jn. 1:12; 2 Co. 6:18; Gá. 3:26; 1 Jn. 3:2).
- Lavamiento y renovación (Tit. 3:5).
- Renacimiento de simiente incorruptible (1 P. 1:23).
- El acto inicial de "Cristo en vosotros" (Col. 1:27).

2. Definiciones teológicas

a. "La regeneración es una obra espiritual efectuada por el Espíritu de Dios en el espíritu del hombre".[1]

Aunque esta es una gran verdad, no define lo que es la regeneración, ya que puede decirse esto acerca de cualquier obra del Espíritu.

b. "La regeneración es el acto de dar nueva inclinación y nueva dirección a los afectos y a la voluntad".[2]

Esta declaración es incompleta por cuanto sólo describe una parte de la obra.

---

[1]Dr. Jorge P. Pardington, *Estudios de doctrina cristiana* (Temuco, Chile: Imprenta Alianza, 1942); p. 256.

[2]*Ibid.*

c. "La regeneración es la comunicación de la naturaleza divina al hombre por la operación del Espíritu Santo por medio de la Palabra".[3]

d. "Es el cambio operado por Dios y consiste en la propia comunicación de Su propio carácter. De aquí la propiedad del nombre regeneración. Dios, mediante Su acción propia, hace otro ser semejante a Él, da vida que en el sentido espiritual es producto suyo, Su hijo."[4]

e. Richard Watson describe a la persona que tiene su conciencia despertada y que se esfuerza para reformar su conducta.

Luego agrega: "Algunos pueden tratar de inducir a una persona a un estado mental de regeneración, pero con ausencia de amor a Dios como su Padre reconciliado; los males que él detesta todavía ejercen dominio sobre él; la resistencia de su corazón al yugo no acostumbrado ...; su justificación propia; su repugnancia a ser salvado sólo como un pecador cuyo arrepentimiento y sus frutos, aunque exactos y copiosos, no merecen nada; todo esto le asegura que, aunque no está lejos del reino de Dios, todavía no ha entrado en él; que el peso sobre su corazón no se ha quitado; no anda en el Espíritu; es nada más que un esclavo sin la libertad que da el Señor.

"Pero llega un momento en que todo esto es cambiado. El cree ahora de todo corazón en Cristo. Es justificado por la fe. Es consolado por el testimonio del Espíritu Santo a su espíritu de que es ahora un hijo de Dios. Sirve a Dios en amor filial. Ha recibido nuevo poder. Las cadenas de su esclavitud son rotas y está libre. No anda según la carne, sino según el Espíritu.

"Está muerto al pecado y no puede continuar más en él. El fruto del Espíritu que está en el amor, gozo, paz, paciencia, benignidad, bondad, fe, mansedumbre, templanza. Ahora está (aunque antes no estaba) en un estado regenerado, como está descrito en las Escrituras. Antes fue un buscador. Ahora ha encontrado lo que buscaba."[5]

f. "La regeneración, o nuevo nacimiento es el lado divino de aquel cambio de corazón que, visto desde el lado humano, llamamos la conversión".[6]

B. ¿Cómo se efectúa la regeneración?

---

[3] *Ibid.*

[4] Guillermo N. Clarke, *Teología cristiana* (Buenos Aires: Editorial La Aurora, 1929), p. 407.

[5] Richard Watson, *Theological Institutes* (New York: Lane & Scott, 1851), II. 254.

[6] A. H. Strong, *Systematic Theology* (Philadelphia , Pennsylvania: The Judson Press, 1907), p. 809.

Una respuesta sencilla es Juan 3:16, considerada como la respuesta a la pregunta de Nicodemo en 3:4. Como en la lección anterior, hay dos maneras distintas de contestar esta pregunta. La diferencia parece estar en que sólo se le llama a la misma cosa con distintos nombres, según la opinión de algunos, pero para los partidarios es importante distinguir entre dichos nombres.

1. Preparativos para la regeneración. En primer lugar, es bueno aclarar que el calvinismo no enseña que Dios acostumbra a regenerar a un pecador mientras éste está sumergido en su maldad, sin antes prepararlo en su ánimo. No porque sea predestinado para la vida eterna y elegido, de repente Dios va a poner en operación Su gracia irresistible, y, contra toda inclinación, deseo y voluntad del pecador, obligarle a ser regenerado. No, no se enseña tal cosa. A continuación citamos del calvinista Shedd quien explica su posición sobre este asunto.

"Surge aquí la pregunta: ¿Cuál es la relación del hombre con la regeneración? La contestación es que su agencia no es en la regeneración misma, sino en la obra de *convicción*, que es preparatoria o antecedente a la regeneración. El término 'preparativa', como es usado por el agustiniano y el calvinista, es muy diferente de su uso por el semipelagiano y el arminiano.

"El primero quiere decir con ello, una convicción de pecado, culpa e impotencia. El último lo usa en el sentido de una disposición preparativa, o un estado de corazón que favorece la regeneración.... En el sistema calvinista, una 'preparativa' para la regeneración es cualquier cosa que demuestre la falta total en el hombre de un santo deseo, y de su necesidad de la regeneración. Por tanto, no es una parte de la regeneración.

"Juan Bautista fue enviado a predicar la ley, a fin de aparejar al Señor un pueblo apercibido (Lc. 1:17).... Hay una gracia de Dios que antecede a la gracia regeneradora, y prepara al alma para ella. Es la gracia común o preveniente. La obra de Dios con respecto a la regeneración es en relación a esta gracia. Movido y ayudado por la gracia común o preveniente, el hombre natural ha de cumplir con los deberes siguientes, para poder ser convencido de su pecado, y comprende su necesidad del nuevo nacimiento:

1) Leer u oír la Palabra divina (Ro. 10:17; Mt. 13:9).

2) Aplicar seriamente el pensamiento, y examinar la verdad para poder comprender y sentir su fuerza (Lc. 8:18). El uso de estos medios de convicción bajo la gracia común produce:

- La iluminación acerca de los requisitos de la ley, y la inhabilidad de cumplirlos. Esta no es la iluminación espiritual de la mente regenerada (1 Co. 2:14), sino la iluminación legal a la que se refiere 2 Corintios 7:10.
- La convicción y aflicción de la conciencia.
- La reformación de la vida exterior.

3) Oración para recibir el don del Espíritu Santo, como Espíritu Santo, somo Espíritu que convence tanto como regenera, según se manda en Lucas 11:9, 13. De que la petición para la gracia regeneradora es un deber y privilegio para el impío, se prueba por:

- el hecho de que el Espíritu Santo es prometido a todos en el Evangelio, como Espíritu regenerador (Ez. 36:24, 27; Jl. 2:28-32) ... como la expiación de Cristo es ofrecida a todos sin distinción, así tambien el Espíritu Santo es ofrecido a todos sin distinción; y esto autoriza a cada hombre a pedir lo que es ofrecido;
- el hecho de que un hombre tiene que obtener el don del Espíritu Santo como Espíritu regenerador, antes de que pueda obtenerlo como Espíritu convencedor y santificador;
- el hecho de que la iglesia es mandada a rogar por el derramamiento del Espíritu Santo sobre los pecadores no regenerados, con la mira a su regeneración.

"Para recapitular, decimos que la agencia del pecador en relación a la regeneración es en la obra antecedente de la convicción, no en el acto mismo de la regeneración. Generalmente el Espíritu Santo no regenera un hombre hasta que se encuentre éste bajo convicción; hasta que, por el uso de los medios de convicción bajo la gracia común, haya llegado a estar consciente de su necesidad de la gracia regeneradora.

"A la persona que pregunta, ¿cómo puedo yo obtener el nuevo nacimiento? o ¿qué cosa particular puedo hacer a fin de conseguirlo?, la contestación es: descubra que tiene necesidad de ello y que su voluntad esclavizada al yo propio no puede originarlo. Y al descubrir esto, clame a Dios el Espíritu Santo: Crea en mí un corazón limpio, y renueva dentro de mí un espíritu recto.

"Una sensibilidad de culpa y de peligro es un 'preparativo' para la liberación de ellos. Un hombre bajo convicción es un sujeto apoa para el nuevo nacimiento, en cambio que sin ésta no lo es. Es verdad que el Espíritu Santo, quien está libre para obrar por medios o sin medios, sobre medios o en contra de medios, puede convencer a un pecador sin su cooperación, si Él lo desea. Hay veces en que una persona enteramente descuidada e irreflexiva, de repente está llena de remordimiento y terror a causa de sus pecados. Y a veces una persona bajo convicción hace todo lo posible para refrenar dicha convicción y deshacerse de su ansiedad moral, pero el Espíritu Divino no le permite tener éxito.

Pero naturalmente no se puede contar con esto. Se manda al pecador a cooperar con el Espíitu Santo en la obra de la convicción. No apaguéis el Espíritu (1 Ts. 5:19) es para él tanto como para el creyente. Debe esforzarse para ahondar y no disipar el sentimiento de pecado que ha sido producido en su conciencia, o es posible que sea abandonado por el Espíritu y dejado a su propia voluntad. El pecador no puede cooperar en la obra de la regeneración, pero sí lo puede en la obra de la convicción. Este 'preparativo' no le hace al pecador merecedor de la regeneración."[7]

Luego siguen unos párrafos en los que se argumenta que la oración del no regenerado que pide la gracia que regenera es justificada, siendo que es probable que será contestada, pero que Dios, debido a Su elección soberana de las almas, no está obligado a contestar dichas oraciones. Shedd añade: "Personas bajo tales convicciones a veces realmente tienen la simiente de la regeneración comunicada en ellas y entonces, como deben hacerlo, así continuarán haciendo sus súplicas para el aumento y la manifestación de ella".[8]

Por otro lado, aquellos que enfatizan el libre albedrío y en la responsabilidad personal del individuo, subordinando la elección a la conversión, creen también en los preparación para la obra divina de la regeneración. No admiten que haya ningún mérito por parte del hombre, ni pueden ayudar en lo más mínimo para que se efectúe la regeneración, porque sólo Dios tiene la capacidad de hacerlo y la otorga únicamente al que se arrepiente. No es posible que un hombre se regenere a sí mismo; lo único que puede hacer es "abrir la puerta" para que Dios lo haga mediante el Espíritu Santo y la Palabra.

Según este punto de vista la providencia o gracia (común, si se quiere llamarla así, aunque no se acostumbra a distinguir entre una clase de gracia y otra) del Dios que ama a todo el mundo y no quiere que ninguno perezca, es la que trae a la persona el conocimiento del Evangelio. Es el Espíritu de Dios el que convence en cuanto a la verdad revelada acerca de la deidad de Jesús de Nazaret, de Su muerte y Su resurrección y de la salvación que hay en Su nombre. Esta iluminación en la mente del inconverso no niega el estado de muerte del pecador,

---

[7]Dr. William G. T. Shedd, *Dogmatic Theology*(Grand Rapids, Michigan: Zondervan Pub. House, 1888. II, 512-516.

[8]Owen, citado por *Ibid.*, p. 523.

siendo que esta luz viene de Dios; sin embargo, el hombre es responsable de rechazar la evidencia presentada y la influencia del Espíritu Santo.

Aquí surge la pregunta: ¿Por qué no es también la persona responsable, por lo menos en parte, si acepta la verdad y cree? La respuesta es que el mérito pertenece al Espíritu que presentó la verdad e iluminó la mente y no al hombre que aceptó la salvación ofrecida gratuitamente. La gloria es para Dios que ha provisto todo.

Cuando la persona pecadora que ha oído la palabra de Dios, ha creído y ha permitido que la obra de convicción produzca en él el arrepentimiento hacia el pecado y la fe hacia el Señor Jesús, es en ese momento que el Espíritu Santo, el cual ha estado obrando sobre él desde afuera, ahora ha entrado haciendo que el hombre renazca y sea regenerado.

El convencimiento individual de ser personalmente uno de los elegidos, no se experimenta sino después de la conversión.

C. Algunos resultados de la regeneración

1. En cuanto a Dios. En un sentido, Dios no sufre cambio alguno por la regeneración del hombre. Pero sabemos que hay gozo en el cielo por un pecador que se arrepiente, y que el Padre "quiso quebrantar" al Hijo porque vio el resultado que habría de "llevar a muchos hijos a la gloria" y quedó satisfecho (Is. 53:10-11; He. 2:10).

También la regeneración es lógicamente el principio de la obra de Dios dentro del alma, que hace posible la comunión íntima entre Dios y el regenerado. Luego, siguen las obras de justificación, santificación y glorificación.

2. En cuanto al hombre. Otra vez citamos del Dr. H.S. Miller los siguientes sub-puntos:

- "salvación, limpieza y regeneración (Ti. 3:5);
- le hace a uno un hijo de Dios por nacimiento (Jn. 1:12-13; 1 Jn. 3:1);
- da vida (Jn. 5:21);
- le coloca a uno dentro del reino de Dios aquí y de los cielos en el más allá (Jn. 3:3, 5);
- da una esperanza viva por el Cristo resucitado, y entrada a una herencia incorruptible, que no puede contaminarse ni marchitarse, reservada en los cielos (1 P. 1:3-4);
- impulsa a la práctica de la justicia (1 Jn. 2:29);

- le salva a uno del hábito de pecar y de la rebelión voluntaria contra toda ley (1 Jn. 3:9; 5:18; Ro. 6:7, 14);
- hace que uno ame a todo hijo de Dios (1 Jn. 3:14-19; 4:7-8; 5:1);
- vence al mundo (1 Jn. 5:4);
- recibe y entroniza a Jesús como el Cristo y el nuevo Señor, destronando así a Satanás, el viejo patrón (1 Jn. 5:1; Ro. 10:9-10);
- se llega a ser una nueva criatura y cambia las cosas viejas por las nuevas (2 Co. 5:17; Ro. 8:9-10; Ef. 4:22-24; Col. 3:9-10);
- hace que la persona llegue a ser participante de la naturaleza divina, habiendo escapado de la corrupción del mundo (2 P. 1:4);
- no reforma ni conforma, sino que transforma (Ro. 12:2);
- renueva la mente (Ro. 12:2);
- da un nuevo corazón y espíritu (Ez. 36:25-27; 11:19);
- limpia y prepara para la santificación (Ef. 5:26);
- limpia el cuerpo para que sea una nueva habitación para el Espíritu puro de Dios (Ro. 8:9; 1 Co. 3:16; 6:19; 2 Co. 6:16— 7:1; Ef. 2:22);
- cambia la muerte espiritual en vida espiritual (Ef. 2:1; 1 Jn. 3:14; 5:11-12, 24; 2 Co. 3:6);
- constituye al creyente como heredero de Dios (Ro. 8:17);
- prepara al cristiano para servir a Dios (Ef. 2:10)."[9]

3. Contraste entre el primero y segundo nacimiento.

a. El primero es "de sangre", el segundo no (Jn. 1:13).

b. Por el primero somos "hijos del diablo"; por el segundo nacemos como "hijos de Dios" (Jn. 8:44; 1 Jn. 3:10).

c. Nacidos de la carne primero; del Espíritu después (Jn. 3:6).

d. Los resultados son contrarios (Ef. 2:1-10).

---

[9]H. S. Miller, *The Christian Worker's Manual* (Harrisburg, Pennsylvania, Christian Publications, Inc., 1928), pp. 125-126.

Repaso de la lección

1. Además de su conversación con Nicodemo, ¿qué dijo Jesucristo acerca de la regeneración o nueva vida?
2. ¿Qué pasaje bíblico explica lo que es la regeneración?
3. ¿Por qué el hombre no puede regenerarse a sí mismo?
4. ¿Qué preparativos debe hacer el pecador que desea sea regenerado?
5. De cinco resultados importantes de la regeneración.
6. ¿Cuál es la diferencia principal entre el primer nacimiento y nacer otra vez?

Lección 20

La santificación

Bosquejo

El Señor Jesucristo declaró que Sus discípulos estaban "limpios por la Palabra".

A. ¿Qué es la santificación?

Es una acto y un proceso. La santificación puede ser formal, moral y progresiva. Su fin es hacer santo al cristiano, así como lo es por imputación.

B. El tiempo.

Empieza cuando uno cree y continúa hasta su consumación al morir o cuando Cristo vuelva.

C. Los medios son:

1. La obra de Dios;
2. el hombre mismo, cuando usa los recursos que Dios le ha provisto.

Lección 20
La santificación

El Señor Jesucristo les declaró a los suyos que ellos estaban "limpios por la Palabra" que les había hablado, y al final del discurso pidió al Padre que les santificara por la Palabra (Jn. 15:3 con 17:7). Creemos que esto fue dicho en referencia al carácter o vida de los discípulos, esto es, según el uso moral de la palabra "santificar".

En Mateo 23:17, 19, el Salvador usó el mismo verbo en su sentido formal, esto es, la "santificación" o el apartar una cosa de los usos comunes para el servicio a Dios, sin hacer referencia a lo moral (Mt. 7:6). No hay duda de que Jesucristo demandó la santidad de carácter, pensamiento y hecho (Mt. 5:8, 20, 48). El Señor Jesús se refirió a Sí mismo en Juan 10:36 cuando dijo: "Al que el Padre santificó y envió al mundo, vosotros decís: Tú blasfemas, porque dije: Hijo de Dios soy?". Ciertamente esto no hace referencia a una separación de la contaminación o del pecado, sino a una separación de otras actividades para dedicarse a la obra de la redención.

Y en Juan 17:18-19 leemos: "Como tú me enviaste al mundo, así yo los he enviado al mundo. Y por ellos yo me santifico a mí mismo, para que también ellos sean santificados en la verdad". Aquí el Señor se dedica a Su obra de Intercesor constante a fin de que los suyos, al llevar el Evangelio al mundo, sean purificados y guardados por el Espíritu Santo (Mt. 28:19-20).

A. ¿Qué es la santificación?

"Pues la voluntad de Dios es vuestra santificación, que os apartéis de fornicación; que cada uno de vosotros sepa tener su propia esposa en santidad y honor.... Pues no nos ha llamado Dios a inmundicia, sino a santificación" (1 Ts. 4:3-8).

Habiendo estudiado la expiación misma, la apropiación de parte del hombre por medio de la fe, de lo que Dios hace por el pecador en el momento que cree, ahora ya estamos listos para estudiar la siguiente obra, donde Dios y el hombre cooperan juntos. Ya hemos visto cómo Dios perdona al pecador cuando cree; cómo Dios rescata al hombre creyente de la cárcel del pecador, así como su redención, su justificación, y su regeneración a través de la cual obtuvo una nueva naturaleza espiritual para que no vuelva enseguida a la misma condición de antes. Así, el hombre tiene nueva vida, nueva naturaleza, nuevo Padre, nuevo poder.

Ahora bien, ¿qué más es necesario para asegurar su llegada al cielo? ¿Qué más puede hacerle falta? Pues, lo que es necesario ahora es que el hombre viva cada día a la luz de estas verdades, utilizando su nuevo poder para bien, gozando de sus privilegios del acceso a Dios y de la victoria sobre el mal, venciendo y mortificando al hombre viejo con su naturaleza carnal y viviendo por la virtud de una vida nueva en Cristo. Este proceso o desarrollo de la nueva vida se llama la santificación. Es parte del acto de la justificación y la regeneración, pero también una continuación de la vida recta y justa.

Algunos reducen los resultados de la expiación a las siguientes cuatro palabras: remisión, rescate, reconciliación y rectitud. Se ve que el plan de Dios es tener un pueblo santo, recto, como escribió el apóstol Pablo a Tito: "Porque la gracia de Dios se ha manifestado para salvación a todos los hombres, enseñándonos que, renunciando a la impiedad y a los deseos mundanos, vivamos en este siglo sobria, justa y piadosamente, aguardando la esperanza bienaventurada y la manifestación gloriosa de nuestro gran Dios y Salvador Jesucristo, quien se dio a sí mismo por nosotros para redimirnos de toda iniquidad y purificar para sí un pueblo propio, celoso de buenas obras" (2:11-14).

La palabra santificación o santo, viene de una raíz que significa "apartar". No es difícil comprender cómo esto llegó a tener el significado de santidad, siendo que una cosa "santa" es algo apartado o separado de los usos comunes y dedicado a los usos espirituales o religiosos. Así que, una persona santa es una persona que ha sido separada o apartada de la iniquidad, para servir a Dios.

Entre las muchas definiciones nos parece mejor la del Dr. Thiessen que dice: "Hablando de una manera comprensiva, podemos definir la santificación como una separación para Dios, una imputación de Cristo como nuestra santidad, una purificación de la maldad moral, y la conformación a la imagen de Cristo. Esta definición necesita mayor explicación.

"**1. Separación para Dios.** La separación para Dios presupone una separación de la contaminación. Esto pertenece a las cosas inánimes en particular. Así, Ezequías ordenó a los levitas que santificasen la casa de Jehová echando fuera toda inmundicia del Lugar Santo (2 Cr. 29:5, 15-19). Por lo general, tenemos simplemente la idea positiva de la separación o dedicación a Dios. En este sentido el tabernáculo y el templo fueron santificados junto con todos sus muebles y utensilios (Éx. 40:10-11; Nm. 7:1; 2 Cr. 7:16). Además, en este sentido un hombre podía, por ejemplo, santificar su casa o una porción de su campo (Lv. 27:14, 16). También el Señor santificó a los primogénitos de Israel para Sí mismo (Éx. 13:2; Nm. 3:13; 8:17). En este sentido de la palabra, el Padre santificó al Hijo (Jn. 17:19). Finalmente, cada cristiano es santificado en el momento de su conversión (1 Co. 1:1-2; 1 P. 1:1-2; He. 10:14). Jeremías fue santificado antes de nacer (Jer. 1:5), y Pablo habla de haber sido separado desde el vientre de su madre (Gá. 1:15).

"**2. La imputación de Cristo como nuestra santidad.** La imputación de Cristo como nuestra santidad, acompaña la imputación de Cristo como nuestra justicia. Él nos ha sido hecho justificación y santificación (1 Co. 1:30). Pablo dice que somos "santificados en Cristo Jesús" (1 Co. 1:2). Esta santidad se obtiene por fe en Cristo (Hch. 26:18). El "lavamiento de agua por la palabra" precedió a esta santificación (Ef. 5:26). El creyente así es reconocido por Dios como santo pero también como justo, por cuanto está vestido de la santidad de Cristo. En este sentido todos los creyentes son llamados "santos" sin relación al estado de su desarrollo espiritual (Ro. 1:7; 1 Co. 1:2; Ef. 1:1; Fil. 1:1; Col. 1:12). En el caso de los Corintios, su carácter no santo era muy evidente (1 Co. 3:1-4; 5:1-2; 6:1; 11:17-22).

"**3. La purificación del mal moral.** La purificación de la inmoralidad es, en realidad, sólo otra forma de la separación. Así, se les exigió a los sacerdotes que se santificasen antes de acercarse a Dios (Éx. 19:22), y de la misma manera el creyente hoy debe separarse de lo inmundo (2 Co. 6:17-18), de los falsos maestros y sus doctrinas (2 Ti. 2:21; 2 Jn. 9:10), y de su propia naturaleza inicua (Ro. 6:11-12; Ef. 4:22, 25-32; Col. 3:5-9; 2 Co. 7:1; 1 Ts. 4:3, 7).

Notemos que en algunas de estas referencias la santificación es mencionada como si fuera una acto, y en otras como un proceso continuo; en algunas la purificación es más exterior, mientras en otras es esencialmente interior. Esta santificación es considerada como un acto del hombre y no una acción de Dios. Dios ya ha apartado para Sí a cada uno que cree en Cristo; ahora, el creyente ha de separarse a sí mismo para Dios y su uso.

"**4. La conformación a la imagen de Cristo.** La conformación a la imagen de Cristo es el aspecto positivo de la santificación, así como la purificación es el negativo, y la separación con la imputación al creyente de la santidad de Cristo es el aspecto de la posición delante de Dios. Los pasajes bíblicos que tienen que ver con esta fase de la santificación son: Romanos 8:29; Gálatas 5:22-23; Filipenses 1:6; 3:10; 2 Corintios 3:18; y 1 Juan 3:2. Este es claramente un proceso que se extiende durante toda la vida y llegará a plena realización cuando veamos al Señor."[1]

Otros prefieren dividir la santificación en dos partes: la forma (que corresponde a esta primera división, aunque algunos incluyen también la segunda); y la moral o ética (que es la purificación de la contaminación y de la maldad, junto con la dedicación al servicio de Dios mediante una vida santa). Otros usan los términos "legal" y "real".

B. El tiempo de la santificación

Como ya se ha mencionado, la santificación es un acto y un proceso continuo. Ha sido comparada a una persona que emprende un largo viaje. El acto mismo es la acción de tomar el paso que le pone a bordo del tren, avión o vehículo en que va a viajar. Luego, se queda en su asiento mientras sigue el viaje. Esto ilustra el tiempo de la santificación, pero nada más, por cuanto Dios tiene parte en el acto de iniciar la

[1]Henry C. Thiessen, *Lectures in Systematic Theology* (Grand Rapids, Michigan: Wm. B. Eerdmans Pub. Co., 1951), pp 378-379.

santificación; pero de allí en adelante, el hombre tiene que emplear los recursos que Dios le ha provisto si ha de hacer un viaje feliz. Dios no le obliga al cristiano a vivir una vida gozosa y victoriosa, aunque le ruega hacerlo. El que no obedece sufrirá indeciblemente durante su vida y en la consumación de los siglos. Los tres períodos de la santificación moral son:

1. Un acto inicial. Basado en el sacrificio expiatorio del Señor Jesús, el creyente, al momento que pone su confianza en el Salvador, es redimido en el acto, rescatado, reconciliado, justificado, regenerado y santificado (He. 10:10; 13:12). Como dice el Dr. Ironside: "Nuestra santificación y ofrenda de Cristo están en pie o caen juntas. Creemos la Palabra y Dios declara que 'somos santificados'. No hay en esto nada de crecimiento, de progreso, y ciertamente nada de una segunda obra. Es un gran hecho, una verdad acerca de cada cristiano."[2]

Por esto, cada creyente es llamado un "santo" debido a su posición en Cristo, pues Dios lo mira como escondido en su Salvador, tan santo como Él (1 Co. 1:2; Ef. 1:1; Col. 1:2; He. 10:10; Jud. 1:3). El apóstol Pablo dijo que los corintios eran santos (1 Co. 6:11) aunque les llamó "todavía carnales" (1 Co. 3:3), y en su segunda epístola les exhorta a perfeccionar la santificación en el temor de Dios (7:1). En Efesios habla de la "perfección de los santos" (4:12), y les exhorta a andar "como conviene a los santos" (5:3). El da gracias a Dios por los tesalonicenses, que fueron escogidos "desde el principio para salvación, por la santificación del Espíritu (2 Ts. 2:13), pero ora para que Dios les santifique (1 Ts. 5:23-24). Así que, esta es la posición y no el estado de santificación. Es el "estar en Cristo".

2. El proceso. Teniendo la posición de haber sido santificado en Cristo, ahora el cristiano es exhortado a ser santo en su diaria experiencia. Su afán debe ser el conformar su condición actual o estado en el mundo, con su posición delante de Dios, la cual le ha sido imputada. Lo ideal es lo "perfecto": que el pecador que oye el evangelio y cree en Cristo en su corazón, y que tiene un concepto claro del Hijo de Dios tanto como Señor y como Salvador, en un solo acto le entregue sus pecados y reciba la redención, reconciliación, justificación, regeneración y santificación formal o inicial; y que también se entregue sin reservas, esto es, que entregue su ser entero, y así reciba, no únicamente el don del Espíritu Santo, sino también Su plenitud.

---

[2]Dr. H. A. Ironside, Holiness: *The False and the True* (New York: Loizeaux Brothers, Bible Truth Depot, 1942), p. 61.

De todos modos, cada verdadero creyente que experimente las primeras cosas, si no ha entregado su vida al Señor desde el principio, deberá hacerlo cuanto antes, tan pronto como aprenda que el Señor así lo desea (Ro. 12:1; 6:13).

Esta entrega consciente del ser a Dios se le llama "consagración", "dedicación", "santificación" o, incluyendo sus resultados: "la segunda bendición". Otros lo llaman "el bautismo del Espíritu Santo", especialmente cuando existe un tiempo más o menos largo entre la regeneración y esta entrega o dedicación de la vida. Para muchos esta entrega se hace después de una fuerte lucha contra el yo propio y los deseos carnales. Para otros no hay conciencia de lucha, sino más bien les parece un paso lógico y gozoso en el bien y el desarrollo de su vida espiritual, una expresión nueva de su arrepentimiento y fe. A veces es acompañada por una exaltación muy grande que dura varias horas o días; en otros casos se lleva a cabo, se puede decir, por pura fe como un acto de obediencia y casi sin experimentar ningún sentimiento, y los resultados son aceptados sin que el sujeto vea o sienta el menor cambio en el momento.

Aquí surge la pregunta, ¿Cuál de estas experiencias asegura un futuro más feliz y con menos problemas espirituales? Parece que ni la una ni la otra, es decir, ni el cambio muy emocional ni el más frío. Puede ser que la constitución nerviosa y emocional de los primeros les ayude a sentir la exaltación, pero que también les estorbe para vencer el desaliento que los otros pueden conquistar por no ser tan fácilmente conmovidos.

Debemos permitirle al Espíritu Santo iluminarnos en cuanto a nuestras propias reacciones, y permitir que forme en nosotros el nuevo carácter conforme al de Cristo, por lo que nos conviene ser tolerantes con los hermanos en Cristo, no esperando que siempre reaccionen como nosotros. Trataremos más sobre esto en el siguiente curso.

A continuación veamos algunas exhortaciones para cooperar con el Espíritu Santo en el proceso de la santificación: Romanos 8:13; 2 Corintios 3:18; 7:1; Gálatas 5:22-23; Efesios 4:11-15; Filipenses 3:12; 1 Tesalonicenses 3:12; 1 Pedro 1:22; 3:15. La palabra traducida como "perfecta" o "perfección", quiere decir "completo, sano, sin mácula, sin daño o lesión". Un cristiano puede ser llamado "perfecto" durante su vida en el sentido práctico, como se le llamaría a una fruta "perfecta" aunque ésta esté todavía verde o sin madurar.

El cristiano, igual que Pablo, puede vivir con buena conciencia, pero no por eso va a ser absolutamente santo (1 Co. 4:3-4; Hch. 23:1). Es por la confesión que se hace tan pronto como el Espíritu revela el pecado a la conciencia que uno puede vivir de manera "intachable". Noé fue llamado perfecto en Génesis 6:9, aunque se emborrachó (Gn. 9:20-27). Job fue llamado perfecto (1:1), a pesar de que vemos en el libro que manifestó su falta de madurez y de tener un mejor concepto de Dios. Sin conocimientos perfectos no podemos ser completamente perfectos, sino sólo "intachables" en cuanto a lo que sabemos y por lo que somos responsables (Fil. 3:12,15).

El evangelista Carlos G. Finney, considerado por muchos como partidario de la perfección absoluta, escribió: "Aquel que no vence habitualmente al mundo no es nacido de Dios. Aquí no es mi intención afirmar que el verdadero cristiano no puede, en ocasiones, ser vencido por el pecado, pero sí afirmo que el vencer al mundo es la regla general, y el caer en pecado es sólo la excepción".[3]

3. La consumación de la santificación. La santificación final y completa mantiene la mirada puesta en el bendito Salvador, lo cual puede acontecer luego de la muerte (He. 12:23), o en la venida del Señor (1 Jn. 3:2; He. 9:28; Jud. 23: 1 Ts. 3:13). Hemos sido salvados de la pena del pecado en el pasado; somos salvados del poder del pecado en el presente, y seremos salvados de la presencia del pecado en el porvenir (Ap. 2:7; 22:11).

Con el cuerpo glorificado, seremos instrumentos perfectamente santificados para los usos de Dios (Fil. 3:20-21; Ro. 8:23-24). Esta esperanza nos anima a prepararnos para la purificación (1 Jn. 3:2-3).

C. Los medios de la santificación moral progresiva

El Dr. Thiessen dice: "Hay dos personas que tienen que ver con la santificación del hombre, que son: el hombre mismo y Dios. Sin embargo, no es el Padre sólo, sino el Dios Trino quien tiene parte en esta obra. Dios el Padre santifica al creyente imputándole a su favor la santidad de Cristo (1 Co. 1:30), obra en él "lo que es agradable delante de él" (He. 13:21), y le disciplina (He. 12:9-10; 1 P. 5:10). Cristo santificó al creyente cuando entregó Su vida por él (He. 10:10; 13:12; Ef. 5:25-27), y produce en él la santidad por el Espíritu (He. 2:11).

"El Espíritu Santo santifica al creyente librándole de su naturaleza carnal (Ro. 8:2), lucha contra su manifestación (Gá. 5:17), mortifica la naturaleza vieja en la medida que el creyente se la entrega a Él para su crucifixión (Ro. 8:13), y produce el fruto del Espíritu (Gá. 5:22-23). Vemos entonces, que hay una función definida para cada Persona de la Trinidad que tiene que ver con nuestra santificación.

---

[3]Thiessen, *op. cit.*, p. 383.

"Por sí sólo el hombre no puede hacer nada para santificarse. Aun en el creyente Dios toma la iniciativa. Pablo dice: 'Porque Dios es el que en vosotros produce así el querer como el hacer, por su buena voluntad' (Fil. 2:13). Sin embargo, hay ciertos medios que el hombre puede emplear en su santificación. Aquí como siempre, la fe en Cristo es el primer paso (Hch. 26:18). Aquel que cree en Cristo es santificado en cuanto a su posición o relación con Dios, porque en aquel momento Cristo le es hecho santificación (1 Co. 1:30).

"Después de esto viene la búsqueda de la santidad. El que no sigue la santidad no verá a Dios (He. 12:14; 2 Co. 7:1). Esto debe conducirle a la persona al estudio de la Palabra porque le revela el estado de su corazón y le indica el remedio (Jn. 17:17-19; Ef. 5:26; 1 Ti. 4:5). El ministerio ha sido ordenado por Dios para tener parte en descubrirle a los cristianos la necesidad que hay de la santidad y exhortar al pueblo de Dios a buscarla (Ef. 4:11-13; 1 Ts. 3:10). La entrega sin reservas de la vida a Dios, es la suprema condición para la santificación práctica (Ro. 12:1; 6:13, 19-21; 2 Ti. 2:21). Siendo que es Dios quien tiene que hacerle al hombre santo, si éste ha de ser santo, es preciso que el hombre se entregue en Sus manos a fin de que Él lleve a cabo esta obra en él."[4]

Repaso de la lección

1. ¿Usó Cristo el verbo "santificar" en alguna ocasión?
2. Después de este estudio, ¿qué significa para usted la santificación?
3. ¿Puede haber la santificación moral o progresiva sin que haya habido primero el acto de la imputación de la santificación?
4. ¿Cree usted posible la santificación absoluta de un hombre durante su vida?
5. ¿Cuándo es el hombre santificado?
6. ¿Con qué parte contribuye el hombre a su propia santificación?

Lección 21

LA PERSEVERANCIA Y LA GLORIFICACIÓN

BOSQUEJO

El Señor Jesucristo dijo que Sus ovejas jamás perecerían.

A. ¿Exactamente qué quiere decir la perseverancia de los santos? No es que cada cristiano sea absolutamente santo desde su conversión, sino que todo regenerado será guardado de la apostasía y será salvo.

B. Objeciones contestadas.
El libre albedrío; lo que conduce a la licencia y la indolencia, y las advertencias y exhortaciones.

C. La glorificación cuando venga Cristo en gloria.

LECCIÓN 21

La perseverancia y la glorificación

El Señor Jesucristo, cuando les envió a predicar a los doce, dijo: "Y seréis aborrecidos de todos por causa de mi nombre; mas el que perseverare hasta el fin, será salvo" (Mt.10:22). Según el contexto, es muy dudoso que el Señor haya estado haciendo referencia a la salvación eterna del alma. Más bien se refería a ser guardado del peligro corporal, y de poder cumplir bien su ministerio por el corto tiempo hasta que el mismo Señor les alcanzara en su viaje. Sin embargo, no hay duda de la palabra "perseverar" o "soportar". En Mateo 24:13 casi las mismas palabras hacen referencia a los años de la tribulación que vendría, y no a la salvación eterna del alma.

Es muy conocido, en relación a este tema, el pasaje de Juan 10:28 que dice: "Y yo les doy vida eterna; y no perecerán jamas, y nadie las arrebatará de mi mano". En esta declaración se refiere únicamente a Sus ovejas, aquellas que oyen Su voz y le siguen. Léase también el verso 29. En la oración de Juan 17 el Señor ruega que los suyos sean guardados por el Padre y por la Palabra. Ciertamente esta es la verdadera perseverancia, es decir, aquella que Dios efectúa diariamente en la vida de Sus discípulos.

A. Qué significa la perseverancia de los santos?

Aquí debemos entender bien a qué se refiere esta expresión, ya que no está hablando de la "perfección absoluta". No quiere decir que el cristiano jamás comete pecado. Esta doctrina no dice que una persona que cree ser una de las elegidas, puede volver al pecado y vivir como se le antoje, pensando que será salva al final. ¡No! ¡Mil veces no! Tampoco quiere decir que los verdaderos regenerados serán salvos a la fuerza, sin usar los medios dignos para cooperar con el Espíritu Santo en lo que a ellos les corresponde.

Aquí a veces hay una mala interpretación entre las tres doctrinas de la perseverancia, la elección, y la regeneración, y de la relación que hay entre las tres. El asunto que surge es, si cada verdadero creyente, que ha sido regenerado y justificado, será guardado para no volver al mundo, y por lo tanto no perderá nunca su salvación; o si será posible que pueda perder su nueva vida, su unión con Cristo, su justificación, y aun su alma para siempre. Se sobreentiende que en el primer caso el creyente puede pecar, pero que se arrepentirá y volverá al Señor.

La Biblia contiene varios pasajes que declaran claramente que todo verdadero creyente en Cristo ha sido justificado, regenerado, elegido y salvado para siempre (Jn. 3:14-16; 10:27-29; Ro. 8:29-30, 35-39; 11:29; 16:25; Fil. 1:6; 2 Ti.1:12; 1 P. 1:5; Jud. 24). Hay también otros pasajes que indirectamente exigen esta interpretación; entre ellos tenemos 1 Corintios 3:10-15, donde el apóstol está hablando a los cristianos verdaderos que tienen como el fundamento de su vida al Señor Jesús. Cada cristiano es exhortado a tener cuidado de cómo sobreedifica, o construye sobre el único fundamento, lo cual se refiere a la vida después de que se ha creído en Jesucristo.

Vemos que hay dos clases de construcción: una permanente y otra que no lo es. La una recibirá recompensa o galardón en el juicio de las obras (no será un juicio para decidir si la persona será o no salva) (2 Co. 5:10). Pero, ¿qué pasará con la persona que ha edificado mal su vida? ¿Se perderá su alma? El versículo 15 contesta en forma clara así: "Si la obra de cada uno se quemare, él sufrirá pérdida, si bien él mismo será salvo aunque así como por fuego". Aquí vemos que no hay purgación o purgatorio, sino que será un juicio en el cual se decida si habrá galardón o pérdida; pero la salvación se mantiene, no debido a las obras ni al fuego con el que fue probado, ¡sino a que la vida estaba establecida sobre la Roca de la Salvación, que es Jesucristo!

Otro pasaje es 1 Corintios 11:23-32, en donde se habla del peligro de participar indignamente de la cena del Señor; allí dice que la persona come y bebe juicio. El resultado de este juicio según el verso 30, puede ser una debilidad, una enfermedad, o aun la misma muerte física. Pero el verso 32 nos asegura que el propósito de Dios con dicho juicio o castigo es la salvación del alma, aunque se pierda la vida mortal, porque dicho castigo evita que el cristiano siga pecando hasta que pase esa línea invisible a los humanos, que separa a los que han de ser salvos de los que se pierden.

Si este pasaje no enseña la perseverancia de los santos en el sentido de garantizar que el verdadero hijo de Dios ha de ser salvo, resulta difícil entonces explicar estas palabras dichas por el apóstol. Sin embargo, junto con el pasaje del capítulo 3, vemos la pérdida que sufre el cristiano que no lleva una vida que agrada al Señor. ¡Qué triste! y ¡qué vergüenza será estar delante de Dios con las manos vacías, o ser llamado a Su presencia siendo castigado de esa manera!... ¡aunque salvo!

La doctrina de la perseverancia de los santos está expresada en la confesión de Westminster con estas palabras: "Aquellos a quienes Dios ha aceptado en Su Amado, que eficazmente han sido llamados y santificados por Su Espíritu, no pueden totalmente ni finalmente caer del estado de gracia, sino que ciertamente han de perseverar hasta el fin, y serán eternamente salvados."[1]

Boettner agrega: "En otras palabras, creemos que aquellos que una vez llegaron a ser verdaderos cristianos, no pueden caer totalmente y perderse; de tal manera que, aunque tienen la capacidad de caer temporalmente en el pecado, siempre volverán posteriormente y serán salvos. Esta doctrina no se mantiene por si sola, sino que es una parte necesaria del sistema teológico calvinista. Las doctrinas de la elección y la gracia eficaz, implican lógicamente la salvación segura de aquellos que han recibido dichas bendiciones."[2]

Ahora bien, leemos en Juan 10:28, según el griego, lo siguiente: "No podrán destruirse nunca". Así que, una vez hecho hijo de Dios, una persona nunca puede dejar de serlo. Al mismo tiempo se nota que el ser hijo de Dios demanda que el individuo tenga la nueva naturaleza que viene de su nuevo Padre, con la consecuencia que dicha naturaleza manifestará una nueva dirección en la vida. En vez de tener la naturaleza del puerco que vuelve al lodo, o del perro que vuelve a su vómito, el cristiano tiene la naturaleza de la oveja que oye la voz del Pastor Divino y le sigue.

---

[1]H. A. Hodge, *Outline of Theology* (Grand Rapids, Michigan: Wm. B. Eerdmans Pub. Co., 1928) p. 542.

[2]Dr. L. Boettner, *Reformed Doctrine of Predestination* (Philadelphia, Pennsylvania: Presbyterian and Reformed Pub. Co.).

También la obra de Jesucristo como el Mediador Perfecto en los cielos, es otra garantía de la seguridad de la salvación de los regenerados (He. 7:25).

Además, nuestra unión con Cristo impide que aquel que está unido a Él se pierda. En Adán caímos en pecado y condenación, pero en Jesucristo somos salvos. Para que el cuerpo se pierda, es menester que la Cabeza también se pierda, lo cual es imposible. No podemos escurrirnos de entre los dedos o de la mano del Señor, por cuanto somos Sus dedos (Jn. 14:19; Ro. 8:10).

Otra cosa que nos lleva a creer en la perseverancia es que, al creer en las promesas de Dios para ser salvos, el Espíritu Santo obra en el alma una certidumbre del hecho de la regeneración que quita el temor a la muerte y da una conciencia limpia de las obras de muerte (He. 2:14-15; 10:22; 2 P 1:10; Jn. 3:15-16, 36; 5:24; 20:31; 1 Jn. 5:13; Ro. 8:16). Esta confianza o certidumbre nacida del Espíritu sería violada si el regenerado pudiera perderse.

B. Contestación a las objeciones

1. El libre albedrío.. Algunos piensan que la doctrina de la perseverancia de los regenerados es contraria al libre albedrío humano, pero se olvidan de que el hombre salvado ya escogió creer y así determinar su salvación. La verdadera libertad es la capacidad de escoger servir a Dios. Lo opuesto es esclavitud. Esto lo vimos ya en el primer curso de doctrina. (Lea Filipenses 2:12-13).

2. Se dice que conduce a la licencia y a la indolencia. Vemos que ni la experiencia ni la Biblia apoyan esta idea de que la seguridad de la salvación conduce a malos resultados. La Biblia mas bien dice que los santos son guardados por el poder de Dios para una herencia incorruptible reservada en los cielos, y también que la persona que ha sido salvada no puede vivir en el pecado (1 P 1:5; 1 Jn. 3:9).

3. Las advertencias y exhortaciones bíblicas. La advertencias que se encuentran en la Biblia, son para la mayoría el argumento más fuerte del arminianismo. Parece, a primera vista, que la perseverancia de los santos haría innecesarias y engañosas las advertencias de Mateo 24:12, 24; 1 Corintios 15:2; Colosenses 1:3; 1 Juan 2:6; y todas las advertencias que encontramos en el libro de Hebreos. Sin embargo, la manera en que se habla acerca de apostatar, como en Mateo 24:24, apoya más bien la doctrina de la perseverancia.

También es claro que hay en las congregaciones llamadas cristianas, multitudes de personas que no han sido regeneradas y que no son miembros de la iglesia mística de Cristo, las cuales necesitan fuertes exhortaciones a fin de que abran los ojos a su verdadera condición espiritual. Es imposible demostrar que las personas a que se hace referencia en 1 Timoteo 1:19, 20; 2 Timoteo 2:17-18; 4:10; 2 Pedro 2:1-2 y Hechos 6:4-6, se esté refiriendo a personas que hayan realmente nacido de Dios, y que luego estén perdidas eternamente.

Por ejemplo: es probable que Himeneo y Fileto (2 Ti. 2:17-18) hayan sido parte de los falsos maestros que mencionó el apóstol Pablo, personas que nunca experimentaron lo que es la regeneración; mientras que el obrero Demas (2 Ti. 4:10) implica que no dejó su fe sino sólo el ministerio. El apóstol Juan dice: "salieron de nosotros, pero no eran de nosotros; porque si hubiesen sido de nosotros, habrían permanecido con nosotros; pero salieron para que se manifestase que no todos son de nosotros" (1 Jn. 2:19).

Ciertamente el caso de Judas Iscariote es un ejemplo de la posibilidad de que un hombre pueda estar bajo la influencia de la verdad sin nunca haber experimentado un cambio de corazón. La historia demuestra que el estar en el ministerio evangélico no es prueba infalible de haber renacido.

Un pasaje difícil de interpretar

El pasaje más difícil de interpretar en cuanto a la verdad de la perseverancia es el de Hebreos 6:1-6. Pero los versículos 7-9 muestran que habla de corazones de piedra que no producen fruto nunca; reciben la lluvia de bendiciones sin producir más que espinas y abrojos, como la cizaña que al principio se confunde con el verdadero trigo (Mt. 13:5-6, 20-21, 24-30, 38-43). La Biblia reconoce casos de "profesores que no son "poseedores" (Ro. 9:6; 1 Jn. 2:9; Ap. 3:1; Mt. 7:22-23; 25:11-12; Lc. 13:25). Empero "las puertas del infierno" nunca prevalecerán contra ningún miembro de la verdadera iglesia de Jesucristo. Como Pedro, pueden caer, pero el Señor les mirará, ellos se arrepentirán y volverán a afirmar su amor para con su Salvador (Mt. 16:18, 22-23; Lc. 22:54-62; Jn. 21:15-19).

El Sr. J. F. Strombeck dice que hay cuatro clases de errores cometidos por aquellos que contradicen la doctrina de la seguridad eterna de la salvación y son los que: "1) Aplican a los salvados pasajes que se refieren a otros. 2) Interpretan pasajes fuera de su contexto. 3) Pasajes difíciles y obscuros son interpretados erróneamente. 4) Usan pasajes figurativos como base para formular doctrinas."[3]

---

[3]J. F. Strombeck, *Shall Never Perish* (Moline, Illinois: Strombeck Agency, Inc., 1948), P. 144.

Pasajes mal interpretados

Algunos pasajes frecuentemente mal interpretados son:

Ezequiel 3:20, 18:4, 20— que hablan a los que están bajo la ley y no a los que están bajo la gracia;

Lucas 11:24-26— el hombre de quien salió el espíritu inmundo y volvió y encontró la "casa vacía". No es el caso, ya que el convertido y regenerado está ocupado por el Espíritu Santo y no está vacío.

1 Timoteo 4:1— que habla de que, en los "postreros tiempos algunos apostatarán de la fe", pero aquí "la fe" se refiere a la doctrina bíblica y no a la fe del individuo. Quiere decir que algunos no querrán oír la verdad, sino el error (ver el contexto). No habla de cristianos apóstatas sino que contrasta la enseñanza de la verdad con la del error.

Gálatas 5:4— "De la gracia habéis caído". En la Versión Moderna el versículo dice: "Quedáis separados de Cristo, vosotros que quisiereis ser justificados en virtud de la ley; habéis caído del sistema de la gracia". Como el tema de Gálatas es el versículo 3:3: "¿Tan necios sois? ¿Habiendo comenzando por el Espíritu, ahora vais a acabar por la carne?", se ve que no está refiriéndose al nuevo nacimiento ni a la manera de ser salvo, sino al sistema de la gracia que se usa como regla para la vida después de haber sido regenerado.

Hebreos 6:4-6— habla de algunos que "recayeron" (La Versión Moderna dice: "después han caído en la apostasía") y sigue diciendo que es imposible que sean "renovados para arrepentimiento". Ciertamente esto no habla de personas regeneradas, que sí se arrepienten cuando pecan.

1 Corintios 9:27— habla del obrero cuando ha sido "reprobado" o "rechazado por indigno", es decir, puesto a un lado y no usado como instrumento del Espíritu en el ministerio.

Juan 15:1-10— habla de las dos clases de pámpanos o sarmientos de la vid. Unos son los sarmientos que dan fruto y que son podados o limpiados y cuidados a fin de que den más fruto, mucho fruto, y se refiere a los regenerados, los hijos de Dios que son disciplinados por el Padre (He. 12:5-11). La otra clase de pámpanos son los que no llevan fruto y no son limpiados sino cortados y echados al fuego. Aquí se objeta que el Señor dijo que eran pámpanos de la vid. Sí, pero también dijo en el versículo seis: "El que en mí no permanece, será echado fuera como pámpano, y se sacará; y los recogen, y los echan en el fuego, y arden".

Hay en realidad dos maneras de estar "en" el Señor: en lo natural y en lo sobrenatural. Jesucristo es no sólo el Creador de todo (Jn. 1:3), el

Dador de vida y luz (Jn. 1:4), sino que es el Sustentador de esta vida (He. 1:3). Cada persona, entonces, debe su vida a Jesucristo, y aun la energía que usa para hacer el mal también proviene del Señor Jesús. Pero esta conexión "natural" con Cristo no basta para producir el fruto que el Padre desea. Es necesario que intervenga el arrepentimiento y la fe, para que la regeneración obre la nueva creación de que se habla en 2 Corintios 5:17-18.

C. La glorificación

"Y a los que predestinó, a éstos también llamó, y a los que llamó, a estos también justificó, y a los que justificó, a éstos también glorificó" (Ro. 8:30). Fuimos creados para la gloria de Dios (Is. 43:7), pero todos hemos pecados y estamos destituidos de la gloria de Dios (Ro. 3:23). Por la justificación vemos que hay una esperanza para alcanzar la gloria de Dios (Ro. 5:1-2), lograda por medio de Cristo en nosotros (Col. 1:27). Esto habla de la gloriosa vida victoriosa aquí en la tierra (2 Co. 2:14; 1 Co. 10:13; Ro. 6:14), y es una vida que glorifica a Dios (Ef. 3:21; 1 Co. 10:31).

Sin embargo, lo que la palabra "glorificación" quiere decir no es lo glorioso de la vida cristiana en la tierra, sino lo que pasará con nosotros cuando Jesucristo venga otra vez y resucite nuestros cuerpos, o nos arrebate si es que estamos vivos para aquel entonces. El Señor Jesús glorificó a Dios en Su encarnación (Jn. 1:14; Lc. 2:12-14) y durante Su vida y ministerio terrenales (Jn. 17:4), culminando dicha glorificación cuando murió, resucitó y ascendió al cielo, donde fue restaurada esa maravillosa gloria que tuvo con el Padre desde la eternidad (Jn. 17:5, 24).

Su cuerpo resucitado no tuvo la gloria excelsa durante los 40 días que estuvo enseñando a los discípulos, sino después de Su ascensión. Es verdad que pudo aparecer y desaparecer como quiso, y pudo entrar en un cuarto atravesando las paredes; sin embargo, aquello no manifestó aquella gloria brillante que vemos en la transfiguración allá en el monte cuando estuvo con Pedro, Juan y Santiago.

Ahora bien, sabemos que cuando el Señor Jesucristo regrese será en gloria (Mr. 8:38) y nosotros, con nuestros cuerpos, seremos glorificados, aun hasta el punto de tener un cuerpo como el "cuerpo de Su gloria". Filipenses 3:20-21 dice así: "Mas nuestra ciudadanía está en los cielos, de donde también esperamos al Salvador, al Señor Jesucristo, el cual transformará el cuerpo de la humillación nuestra, para que sea semejante al cuerpo de la gloria suya, por el poder con el cual puede también sujetar a sí mismo todas las cosas."

También 1 Juan 3:2 dice: "Amados ahora somos hijos de Dios, y aún no se ha manifestado lo que hemos de ser ... cuando él se manifieste, seremos semejantes a él ...." (Véase también Ef. 2:6; 1 Co. 15:41-43 y Col. 3:3-4).

Hay otros estudios interesantes que se relacionan con este, como el de los cinco juicios, el de las coronas, los galardones de los cristianos, el libro de la vida, etc., los cuales trataremos en otro curso. Aquí cabe una palabra acerca de la adopción. Entre los romanos había una costumbre o ceremonia que se llamaba "la adopción", que era muy diferente a la práctica de reconocer legalmente como hijo y heredero a uno que no era hijo. En este otro caso, cuando el hijo de un senador romano llegaba a su edad adulta, el padre le llevaba delante del senado y públicamente le quitaba su toga de muchacho estudiante y le vestía con una toga de hombre adulto, constituyéndole así en un ciudadano romano.

Ahora bien, como cristianos hemos sido reconocidos como hijos y herederos, además de ser realmente hijos por haber renacido con la nueva naturaleza de Dios y tener el Espíritu Santo como prenda de nuestra herencia (Ro. 8:15; Ef. 1:5, 13-14; Gá. 3:25-26; 1 Jn. 3:1), lo cual es parte de la promesa de algo más glorioso que vendrá posteriormente cuando seremos revestidos de inmortalidad y gloria. No hechos más hijos que ahora, ni vueltos a nacer de nuevo, sino que será un paso más en el plan que Dios tuvo desde el principio para cada unos de Sus hijos, y esto es la glorificación, lo cual será parte de la adopción consumada (Ro. 8:17, 23), y ya no simplemente prometida.

Repaso de la lección

1. ¿Expresó Cristo alguna vez dudas acerca de la salvación de Sus ovejas?
2. ¿Qué diferencia hay entre la enseñanza de la santidad absoluta del creyente y la de la perseverancia?
3. ¿Cómo se puede interpretar o traducir Juan 10:28 en relación a la imposibilidad de que un creyente se pierda?
4. Para usted, ¿qué pasaje bíblico le convence más sobre este tema?
5. ¿Qué quiere decir la glorificación de los creyentes?

Lección 22

Recapitulación

Bosquejo

El Señor Jesucristo se presentó ante el mundo como el único Salvador, sabiendo que le iba a costar Su vida redimirnos.

A. La base de la salvación: mediante un sacrificio y por sangre.

B. Los pasos para la conversión: convicción, arrepentimiento, fe, oración y confesión.

C. Bosquejo de pasajes bíblicos acerca de la salvación.

D. Verbos que explican lo que es tener fe de corazón.

Lección 22

Recapitulación

El Señor Jesucristo declaró que había venido para buscar y salvar lo que se había perdido, para dar Su vida en rescate y para morir a fin de atraer a todos hacia Él (Lc. 19:10; Mt. 10:45; Jn. 12:32). Vino a darnos libertad, a sacarnos de las tinieblas a la luz, y a darnos vida aquí y en el más allá (Jn. 6:51; 8:36; 10:10, 28; 12:32). A pesar de haber sido criticado por hacerlo, se asoció con los pobres y pecadores a fin de atraerles a Dios, mostrándoles el amor del Trino Dios (Lc. 15). Se maravilló de la incredulidad de Su Pueblo y lloró al pensar en los tristes resultados de su ceguedad (Mr. 6:6; Lc. 19:41).

A. La base de la salvación: Un sacrificio y el derramamiento de sangre

La declaración de Juan Bautista: "He aquí el Cordero de Dios, que quita el pecado del mundo", no fue un simple dicho y sin significado. La religión judía ha sido llamada la religión del matadero por parte de sus detractores. El hecho es que los sacerdotes ministraban en sangre. La cantidad de sangre salpicada en el costado del altar y derramada a su pie, era tremenda. A pesar de que hoy, en la piedra que los judíos y árabes declaran que es la misma piedra donde estuvo situado el altar del templo, existe un canal que penetra dentro de la piedra, desde el lado del altar hasta salir muy abajo en un valle o quebrada cercana; y es claro que dicho canal llevaba el exceso de sangre y la tiraba lejos. Así, vemos que la cantidad de sangre de los animales derramada en el altar era muchísima.

También en el altar quemaban la carne, cebo y los órganos vitales de mucho ganado, por lo menos dos ovejas cada día y en ocasiones miles de animales en un día de fiesta.

Los olores que subían del altar no deben haber sido agradables, y la mente humana actual, no concibe la idea de unir el culto a Dios con esta atmósfera de un gran corral de reses listas para morir. Sin embargo, ¡la Palabra nos dice que el olor de los sacrificios Le era agradable a Dios! Otras religiones de la naciones paganas también practicaban los sacrificios, pero no sabemos de otra que usara la sangre, de igual manera como lo usó el pueblo judío.

Según la Biblia, Dios mismo ordenó los sacrificios y holocaustos; con esto no decimos que el Creador no fue indiferente a la vida animal, siendo que Dios es aun consciente de la caída a tierra de un pajarillo; sin embargo, ordenó la muerte de animales como sacrificio y propiciación.

Ahora bien, nos preguntamos: ¿Cómo pudo el Dios Santo y Creador haber ordenado una religión de sangre y muerte? La única respuesta satisfactoria es reflexionar sobre el sacrificio de Jesucristo, a Quien Dios entregó a la muerte para salvación de los humanos. Sin la larga preparación de siglos, en los que hubieron estos sacrificios, nadie, ni aun los judíos, hubieran comprendido y recibido al Redentor. La escena de la cruz, en la que un ser humano vivo era crucificado, consciente y sufriendo todos los dolores mientras su sangre corría de sus heridas, fue una escena todavía más dura que la del altar judío.

Nos resulta difícil creer que el Padre Celestial haya permitido que Su propio Hijo inmaculado, haya sido voluntariamente sometido a tal crueldad, y que aun haya aprobado tal sacrificio. El ser humano no es atraído naturalmente a contemplarlo. Pero cuando consideramos la manera en que Dios preparó al pueblo para que comprendiera Su plan de salvación, percibimos con la ayuda del Espíritu Santo, la sabiduría divina en hacernos ver los resultados excesivamente terribles del pecado, a la vez que el alcance infinito del amor divino.

Los capítulos 7 y 9 de Hebreos nos enseñan claramente la necesidad que hubo de que sangre sea derramada para la remisión de pecados, mientras que el apóstol Juan nos habla del amor divino que proveyó el sacrificio para nuestra redención.

B. Los pasos en la conversión

No es nuestra intención decir que siempre se deben seguir los siguientes pasos en un orden estricto, pero sí que deben estar presentes. En un sentido la fe incluye todos estos pasos.

1. La convicción de pecado. Muchas veces este primer paso empieza cuando la persona siente cierto descontento consigo mismo, el cual al aumentarse trae a la memoria ciertas acciones indignas que se creían olvidadas; dando lugar a que la conciencia le enjuicie y le lleve a confesar ante sí mismo su culpa, y su condición espiritual de bancarrota delante de Él. Este es el camino que conduce a la salvación porque desde el primer sentimiento de descontento hasta el peso de convicción por los pecados particulares y el estado pecaminoso del corazón, se trata de una obra del Espíritu Santo (Mt. 9:12-13; Hch. 2:37-38; Jn. 16:7-11).

Sin embargo, sí es posible resistir esta obra de convicción del Espíritu de Dios; hay una ilustración de esto en Hechos 5:33 y 7:54, donde la Versión Antigua usa el verbo "regañaban", mientras que la Moderna dice: "se enfurecían en sus corazones", lo cual está en contraste con Hechos 2:37 que dice que "se compungieron de corazón". El hecho es que si el hombre no abre su corazón para esta obra del Espíritu Santo, está en gran peligro (Gn. 6:3).

2. El arrepentimiento. El Señor Jesucristo vino para salvar a Su pueblo de sus pecados (Mt. 1:21). Él es el Cordero de Dios que quita el pecado del mundo (Jn. 1:29). Fue manifestado para deshacer las obras del diablo (1 Jn. 3:8). De esta manera, el andar con Cristo tiene que ver con abandonar el pecado; el "venir" a Cristo es dar las espaldas a la maldad. Al arrepentirse, la persona acepta la obra de convicción que efectuó el Espíritu Santo y se entrega a la verdad que le ha sido revelada.

Contemplando su culpa y admitiendo la depravación de su corazón, decide abandonar el pecado, especialmente su antigua incredulidad. Le confiesa a Dios que merece castigo y condenación, y siente pesar por haber hecho mal delante de Él (Pr. 28:13); deja su mal proceder, su búsqueda de lo que complace al yo propio, para hacer ahora todo para la gloria de Dios (Is. 55:7; 1 Co. 10:31).

Sin el deseo de dejar el mal, de ser limpiado de la contaminación de su pecado y perdonado por su rebelión, el arrepentimiento no es completo ni genuino.

3. La fe. El arrepentimiento hacia Dios conduce a la fe en el Señor Jesús como Salvador y Señor (Hch. 20:21; Mt. 21:32; Mr. 1:15). La fe viene por el oír y el oír por la Palabra de verdad (Ro. 10:17). Es necesario cierto reconocimiento acerca del Señor y el plan de Dios para su salvación. Se debe saber que el Hijo de Dios murió para salvarnos. Se abandona toda confianza en sí mismo o en otros supuestos salvadores, y se ejerce fe en Jesucristo con la plena confianza de que Él es el único Salvador (2 Ti. 1:12). Tal fe en Jesucristo como el Hijo de Dios y el todo suficiente Salvador, es el punto de contacto con Dios que abre la puerta para que Él nos dé la vida eterna con todos sus maravillosos beneficios (Jn. 20:31; 1 Jn. 5:13). El retorno del pecador hacia Dios es lo que se llama la conversión, la cual consiste en haberse arrepentido y en ejercer la fe.

4. La oración. Estrictamente hablando, este paso es parte del acto del alma en el que la persona pone su confianza en el Señor Jesucristo. Es difícil explicar este paso para aquellos que no lo han dado, pero es muy sencillo a la vez que pocos pueden analizar el acto. La Biblia no habla solamente de creer en Cristo o de tener fe en Él, sino que une esa fe con "acción" del alma expresada por las frases: "recibirle" (Jn. 1:12), "venir a Él" (Mt. 11:28); Jn. 6:37), "Buscarle" y "llamar" (Is. 55:6; Jer. 29:12-13; Ro. 10:13).

Para la mayoría es una oración, tal vez su primera oración verdadera. Conscientes de estar hablando con Dios, le expresan que reciben a Su Hijo como su Salvador, piden perdón por sus pecados e incredulidad, y expresan su fe en Dios y en Sus promesas de vida eterna. Tal vez no mencionan todas estas cosas inmediatamente, pero tratan de comunicar simplemente lo que oró el publicano: "Dios sé propicio a mí, pecador" (Lc. 18:13). Esta transacción entre el hombre y Dios es lo que le permite a Dios obrar la justificación, la reconciliación y la santificación en la vida del nuevo creyente.

5. La confesión delante de otros. Dios tiene el derecho de pedir y esperar que el renacido dé testimonio público de su fe (Mt. 10:30-39; Mr. 8:38; Ro. 10:9-10). Este es el método ordenado por Dios para extender el evangelio. El bautismo y el ingreso en la iglesia local deben lógicamente seguir a la conversión (Hch. 2:41). Luego tenemos la lectura de la Palabra de Dios, el orar diariamente, el asistir y participar en los cultos y actividades de la iglesia, siempre en sumisión a Dios, siendo sensible a la guía del Espíritu Santo, experimentando Su plenitud para el servicio, con lo que el nuevo convertido progresará en su vida espiritual (Col. 3:16; He. 10:19-25; Ef. 5:18).

C. Bosquejos de pasajes bíblicos que enseñan la doctrina de la salvación

El Dr. R. W. Dale presenta en un apéndice sobre la expiación, los siguientes puntos tomados del Dr. Crawford:

1. Pasajes que hablan de Cristo:

a. Que murió por los pecadores:
Mateo 20:28; Lucas 22:19-20; Juan 6:51; 10:11, 15, 18; 15:12, 13; Romanos 5:6-8; 8:32; 2 Corintios 5:14-15, 21; Gálatas 2:20; 3:13; Efesios 5:2, 25; 1 Tesalonicenses 5:9-10; 1 Timoteo 2:5-6; Tito 2:13, 14; He. 2:9; 1 Pedro 3:18; 1 Juan 3:16.

b. Que padeció por los pecados:
Romanos 4:25; 8:3; 1 Corintios 15:3; Gálatas 1:4; Hebreos 10:12; 2 Pedro 3:18; Isaías 53:5, 8.

c. Que cargó con nuestros pecados:
Hebreos 9:28; 1 Pedro 2:24; Isaías 53:6, 11-12.

d. Que fue hecho pecado y maldición por nosotros:
2 Corintios 5:21; Gálatas 3:13.

2. Pasajes que atañen a la muerte de Cristo:.

a. El traslado y la remisión de los pecados, con la liberación de sus consecuencias penales:

Juan 1:29; 3:14-17; Hebreos 9:26; Mateo 26:28; 1 Juan 1:7; Lucas 24:46-47; Hechos 10:43; 13:38-39; Efesios 1:6-7; Colosenses 1:13-14; Apocalipsis 1:5-6; 1 Tesalonicenses 5:9-10.

b. La justificación:
Isaías 53:11; Romanos 5:8-9; 3:24-26.

c. La redención:
Mateo 20:28; Hechos 20:28; Romanos 3:23-24; 1 Corintios 6:19; Efesios 1:7; Colosenses 1:14; Hebreos 9:12; 1 Pedro 1:18-19; Apocalipsis 5:9.

d. La reconciliación con Dios:
Romanos 5:10-11; 2 Corintios 5:18-19; Efesios 2:16; Colosenses 1:21-22.

3. Pasajes en que el Señor Jesucristo es representado:

a. Como propiciación por el pecado:
1 Juan 2:2; 4:10; Hebreos 2:17; Romanos 3:25.

b. Como sacerdote o pontífice:
Salmos 110:4; Hebreos 2:17; 3:1; 4:14; 7:26; 10:21.

c. Como representante:
Hebreos 5:1; 7:22; Romanos 5:12, 18-19; 1 Corintios 15:20-22, 45-49.

4. Pasajes que representan los padecimientos de Cristo:
Como sacrificio: 1 Corintios 5:7; Efesios 5:11; Apocalipsis 7:14-15; Hebreos 9:22-28; 10:11-14; junto con todos lo pasajes que hablan de Él como el Cordero de Dios.

5. Pasajes que unen los padecimientos de nuestro Señor con Su intercesión: 1 Timoteo 2:5-6; 1 Juan 2:1-2; Filipenses 2:8-10.

6. Pasajes que representan la mediación de Cristo:

a. Obteniendo la influencia benigna del Espíritu Santo: Juan 7:39; 14:16-17; 15:26; 16:7; Hechos 2:33; Gálatas 3:13; Tito 3:5-6.

b. Confiriendo todas la gracias cristianas que son frutos del Espíritu Santo: Juan 1:16; 15:4-5; 1 Co. 1:4-7, 30; Efesios 1:3-4; 2:10; 4:7; Col. 2:9-10.

c. Librándonos del dominio de Satanás: 1 Juan 3:8; Juan 12:21-32; Hebreos 2:14-15; Colosenses 2:15.

d. Obteniendo para nosotros la vida eterna: Juan 3:14-16; 5:24; 6:40; 10:27-28; 14:2-3; 17:1-2; Romanos 5:20-21; 6:23; 2 Timoteo 2:10; Hebreos 5:9; 9:15; 1 Juan 5:11; Judas 21.

7. Pasajes que indican el estado de la mente del Salvador al contemplar y soportar los padecimientos:
Juan 10:17-18, 12:27; Lucas 12:50; Mateo 26:36-44; 27:46.

8. Pasajes que hablan de la mediación de Cristo en relación a:

a. Las invitaciones y ofertas del Evangelio:
Juan 14:6; 1 Corintios 3:11; 1 Timoteo 2:5; Hechos 4:12.

b. La necesidad de la fe para obtener las bendiciones del Evangelio: Juan 1:12; 3:18, 36; 6:35; Hechos 13:38-39; Gálatas 5:6; Efesios 2:8-9.

9. Pasajes que hablan de la mediación y los sufrimientos de Cristo en relación a:

a. Su pacto con el Padre: Juan 6:38-40, 51.

b. Su unión con los creyentes: Juan 15:4; Romanos 6:5; 2 Corintios 4:10; Gá. 2:20; Efesios 2:5-6; Filipenses 3:10; Colosenses 2:12; 3:3.

10. Pasajes que hablan de la muerte de Cristo:

a. Como una manifestación del amor de Dios: Juan 3:16; Romanos 5:8; 8:32; 1 Juan 4:9-10.

b. Como ejemplo de paciencia y renunciación: Hebreos 12:1-3; 1 Pedro 2:20-21; Lucas 9:23-24.

c. Como el medio para promover nuestra santificación: Juan 17:19; Hebreos 10:10; 13:12; 2 Corintios 5:15; Gálatas 1:4; Efesios 5:25-27; Tito 2:14; 1 Pedro 2:24.[1]

d. Verbos usados para explicar al pecador lo que significa creer en Cristo de corazón:

1) Interceder (He. 7:25)
2) Venir (Jn. 6:37; Ap. 22:17)
3) Mirar (Nm. 21:8-9 con Jn. 3:14-15; Is. 45:22)
4) Buscar (Is. 55:6)
5) Llamar (Is. 55:6; Ro. 10:13)
6) Dar (Pr. 23:26)
7) Presentar (Ro. 12:1)
8) Someterse (Stg. 4:7)
9) Depositar (2 Tim. 1:12)
10) Entrar por la puerta (Jn. 10:9)
11) Abrir la puerta (Ap. 3:20)
12) Gustad y ved (Sal. 34:8)
13) Tomad (Jn. 4:14-15; 7:37; Ap. 22:17)

Repaso de la lección

1. ¿Qué concepto tuvo Jesucristo en cuanto al propósito de Su venida?
2. ¿Cuántos pasos son necesarios para convertirse?
3. ¿En qué orden se dieron estos pasos en su conversión?
4. ¿Encontró algo nuevo en las listas de pasajes bíblicos que se hallan en la tercera sección de la lección?
5. ¿Cuál de los verbos en la tercera división le ayuda más para explicarle al pecador lo que quiere decir creer en Jesucristo?
6. Al meditar en su ministerio, a la luz de este curso, ¿qué verdades acerca de la salvación ha omitido Ud. en sus mensajes o enseñanzas?
7 ¿Qué parte de este estudio le ha ayudado a desear escudriñar más profundamente las Escrituras para saber más acerca de dicha verdad?

---

[1]Dr. Crawford citado por R. W. Dale, *The Atonement* (Londres: Hodder and Stoughton, 1876). Apéndice: Nota B.